100
WAHRZEICHEN DER WELT

Entwurf und Realisation: Jollands Editions

Realisation der deutschen Ausgabe:
trans texas publishing, Köln
Übersetzung: Heinrich Degen, München
Lektorat: Ralf Burau, Mönchengladbach

ISBN 978-1-4454-5876-2
Printed in Indonesia

100 WAHRZEICHEN DER WELT

BEVERLEY JOLLANDS

PAUL FISHER

Parragon

Bath • New York • Singapore • Hong Kong • Cologne • Delhi
Melbourne • Amsterdam • Johannesburg • Auckland • Shenzhen

Inhalt

Einleitung

Ein Berg ist wohl die älteste Form eines Wahrzeichens: groß, unveränderlich, von Weitem sichtbar. Für Reisende, Seefahrer und Kartografen ist ein Berg ein Bezugspunkt, um ihren Standort zu bestimmen. Die Berge in diesem Buch wurden wegen ihrer Bedeutung für menschliche Gesellschaften ausgewählt. Landmarken waren lange Zeit mehr als physische Objekte: Oft stiften sie auch kulturelle Identität.

Die frühesten menschlichen Gesellschaften maßen auffälligen Merkmalen ihrer Umgebung eine spirituelle Bedeutung bei. Gebirge waren Wohnstätten der Götter, Flüsse strömten von dieser in andere Welten, Bäume wuchsen in heiligen Hainen. Solche Wahrzeichen sorgten im Leben der alten Völker für feste Bezugspunkte. Auch wenn die alten Geister heute nicht mehr so präsent sind, haben wir diese kulturelle Verbundenheit mit natürlichen Wahrzeichen in unserer Umgebung noch nicht verloren. Der Tafelberg zum Beispiel erscheint als Emblem auf der Flagge von Kapstadt, und japanische Pilger besteigen den Fuji bis heute respektvoll in weiße Gewänder gekleidet.

Die meisten der beschriebenen Wahrzeichen sind keine natürlichen Landmarken, denn seit vielen Tausend Jahren hat die Menschheit der Welt ihren eigenen Stempel aufgeprägt.

Der Drang, bleibende Monumente zu bauen, hat der Welt zahlreiche bemerkenswerte Bauwerke beschert. Einige der spektakulären Relikte der ältesten Kulturen, wie der Große Sphinx in Giseh oder die rätselhaften Figuren der Osterinsel, erschließen sich uns noch nicht ganz. Doch andere, wie der Parthenon und das Kolosseum, helfen uns, das Leben unserer Vorfahren besser zu verstehen.

Die großartigen Ruinen sind nicht nur Symbole für die alten Kulturen, die sie schufen, sondern auch für die Regionen, in denen sie bis heute stehen. Das Kolosseum steht einfach für Rom, wie der Parthenon für Athen steht. Im Lauf der Jahrhunderte bekam jedes Land, jede Stadt, ein solches Symbol. Oft waren die späteren Wahrzeichen zunächst trivial oder unpopulär, wie das Hollywood-Sign oder der Eros am Piccadilly, gewannen dann aber die Zuneigung der Menschen und wurden so berühmt. Andere sind so außergewöhnlich schön, originell oder raffiniert, dass alle Welt sie bestaunen möchte. Kathedralen und Tempel, elegante Brücken, Riesenstatuen, historische Uhren, moderne Wolkenkratzer und viele andere Bauwerke haben sich als einzigartige Wahrzeichen etabliert. Sie definieren ihren Standort und helfen den dort lebenden Menschen, sich als Gesellschaft zu definieren.

In den USA gibt es offizielle, vom National Parks Service anerkannte Sehenswürdigkeiten. Die Wege zu diesem Status sind vielfältig: Schicksalhafte Ereignisse, Katastrophen, Gefechte, allgemeine Beliebtheit oder einfach ein Superlativ hinsichtlich Alter oder Größe können die Aufnahme in diese Auswahl bewirken. Solche Wahrzeichen markieren geschichtliche Momente und können den Menschen ein Gefühl der Verbundenheit mit dem weiten Land vermitteln.

NORD-
AMERIKA

VANCOUVER, KANADA

Totempfähle, Stanley Park

AUF EINER BEWALDETEN HALBINSEL IM BURRARD INLET STEHT IM STANLEY PARK EIN BEEINDRUCKENDES ENSEMBLE VON GESCHNITZTEN HOLZSTELEN, DAS VON ZEDERNBÄUMEN UMGEBEN IST. DIESE TOTEMPFÄHLE BILDEN EINEN STARKEN KONTRAST ZU DEN WOLKENKRATZERN DES NAHE GELEGENEN STADTZENTRUMS.

Der Brockton Point ist ein Zipfel der Halbinsel, auf welcher sich der Stanley Park in unmittelbarer Nähe des Zentrums von Vancouver befindet. Der 1888 eingerichtete Stadtpark mit geschütztem Waldbestand wurde nach Lord Stanley of Preston benannt, dem damaligen Generalgouverneur Kanadas. Damals lebten in dem Parkgebiet Angehörige der First Nations, doch die Totempfähle hatten nichts mit ihrer Stammeskultur zu tun. Dies wurde erst 2008 mit der Installation dreier Torbögen korrigiert, die Schnitzer vom Volk der Musqueam angefertigt hatten, das dieses Gebiet traditionell bewohnt hatte. Die Sammlung der Totempfähle des Stanley Parks geht auf den Beginn des 20. Jahrhunderts zurück, als die Art, Historical and Scientific Association von Vancouver die Errichtung eines „Indianischen Dorfs" als Attraktion für den Park plante. Das Dorf wurde nie Realität, doch im Lauf der Jahre kamen einige Totempfähle durch Ankauf oder als Leihgabe zusammen. Einige Originale befinden sich heute in Museen. Sie wurden durch Repliken ersetzt. In der Provinz British Columbia haben sie sich zu einer der meistbesuchten Sehenswürdigkeiten entwickelt.

Geschichten der Ahnen Diese monumentalen, geschnitzten Baumstämme, wie sie nur die indigenen Völker der pazifischen Nordwestküste kennen, dienen nicht

ZEITTAFEL

1888
Eröffnung des Stanley Parks

1922
Ankauf von vier Pfählen der Kwakwaka'wakw in Alert Bay, Aufstellung im Park

1950
Ellen Neel wird von der *Totemland Society* beauftragt, am Ferguson Point Totempfähle „en Miniature" zu schnitzen und zu verkaufen.

1962
Die Sammlung bezieht ihren heutigen Standort.

2001
Eröffnung des Informationszentrums

Unten links: Der sagenhafte Quolus-Vogel sitzt auf dem Kopf des Red Cedar Bark Man, der als Ahne dem Volk der Kwakwaka'wakw das erste Kanu schenkte.

Unten rechts: Inmitten des Ballungsraums von Vancouver bewahrt der Stanley Park ein Stück der ursprünglichen Landschaft.

Gegenüber: Der mythische Donnervogel thront mit gespreizten Flügeln auf dem Kakaso'las-Pfahl. Ellen Neel, sie gilt als erste professionelle Totempfahlschnitzerin, schuf ihn 1955.

Rechts: Der Donnervogel-Hauspfosten ist eine 1987 angefertigte Replik des Kwakwaka'wakw-Schnitzers Charlie James, der mit prägnanten Farben und Formen einen neuen Stil begründete

nur der Dekoration oder als Objekte der Verehrung. In der vertikalen Anordnung der Figuren werden Geschichten über Traditionen sowie Kultur der Gemeinschaft dargestellt und festgehalten. Diese Schnitzereien illustrierten die Vorträge der Geschichtenerzähler. Die Figuren entstammen der spirituellen Welt der Schamanen und haben oft die Gestalt von Tieren.

Einige waren Bestattungsstelen mit Kästen für die sterblichen Überreste eines Stammesführers, andere waren Teile von Gebäuden, wie der Pfahl von Chief Wakias. Dieser mit dem Donnervogel gekrönte Pfahl, der an den Redestab des Häuptlings erinnert, erzählt eine Geschichte, in der Orca, Wolf, Rabe und andere symbolische Figuren vorkommen. Der offene Schnabel des Raben bildete den zeremoniellen Eingang zum Häuptlingshaus, die ausgebreiteten Flügel waren auf den Wänden daneben aufgemalt. Der kürzere Donnervogel-Pfosten trug einst mit seinem Gegenstück den mächtigen Firstbalken eines Zeremonialhauses. An seiner Basis hält ein Grizzlybär eine menschliche Figur zwischen seinen Knien.

TORONTO, KANADA

CN Tower

AN KLAREN TAGEN SOLL MAN VOM SKY POD AUF DER SPITZE DES CN TOWER BIS ZU 160 KM WEIT SEHEN KÖNNEN. DER TURM ÜBERRAGT DIE WOLKENKRATZER IM STADTZENTRUM VON TORONTO UND WURDE NACH SEINER FERTIGSTELLUNG IM APRIL 1975 ZU EINEM MARKANTEN ELEMENT DER SKYLINE.

Die Canadian National Railway Company entwickelte in den 1960er-Jahren ein zunehmendes Interesse am Telekommunikationsgeschäft. In Toronto wurde die Ausstrahlung von Rundfunk- und Fernsehprogrammen allerdings durch die zahlreichen neuen Bürohochhäuser immer schwieriger. Die Funkwellen der Fernsehtürme wurden von den Gebäuden gestört; die TV-Zuschauer wurden durch verzerrte Bilder irritiert. 1968 schlug CN den Bau eines neuen Fernsehturms vor, der das Gewirr der Hochhäuser deutlich überragen und so das Problem lösen sollte. Hierzu musste er eine Höhe von mindestens 300 m haben. Der am 26. Juni 1976 eingeweihte CN Tower übertraf diese Anforderung mit der fast doppelten Höhe des Eiffelturms deutlich.

Immer höher Der Bau begann im Februar 1973 mit einem sechseckigen Schaft, der von drei sich verjüngenden Rippen gestützt wird. Der Beton wurde in eine Gleitschalung gegossen, die nach dem Aushärten nach oben geschoben wurde. Nachdem Aussichtsplattformen, Drehrestaurant, Rundfunkstation, Satellitenschüsseln und der schwindelerregende Sky Pod fertiggestellt worden waren, wurde der 102 m hohe Sendemast aufgesetzt. Ein Transporthubschrauber, von der Bevölkerung liebevoll

FAKTEN

Gesamthöhe
553,33 m

Höhe des Glasbodens
342 m

Höhe des Sky Pod
447 m

Höhe des Drehrestaurants 360
351 m; eine komplette Drehung dauert 72 Minuten.

Stufen
2579 Stufen im Treppenaufgang zum Sky Pod

Gegenüber: Der mit Hilfe des neuen Lichtsystems raffiniert illuminierte Fernsehturm beherrscht die Skyline der Stadt an einem Sommerabend.

Rechts: Als die Canada Lands Company 1995 den Turm kaufte, wollte man den Namen beibehalten und so steht „CN Tower" nun für „Canada's National Tower".

Unten: Durch den Glasboden der Hauptplattform kann man senkrecht hinabschauen.

„Olga" genannt, brachte die Mastsegmente nach oben. Der tägliche Flugplan wurde in den Zeitungen veröffentlicht, damit die Fans „Olga" bei der Arbeit beobachten konnten.

Aussichten Heute ist der CN Tower das markante Wahrzeichen von Toronto und die größte Besucherattraktion. Sechs Hochgeschwindigkeitsaufzüge erreichen in weniger als einer Minute die Hauptebene. Wenn man dabei schon den Blick durch den gläsernen Aufzugboden gewagt hat, kann man seine Schwindelfreiheit auf dem Glasboden des Turmkorbs erneut testen oder auf die vergitterte Aussichtsplattform treten, um dort hautnah die Kraft des Winds zu spüren und die Aussicht auf die Niagarafälle zu genießen. Ein weiterer Lift befördert die Besucher noch höher zum Sky Pod, der dritthöchsten Aussichtsplattform der Welt. Ein 2007 installiertes, computergesteuertes LED-System lässt sie jeden Abend in den Nationalfarben Rot und Weiß, bei besonderen Anlässen in speziell gestalteten Farbmustern erstrahlen.

PHILADELPHIA, USA

Liberty Bell

URSPRÜNGLICH ZUR EHRUNG DER RELIGIONSFREIHEIT INSTALLIERT, WURDE DIESE STUMME GLOCKE ZU EINEM SYMBOL FÜR UNTERSCHIEDLICHE ARTEN DER FREIHEIT: DIE NATIONALE UNABHÄNGIGKEIT, DIE ABSCHAFFUNG DER SKLAVEREI UND IN NEUERER ZEIT FÜR DIE ROLLE DER USA ALS SCHUTZMACHT DER FREIEN WELT.

Die Abgeordneten von Pennsylvania erteilten 1751 der Whitechapel Bell Foundry in London den Auftrag, eine „gute Glocke von etwa 2000 Pfund" zu gießen. Das Pennsylvania State House von Philadelphia stand vor der Vollendung, und man wollte die alte Stadtglocke ersetzen. Die Glocke traf im folgenden August ein und wurde im Turm des neuen State House aufgehängt. Das erste Läuten endete in einem Desaster, denn der Glockenkörper bekam einen Riss.

Zwei Gießer aus Philadelphia schmolzen die Glocke ein und erhöhten den Kupferanteil, um die Legierung weniger spröde zu machen. Das Resultat erinnerte im Klang an einen scheppernden Eimer. Sie versuchten es erneut mit der Originallegierung. Die Glocke wurde im Turm aufgehängt und zur Einberufung der State Assembly und bei besonderen Anlässen geläutet.

Unabhängigkeit Legendär und nicht durch Fakten gestützt ist das Läuten der Glocke am 4. Juli 1776 bei der Unterzeichnung der Unabhängigkeitserklärung. George Lippard schuf 1847 in einer Kurzgeschichte diesen Mythos, der begeistert aufgegriffen wurde. Zu diesem Zeitpunkt war die Glocke schon verstummt. Sie hatte erneut einen Riss bekommen, der sich extrem

ZEITTAFEL

1752
Die 940 kg schwere Glocke trifft in Philadelphia ein.

1753
Pass & Stow gießen die Glocke neu, mit der Inschrift „Proclaim LIBERTY throughout all the Land unto all the Inhabitants Thereof".

1785
Aufhängung der Glocke in der Independence Hall

1848
Ausstellung der Glocke im Plenarsaal des Parlaments in Philadelphia

1865
Der Leichnam von Präsident Lincoln wird vor der Liberty Bell aufgebahrt.

1893
Premiere von John P. Sousas *Liberty Bell March* in Chicago

Unten: Das State House (rechts) von Philadelphia wurde in Independence Hall umbenannt, um an die Unterzeichnung der Unabhängigkeitserklärung im dortigen Versammlungsraum (unten) zu erinnern.

Gegenüber: Anlässlich der Zweihundertjahrfeier 1976 zog die Glocke in einen neuen Glaspavillon um, 2003 dann in das Liberty Bell Center, wo sie vor dem Hintergrund der Independence Hall präsentiert wird.

Rechts: Die Liberty Bell hing einst im Turm der Independence Hall. Als Philadelphia 1777 einen Angriff der Briten befürchtete, wurde die Glocke versteckt, um ihr Einschmelzen zu verhindern.

vergrößerte, als die Glocke 1846 anlässlich des Presidents Day erklang.

Freiheit Ihren Namen bekam die Glocke in den 1830er-Jahren, als Flugblätter die Zurückhaltung der Philadelphier bei der Abschaffung der Sklaverei anprangerten und die Glocke sarkastisch „Bell of Liberty" tauften. Der ironische Unterton geriet in Vergessenheit, der Symbolwert blieb und der Ruhm der Glocke wuchs. Sie wurde im Plenarsaal des Parlaments in Philadelphia ausgestellt und reiste durch das Land, um für Freiheit und nationale Einheit zu werben. Die Glocke wurde bald zum Objekt einer gewaltigen Souvenir-Industrie. Durch die Reisen verschlimmerten sich die Risse, Souvenirjäger brachen sogar Stücke aus der Glocke heraus. Ihre letzte Reise führte die Glocke 1915 nach San Francisco. Im Zweiten Weltkrieg erschien ihr Bild auf Kriegsanleihen. 1958 bot die Londoner Gießerei Whitechapel an, die Glocke neu zu gießen, doch man lehnte ab: Der markante Riss war zu einem wesentlichen Merkmal der bekannten Glocke geworden.

WASHINGTON D.C., USA

National Mall

„AMERIKAS VORGARTEN", SO NENNT MAN DIE PRÄCHTIGE RASENFLÄCHE, DIE SICH VOM KAPITOL ZUM WASHINGTON MONUMENT UND DEM LINCOLN MEMORIAL ERSTRECKT. HIER FINDEN NATIONALE FEIERN, PROTESTMÄRSCHE, KUNDGEBUNGEN UND FESTIVALS STATT, HIER MACHT MAN PICKNICK ODER JOGGT AM MORGEN.

Pierre Charles L'Enfant erhielt 1791 den Auftrag, die neue Hauptstadt der Vereinigten Staaten zu entwerfen. Er stellte sich ein geordnetes Netzwerk aus Straßen, Avenuen und eleganten Plätzen vor. Die größten öffentlichen Gebäude sollten das Abgeordnetenhaus (Kapitol) und der Amtssitz des Präsidenten sein. Vom Kapitol westwärts plante L'Enfant eine beindruckende „Grand Avenue", die auf ein großes Reiterstandbild von George Washington südlich des Weißen Hauses zulaufen sollte. Diese Prachtstraße wurde allerdings nicht vollständig realisiert. Im 19. Jahrhundert entstanden auf den noch freien Flächen Militärlager, Munitionsfabriken, Gemüsegärten und Gleisanlagen. 1901 beschloss man, hier eine offizielle Paradeallee zu bauen, die sich mit den Prachtstraßen in Paris und Rom messen konnte. Die McMillan Commission entwarf eine von Weißulmen als Schattenspendern gesäumte Rasenfläche, die von öffentlichen Gebäuden flankiert wurde.

Die Burg Entlang der Mall gab es bereits private Gebäude, wie das 1855 fertiggestellte Smithsonian Institution Building. Es entstand als Vermächtnis des britischen Wissenschaftlers James Smithson, in Washington „eine Einrichtung zur Vermehrung und Verbreitung des Wissens" zu schaffen. Das „Castle" (Burg) erinnerte in

Links: Das Abraham Lincoln Memorial in Form eines dorischen Tempels steht am Westende der Mall, mit Blick auf das Washington Monument und das Kapitol.

ZEITTAFEL

1791
Pierre Charles L'Enfant fertigt Entwürfe für Washington D.C. an.

1802
Das Areal erscheint in einem Stadtplan als „The Mall".

1855
Vollendung des „Castle" der Smithsonian Institution

1884
Vollendung des Washington Monument

1901
Plan für eine offizielle Prachtstraße

1922
Eröffnung des Lincoln Memorial

1943
Vollendung des Jefferson Memorial

1965
Offizielle Einrichtung der National Mall

Rechts: Das „Castle", das ursprüngliche Smithsonian Institution Building, ist das älteste private Gebäude an der National Mall. Es entstand im 19. Jahrhundert im normannischen Stil.

Ganz rechts: Im Lincoln Memorial zeigt eine Statue, die von dem Bildhauer Daniel Chester French 1920 vollendet wurde, den Präsidenten in vierfacher Lebensgröße.

Mitte: Der Bürgermeister von Tokio schenkte 1912 der Stadt Washington als Zeichen der Freundschaft 3000 blühende Kirschbäume. Sie wurden am Rand des Tidal Bassin eingepflanzt.

Unten rechts: Von der Spitze des Washington Monument kann man die Mall überblicken, die sich über das World War II Memorial, den Reflecting Pool und das Lincoln Memorial bis hin zum Potomac erstreckt.

seiner neugotischen Formgebung an die Architektur der ältesten britischen Universitäten. Heute sitzt hier die Verwaltung des weltgrößten Museumskomplexes.

Washington Monument Bei dem Platz, den L'Enfant ursprünglich für das Standbild von Washington vorgesehen hatte und dessen sumpfiger Boden sich dafür aber als nicht ausreichend stabil erwies, war inzwischen das Washington Monument bis zu einem Drittel seiner Gesamthöhe errichtet worden. 1854 waren die Spendengelder erschöpft; der Bürgerkrieg und Diskussionen über die Architektur führten zu einem Baustopp. 1879 gingen die Arbeiten am Obelisk weiter, allerdings kamen die Steine aus einem anderen Steinbruch und hatten eine leicht andere Farbe. Mit dem feierlichen Aufsetzen der massiven Aluminiumspitze avancierte der Obelisk 1884 zum höchsten Bauwerk der Welt. Trotz seiner mühsam zu erklimmenden 896 Stufen entwickelte sich das Monument sofort zu einer Besucherattraktion. Ab 1888 gab es einen mit Dampfkraft betriebenen Aufzug, der allerdings nur Männern vorbehalten war – für Frauen galt der neumodische Apparat als zu gefährlich. Der Obelisk ist bis heute das höchste Bauwerk der Stadt, und der Blick von der Spitze ist beeindruckend.

Lincoln Memoria Vom Washington Monument schweift der Blick über das World War II Memorial und den langen Reflecting Pool zum dorischen Tempel, der

Links: Das Feuerwerk über dem Washington Memorial und dem Kapitol bildet traditionell den Höhepunkt der jährlichen Feier des Unabhängigkeitstages in Washington.

Unten: Das Korean War Veterans Memorial von Frank Gaylord aus 19 lebensgroßen Statuen zeigt eine aus allen Waffengattungen zusammengesetzte Einheit auf Patrouille.

Abraham Lincoln gewidmet ist. Die Statue im Lincoln Memorial zeigt den Präsidenten in nachdenklich sitzender Pose. An beiden Seiten des Denkmals sind seine zweite Antrittsrede und die berühmte Gettysburg-Rede eingemeißelt. Bald nach Lincolns Tod gab es Vorschläge für ein Denkmal, doch der pompöse Entwurf von 1897 mit Dutzenden von Kolossalstatuen erwies sich als zu teuer. Schließlich konzipierte Henry Bacon dieses würdige, schlichte Bauwerk aus weißem Marmor, das 1922 eingeweiht wurde. Für Amerikaner gehört das Denkmal zum Alltag, denn es ist auf der 1-Cent-Münze und der 5-Dollar-Note abgebildet. Außerdem fanden davor wichtige öffentliche Kundgebungen statt. Martin Luther King hielt hier 1963 auf dem Höhepunkt der Bürgerrechtsbewegung die berühmte „I have a dream"-Rede.

Jefferson Memorial Der Plan, der von der McMillan Commission vorgelegt worden war, sah eine perfekt rhombische Form mit der National Mall als Ost-West-Achse vor. Das Weißen Haus im Norden bekam 1943 seinen südlichen Abschluss mit dem Jefferson Memorial, das malerisch am Ufer des Potomac liegt. Der Bereich ist mit Zierkirschen bepflanzt, und im Frühjahr findet hier immer ein Kirschblütenfest statt. McMillan hatte für den Standort ein Pantheon zur Ehrung verdienter Bürger vorgeschlagen. John Russell Pope gestaltete dann ein Denkmal nur für Jefferson. Allerdings

Oben: Im Jefferson Memorial steht eine von Rudulph Evans geschaffene Bronzestatue des Präsidenten. Auf den Innenwänden sind Passagen aus Jeffersons Schriften, darunter ein Abschnitt der Unabhängigkeitserklärung eingraviert.

Rechts: Als Präsident Obama am 20. Januar 2009 im Rahmen der Amtseinführung seinen Eid leistete, war die gesamte National Mall für die Öffentlichkeit zugänglich.

nahm er das Pantheon in Rom als Vorbild und orientierte sich am neoklassizistischen Stil, den Jefferson für sein Haus in Monticello und seine Pläne für die University of Virginia gewählt hatte. Im Memorial sollte eigentlich eine Bronzestatue des Präsidenten stehen, doch mitten im Zweiten Weltkrieg war Bronze knapp, und so stellte man zur Eröffnung zunächst eine bemalte Gipsstatue auf. Die eigentliche Statue wurde 1947 fertig. Sie blickt durch die ionischen Säulen der offenen Rotunde direkt auf das Weiße Haus.

Geschichte der Nation L'Enfant stellte sich die Mall als wachsendes Monument für die Gründer und Führer der USA vor. Inzwischen findet man in dieser grünen Oase im Zentrum der Hauptstadt viele andere Ehrenmale, etwa für Franklin D. Roosevelt oder für die Veteranen des Korea- und Vietnamkriegs. So soll die Mall in ihrer Gesamtheit die Geschichte des Landes symbolisieren. Sie ist ein nationaler Schauplatz, auf dem sich die Menschen versammeln, um zu feiern, zu gedenken, zu trauern und zu protestieren. Gleichzeitig ist die Mall ein Stadtpark, in dem die Stadtbewohner Rast machen, um ihr Sandwich zu essen; und sie ist bei Touristen ein beliebtes Ziel. Rund 25 Millionen Besucher pro Jahr bleiben nicht ohne Spuren, und so denkt man über einen Plan zur Renovierung und zum Schutz dieser großartigen Anlage mit ihren zahlreichen Bauten nach.

WASHINGTON D.C., USA

Das Weiße Haus

1600 PENNSYLVANIA AVENUE – AN DIESER WELTBERÜHMTEN ADRESSE LEBT UND ARBEITET DER PRÄSIDENT DER USA. DAS WEISSE HAUS IST WOHNUNG, MUSEUM UND SYMBOL FÜR DIE REGIERUNG DER VEREINIGTEN STAATEN.

Das Haus des Präsidenten war eines der ersten geplanten Gebäude in der neuen Hauptstadt Washington D.C. Neun Architekten, darunter möglicherweise unter Pseudonym auch Thomas Jefferson, reichten Vorschläge ein. Obwohl er ihn eigentlich als zu klein und zu simpel empfand, entschied sich George Washington im Juli 1792 für den Entwurf von James Hoban im Greek-Revival-Stil. Am 1. November 1800 konnte John Adams in das vergrößerte, aber noch nicht ganz vollendete Gebäude einziehen. 14 Jahre später stürmten britische Truppen das Haus und setzten es in Brand. Nach dem Wiederaufbau wurden die Wände, die von Rauch und Ruß geschwärzt waren, mit weißer Farbe übertüncht. Doch erst 1901 bekam das Gebäude die offizielle Bezeichnung „Weißes Haus“.

Theodore Roosevelts Vermächtnis Der neue Name war Teil der Sanierung des Gebäudes während der Präsidentschaft von Theodore Roosevelt. Es war nicht für die nunmehr vielfältigen Aufgaben konzipiert, und Edith Roosevelt beklagte, sie habe das Gefühl, „über dem Geschäft zu leben“. Der viktorianische Kram verschwand, dafür installierte man Badezimmer und elektrisches Licht. Einige Treibhäuser mussten einem „provisorischen“ Bürogebäude weichen, dem Westflügel.

ZEITTAFEL

1791
Pierre Charles L'Enfant fertigt Entwürfe für Washington D.C. an.

1800
John Adams zieht als erster Präsident ein.

1814
Britische Truppen legen Feuer.

1824
Südportikus angebaut

1829
Nordportikus angebaut

1901
Bau des Westflügels; 1909 kommen Oval Office und Cabinet Room dazu.

1913
Ellen Wilson legt den Rosengarten an.

1948–1952
Entkernung und Neuaufbau

1961
Das Weiße Haus wird zum Museum. Jacqueline Kennedy lässt die Innenräume restaurieren.

1995
Sperrung der Pennsylvania Avenue vor dem Gebäude für den Verkehr

Gegenüber: Blick auf den bogenförmigen Südportikus von der National Mall aus. Den quer zu den Säulen verlaufenden Balkon im ersten Stock ließ Harry S. Truman 1948 einbauen.

Rechts: Im Westflügel liegen die Büros der wichtigsten Mitarbeiter des Präsidenten. Vom Oval Office blickt man in den Garten auf den Bereich, wo einst die Wäsche aufgehängt wurde.

1909 wurde das Oval Office zum Zentrum des neuen Anbaus. Jeder Präsident drückte dem Weißem Haus seinen Stempel auf. Doch es gab auch Zeiten der Vernachlässigung. 1948 beklagte Harry S. Truman, er lebe in einem Gebäude, das von Einsturz bedroht sei. Das Haus wurde entkernt und ein stählernes Tragwerk eingezogen. Der historische Charakter des Interieurs ging dabei weitgehend verloren. 1961 stattete Jacqueline Kennedy das Haus mit neuen Tapeten, Teppichen und Möbeln aus. Ihre TV-Sendung *Tour of the White House* machte sie zu einem Vorbild für den „amerikanischen Geschmack". Das Haus wurde zum Museum erklärt, und die nachfolgenden Bewohner behandelten es als solches: Sie bewahrten weitgehend das authentische Dekor.

Unten: Den Nordportikus ließ 1829 Andrew Jackson anbauen. So konnten Besucher mit ihren Kutschen wohl behütet am Hauptportal vorfahren.

Rechts: Im von Jacqueline Kennedy restaurierten State Dining Room zieren Bisonköpfe die Kamineinfassung, so wollte es Theodore Roosevelt.

SOUTH DAKOTA, USA

Mount Rushmore

AM ANFANG STAND DIE IDEE, MEHR TOURISTEN IN DIE BLACK HILLS VON SOUTH DAKOTA ZU LOCKEN, UND DIESER PLAN IST MIT HEUTE ÜBER ZWEI MILLIONEN BESUCHERN JÄHRLICH AUFGEGANGEN. DOCH DIE TOURISTENATTRAKTION BEKAM DARÜBER HINAUS DEN STATUS EINES NATIONALDENKMALS.

Doane Robinson, der Geschichtsbeauftragte des Staates South Dakota, wollte die als „Needles" bekannten Felsen in gigantische Statuen bedeutender lokaler Persönlichkeiten umgestalten, um die Black Hills für Touristen attraktiver zu machen. Dem Bildhauer Gutzon Borglum schwebte aber Größeres vor: Er wollte Geburt und Entwicklung der Nation darstellen und wählte dafür die Präsidenten Washington, Jefferson, Lincoln und Theodore Roosevelt. 1925 entschied er sich für den Südosthang des Mount Rushmore als besser geeigneten Standort. Der höchste Gipfel der Region war allerdings der heilige Berg der Lakota Sioux. Trotzdem bekam er die Genehmigung, doch die Mittel fehlten. Als Präsident Coolidge 1927 in der Gegend war, bat Borglum ihn um Bundesmittel für eine nationale Gedenkstätte.

Einen Berg umformen In den nächsten 14 Jahren bearbeiteten rund 400 Arbeiter die Felswand mit Bohrern und Dynamit. Die dabei angefallenen 450 000 t Granitschutt sammelten sich am Fuß der Klippe. Der ursprüngliche Entwurf sah die Abbildung wichtiger Dokumente wie der Unabhängigkeitserklärung vor, außerdem sollten die Präsidenten bis zur Hüfte dargestellt werden. Doch das Geld wurde knapp, und nach Borglums Tod 1941 wurde das Projekt eingestellt.

FAKTEN

Kosten
990 000 USD

Abmessungen
Köpfe 18 m hoch
Münder 5,5 m breit
Nasen 6 m lang
(die von Washington ist etwas länger)

Höhe
1675 m über NN

Gegenüber: Die Köpfe wurden jeweils nach ihrer Fertigstellung eingeweiht: Washington am Unabhängigkeitstag 1934, Jefferson im Jahr 1936, Lincoln 1937 und Theodore Roosevelt schließlich 1939.

Rechts: Profilansicht von George Washington. 2010 wurde das Mount Rushmore Monument digital eingescannt, um ein Computermodell zu erstellen, das bis auf den Zentimeter genau ist.

Die Umgestaltung eines Bergs war ein gewagtes Vorhaben. Bereits in den 1920er-Jahren gab es Proteste gegen diese Vergewaltigung der Natur. Auch Theodore Roosevelt war dagegen. Heftige Ablehnung kam von der ansässigen indigenen Bevölkerung: Man hatte die Black Hills den Lakota Sioux zwar 1868 offiziell für immer zugesprochen, doch dann wieder abgenommen, als dort Gold gefunden wurde. Die Lakota beauftragten 1948 einen Bildhauer, der zuvor am Mount Rushmore gearbeitet hatte, auf einem ebenfalls heiligen Berg in der Nachbarschaft das noch gigantischere Crazy Horse Memorial zu schaffen.

Die faszinierenden, riesigen Figuren genießen einen hohen Bekanntheitsgrad. Sie sind inzwischen Teil der Populärkultur und tauchten in vielen Filmen auf. Berühmt ist die spannende Szene aus Hitchcocks *Der unsichtbare Dritte* von 1959, die allerdings in einem Studiomodell gedreht wurde. Das Monument findet man in Legoland, auf verschiedenen LP-Cover, US-Münzen und dem Kfz-Kennzeichen von South Dakota.

Unten: Borglums Modell im Maßstab 1:12 diente den Arbeitern als Vorlage beim Herausarbeiten der Köpfe. Sie bohrten dicht nebeneinanderliegende Löcher mit genau definierter Tiefe, brachen das restliche Gestein heraus und glätteten die Oberfläche.

NEW YORK, USA

Freiheitsstatue

DIE STATUE „LIBERTY ENLIGHTENING THE WORLD" WURDE GESCHAFFEN, UM DIE IM 19. JAHRHUNDERT VON DEN USA VERBREITETEN IDEALE DES REPUBLIKANISMUS ZU FEIERN. FÜR MILLIONEN VON EINWANDERERN, DIE DIESE STATUE PASSIERTEN, HATTE DIE FREIHEITSSTATUE EINE GANZ PERSÖNLICHE BEDEUTUNG.

Jeder Neuankömmling sah in der riesigen Statue eine einladende, mütterliche Figur, die ihm Hoffnung auf Freiheit und neue Chancen verhieß. Diese neue Symbolik findet sich auch in einem Gedicht von Emma Lazarus, das sie für eine Kampagne zur Finanzierung des Statuensockels schrieb:

„Gebt mir eure Müden, eure Armen,
eure geknechteten Massen, die frei zu atmen begehren,
den elenden Unrat eurer gedrängten Küsten;
schickt sie mir, die Heimatlosen, vom Sturm getriebenen,
hoch halt' ich mein Licht am gold'nen Tor!"

Irving Berlin zitiert die berühmten Zeilen im Schlussakt seines 1949 entstandenen Musicals *Miss Liberty*. Der Komponist war selbst als Immigrant von der verheißungsvollen Fackel der Liberty begrüßt worden. Als Kind flüchtete er mit seinen Eltern vor den Pogromen in Russland und kam 1893 im rettenden New Yorker Hafen an.

Geschenk Frankreichs Der Jurist und Politiker Édouard René de Laboulaye schlug 1865 vor, Frankreich solle seinem historischen Verbündeten in Amerika ein Denkmal zu Ehren der Unabhängigkeit schenken. Unter dem repressiven Regime von Napoleon III. war dieser Wunsch aber nicht zu realisieren. Ein Jahrzehnt später gründete Laboulaye dann die Union Franco-Américaine,

ZEITTAFEL

1811
Bau von Fort Wood auf Bedloe's Island

1876
Ausstellung des Arms mit der Fackel bei der Centennial Exhibition in New York

28. Oktober 1886
Zur Einweihung der Statue findet in New York die erste Konfettiparade statt.

1924
Die Statue wird zum National Monument erklärt.

1956
Umbenennung der Insel in Liberty Island

Gegenüber: Anfang des 20. Jahrhunderts begann, sich Grünspan auf der Statue zu bilden. Der Kongress wollte einen Neuanstrich, doch die Öffentlichkeit protestierte dagegen.

Rechts: Die Beleuchtung in der Originalfackel war als Hafenfeuer nicht hell genug. Die 1916 eingesetzten Glasscheiben wurden 1984 entfernt, weil sie undicht waren und zu Korrosion führten.

und beiderseits des Atlantiks begann man, Geld zu sammeln. Man vereinbarte, dass die Franzosen die Statue und die Amerikaner das Podest finanzieren sollten.

Frédéric-Auguste Bartholdi, von Laboulayes Idee inspiriert, hatte seit 1870 an dem Entwurf gearbeitet. Der bereits fertige Arm mit der Fackel wurde ausgestellt, um das Interesse für das Projekt zu steigern. In New York ruhten die Arbeiten einige Jahre, bis das Geld für das Podest beisammen war. 1878 wurde der Kopf der Statue auf der Weltausstellung in Paris präsentiert.

Technische Innovation Der 1886 fertiggestellte Koloss war eine künstlerische und technische Meisterleistung. Bartholdis Figur der römischen Göttin der Freiheit Libertas entstand in Repoussé-Technik aus in Form gehämmerten, dünnen Kupferplatten. Die Segmente wurden dann auf einem Stahlrahmen montiert, der von der Firma Eiffel et Cie. entworfen worden war. Das Gerüst war so flexibel ausgelegt, dass leichtere Schwingungen durch Wind und die Ausdehnung der Kupferplatten durch Sonnenhitze aufgefangen wurden.

Anders als die offenherzige Marianne des revolutionären Frankreichs ist Bartholdis Version der Freiheit keusch in lange Gewänder gekleidet und mit einem sonnenähnlichen Strahlendiadem gekrönt. Die gesprengten Ketten an ihren Füssen wurden diskret vom langen Kleid verborgen, um das heikle Thema Sklaverei so kurz nach dem Bürgerkrieg zu vermeiden. Die „Liberty Enlightening the World“ symbolisiert mit der erhobenen Fackel den Fortschritt und weist mit dem Licht den Weg in den sicheren Hafen. Auf der Tafel in ihrer linken Hand steht das Datum der Unabhängigkeitserklärung.

Unten links: Im Inneren führt eine Wendeltreppe im stützenden Stahlrahmen nach oben.

Unten rechts: Die Basis der Statue bildet ein sternförmiges Fort aus Granit, das Anfang des 19. Jahrhunderts zum Schutz des New Yorker Hafens gebaut wurde.

NEW YORK, USA

Empire State Building

DAS AN EINEN BLEISTIFT ERINNERNDE EMPIRE STATE BUILDING WAR DER ERSTE WOLKENKRATZER MIT MEHR ALS 100 STOCKWERKEN UND FÜR 40 JAHRE DAS HÖCHSTE BAUWERK DER WELT. ZUNÄCHST GAB ES NUR WENIGE MIETER, DOCH ES GALT SOFORT ALS EIN WAHRZEICHEN VON NEW YORK CITY.

Mit der Entwicklung des Sicherheitsaufzugs und der Stahlrahmenbauweise kündigte sich Ende des 19. Jahrhunderts die Ära der Wolkenkratzer an. In New York kam es zu einem regelrechten Wettstreit um das höchste Gebäude. Die größten Rivalen waren zwei Magnaten aus der Automobilindustrie: Walter Chrysler von der Chrysler Corporation und John Raskob von General Motors. In der Wirtschaftskrise 1929 gehörten sie zu den wenigen, die noch genug Vermögen hatten, um Hochhäuser zu bauen. Beide errichteten unverwechselbare Gebäude, die bis heute die Skyline von New York prägen.

Immer höher Das Grundstück des Empire State Building in Midtown an der 34. Straße und der Fifth Avenue belegte zuvor das Waldorf-Astoria Hotel, bevor es in die vornehmere Park Avenue umzog. 1929 erwarb Raskob mit seinen Partnern der neu gegründeten Empire State Corporation das Grundstück und engagierte das Architekturbüro Shreve, Lamb & Harmon.

Das Chrysler Building war bereits in Bau, wobei seine letztendliche Höhe geheim gehalten wurde. Raskob soll bei der Planung des Empire State Building einen Bleistift hingestellt und William F. Lamb gefragt habe: „Wie hoch können Sie es bauen, ohne dass es umfällt?“ Als das Chrysler Building wuchs, fügte Lamb immer weitere

Oben: Der Standort macht das Gebäude zu einem markanten Punkt in der Skyline, da die meisten anderen Hochhäuser ein Stück entfernt sind.

Oben: Der zurückgesetzte Hauptturm, die Einkerbungen und der sich verjüngende Baukörper schaffen eine elegante Silhouette.

ZEITTAFEL

1929
Kauf des Grundstücks

22. Januar 1930
Beginn der Ausschachtarbeiten

17. März 1930
Baubeginn

13. November 1930
Ende der Maurerarbeiten

1. Mai 1931
Offizielle Eröffnung durch Präsident Hoover

1950
Installation der Sendeantenne

1976
Installation der farbigen Scheinwerfer

1986
Gebäude wird zum National Historic Landmark erklärt.

Stockwerke hinzu. Das Ganze wurde mit einem 70 m hohen Mast gekrönt, den Raskob als Andockstelle für Luftschiffe vorgesehen hatte. Allerdings verhinderten Aufwinde um das Gebäude diesen kühnen Plan.

In nur zwei Wochen fertigte Lamb seinen Entwurf im Art-déco-Stil. Das Gebäude ist mit Kalkstein verkleidet und hat prägnante Fensterrahmen aus Nickelstahl, die in der Sonne schimmern. Auf Straßenniveau beeindruckt die monumentale Fassade aus geripptem Mauerwerk und ägyptischen Motiven.

Akkordarbeit Die Investoren drängten auf eine möglichst rasche Fertigstellung, denn erst dann waren Mieteinnahmen zu erwarten. Wo es möglich war, wurden vorgefertigte Teile verwendet. Durch die von Lamb vorgesehenen Metallfensterrahmen sparte man eine Nachbearbeitung der Kanten der Fassadenplatten. Im Inneren installierte er ein senkrechtes Schienensystem zum Materialtransport mit Förderkörben, die im Keller beladen wurden. Es dauerte nur 80 Stunden, bis die in Pittsburgh produzierten Stahlträger angeliefert und an Ort und Stelle

Rechts: Die großzügige, drei Etagen hohe Lobby ist mit poliertem Marmor verkleidet. Die Decke ist vergoldet, die Wände schmücken Metallintarsien.

Links: Die Fensterrahmen aus Nickelstahl waren nicht nur praktisch, weil sie eine Bearbeitung der Steinkanten unnötig machten, sondern auch ein prägendes Element der Fassade. Sie unterstrichen die schlanke, vertikale Linienführung und sorgten durch Reflexionen des Sonnenlichts für eine schimmernde Gesamterscheinung.

per Nieten befestigt waren. Der Rahmen wuchs um durchschnittlich viereinhalb Stockwerke pro Woche; der Rekord lag bei 14 Etagen in zehn Tagen. Dafür arbeiteten bis zu 3500 Menschen im Akkord. Sogar das Essen war organisiert: Für jeden Arbeiter wurden zwei Sandwiches, Kaffee und ein Stück Kuchen nach oben gebracht. Nach weniger als 15 Monaten stand der Rohbau.

Sky boys Der Bau des Wolkenkratzers setzte in der Zeit nach dem Crash am Aktienmarkt ein Zeichen des Überlebenswillens und der Hoffnung für Amerika. Fotografen und Filmemacher erkannten rasch die Bedeutung des Bauwerks und kletterten mit ihren Kameras das Stahlskelett hinauf, um die Heldentaten der „Sky boys" festzuhalten. Scheinbar völlig angstfrei balancierten diese Arbeiter auf den Stahlträgern in stetig wachsender Höhe. Die Passanten in den Straßen tief unten beobachteten fasziniert ihre Lässigkeit. Die Nietmannschaft bestand aus vier Leuten: Der „Heater" warf die glühende Niete dem „Catcher" zu, der sie mit einer alten Blechdose auffing und mit einer Zange an ihre Stelle platzierte. Der „Bucker-up" drückte gegen die Niete, während sie der

FAKTEN

Kosten
40 948 900 USD, inklusive Grundstück

Höhe
443,2 m bis zur Spitze des Blitzableiters; 103 Etagen

Anzahl der Stufen
1860

Gewicht des Stahlskeletts
60 000 t

Anzahl der Fenster
6500

Aufzüge
73; Fahrzeit von der Lobby zum 86. Stock unter einer Minute

Oben: Zu besonderen Anlässen wird der obere Bereich angestrahlt – hier beim Besuch Elizabeths II. 2002 in Purpur und Gold.

Rechts: Auf diesem Plakat für den Film *King Kong* (1933) sitzt das Monster auf dem kaum erkennbaren Empire State Building.

„Gunman“ mit einem Presslufthammer stauchte. Die letzte eingesetzte Niete war angeblich aus purem Gold.

Stadtikone Die Eröffnung war am 18. Mai 1931 durch Präsident Hoover. Mitten in der Weltwirtschaftskrise gab es allerdings kaum Mietinteressenten, und so bekam das Gebäude den Beinamen „Empty State Building“. Erst 1941 gab es erste Mieteinnahmen. Doch als Touristenattraktion war es sofort ein Erfolg.

Für die Weltausstellung 1964 in New York wurden in den oberen Etagen neue Scheinwerfer eingebaut. In den 1970er-Jahren installierte man farbige Strahler, die in speziellen Farbmustern erstrahlen. 2004 erloschen die Lichter, um der verstorbenen Schauspielerin Fay Wray zu gedenken. Sie war die blonde Heldin, die von dem Monster in dem Film *King Kong* entführt wurde – vielleicht der unvergesslichste Filmauftritt des Gebäudes.

Inzwischen wird das Empire State Building durch hochisolierende Fenster und Verbesserungen am Beleuchtungs- und Lüftungssystem auf den ökologisch neusten Stand gebracht. Keine der Umbauten wird von außen sichtbar sein und den Charakter des Gebäudes verändern.

Links: Für seine beeindruckenden Aufnahmen der Bauarbeiter riskierte Lewis Wickes Hine, der offizielle Fotograf des Projekts, fast genau so viel wie die Arbeiter selbst.

FLORIDA, USA

Launch Complex 39

IN FLORIDA ERSTRECKT SICH AM ATLANTIK DIE SPACE COAST. IN DIESER OFFENEN LANDSCHAFT AUS STRÄNDEN, DÜNEN UND SÜMPFEN SCHEINEN LAND, WASSER UND HIMMEL MITEINANDER ZU VERSCHMELZEN – UND ÜBER ALLEM LOCKT DER WELTRAUM.

Alle Raumfahrzeuge starten in Ostrichtung, um die Erdrotation zu nutzen. Je näher am Äquator man sich befindet, desto größer ist dieser Schwung. Zudem stürzt bei einem Fehlstart eine an der Ostküste abgefeuerte Rakete ins Meer, ohne größeren Schaden anzurichten. Daher wurde die Atlantikküste Floridas, zuvor für ihre Zitruswälder bekannt, zum bevorzugten Startplatz des US-Raumfahrtprogramms.

Die 1958 gegründete National Aeronautics and Space Administration (NASA) baute im Zuge der Mondmission auf Merritt Island das Launch Operations Center nahe beim Air-Force-Stützpunkt Cape Canaveral. Ende 1963 wurde das Zentrum zu Ehren von Präsident John F. Kennedy umbenannt, der im Mai 1961 die Landung von Menschen auf dem Mond innerhalb eines Jahrzehnts als ehrgeiziges Ziel im Wettlauf mit der Sowjetunion proklamiert hatte.

Missionen Die Startrampen an der Küste wurden von Norden nach Süden durchnummeriert. Für die Mondmission entstand Complex 39. Die Startrampe 39A wurde 1965 fertiggestellt und liegt umgeben von Salzsümpfen und Wasserläufen unmittelbar an der Atlantikküste. Das Mondprogramm lief von 1961 bis 1972. Der große Durchbruch gelang mit der Mission

ZEITTAFEL

1. Oktober 1958
Gründung der NASA

5. Mai 1961
Erster bemannter US-Raumflug

Juli 1962
Einweihung des Launch Operations Center

1966
Fertigstellung des Vehicle Assembly Building

21. Dezember 1968
Apollo 8 startet vom Launch Complex 39 und verlässt den Erdorbit.

16. Juli 1969
Start von Apollo 11

12. April 1981
Erstflug des Space Shuttle *Columbia*

28. Januar 1986
Explosion des Space Shuttle *Challenger*

24. April 1990
Space Shuttle *Discovery* startet mit dem Hubble-Weltraumteleskop an Bord.

Juni 2011
Letzte Space-Shuttle-Mission

Gegenüber: Space Shuttle *Columbia* wartet 1981 auf Launch Pad 39A auf seinen Jungfernflug. Links ist der für das Shuttle-Programm gebaute Startturm mit den beweglichen Anbauten zu sehen.

Rechts: Apollo 11 mit Neil Armstrong, Buzz Aldrin und Michael Collins an Bord hebt an der Spitze einer Saturn-V-Rakete ab. Bei dieser Mission wird erstmals ein Mensch den Mond betreten.

Apollo 11, die vier Tage nach dem Start in Florida am 20. Juli 1969 die ersten Menschen auf den Mond brachte. Nach dem Ende des Apollo-Programms wurde Pad 39A für den Start des Space Shuttle umgebaut. Von der Ausweichstartrampe 39B startete der katastrophale Flug der *Challenger* im Januar 1986.

Die Anlage Landeinwärts liegen am 5 km langen Crawlerway, über den die Raumfahrzeuge auf ihren mobilen Plattformen zur Startrampe rollen, die Montagehalle (das viertgrößte Gebäude der Welt) und das Launch Control Center. Bis zum Abheben liegt die Verantwortung für ein Raumschiff hier beim Kontrollzentrum, dann übernimmt in Houston die Mission Control.

Rund um dieses Zentrum der Weltraumtechnik erstreckt sich wilde Natur. Merritt Island ist ein Naturschutzgebiet mit über 300 verschiedenen Vogel- und 1000 Pflanzenarten. Hier leben bedrohte Arten, wie die Grüne Meeresschildkröte, der Karibik-Manati und auch das Wappentier der Vereinigten Staaten, der Weißkopfseeadler.

Links: Fischadler nisten in der Nähe des Vehicle Assembly Building.

Rechts: Space Shuttle *Atlantis* auf der mobilen Startplattform.

Unten: Der Crawlerway verbindet die beiden Startrampen mit der Montagehalle.

ARIZONA/NEVADA, USA

Hoover Dam

NACH LANGEN PLANUNGEN UND VERHANDLUNGEN GENEHMIGTE DER KONGRESS IM DEZEMBER 1928 DEN BAU EINES GIGANTISCHEN STAUDAMMS AM COLORADO RIVER. HOHE ARBEITSLOSENZAHLEN WEGEN DER WIRTSCHAFTSKRISE IM JAHR DARAUF SORGTEN FÜR GENÜGEND ARBEITSKRÄFTE.

Der Colorado ist der bedeutendste Fluss der westlichen USA. Sein Wasserstand schwankt im Jahresverlauf stark: Mal ist er ein Rinnsal, mal führt er reißende Fluten. Frühere Versuche, ihn zur Bewässerung der angrenzenden Wüsten zu nutzen, endeten im Desaster. Der neue Damm sollte endlich für eine stabile Wasserversorgung der Region sorgen.

Nach dem Crash an der Wall Street 1929 bot das Projekt vielen eine Hoffnung auf Arbeit. Als die Arbeitsuchenden nach Las Vegas strömten, blieb keine Zeit, für sie Unterkünfte zu bauen. Im Black Canyon campierten rund 5000 Menschen in „Ragtown", einer windigen Ansammlung von Zelten sowie Hütten aus Pappkarton oder Baumaterialresten. Mit Mühe und Not überlebten sie die extreme Sommerhitze. 1932 wurden sie dann in das neu gebaute Boulder City oberhalb des Damms in Nevada umgesiedelt.

High scalers Solange der Wasserstand niedrig war, mussten Umleitungsstollen durch die Wände des Canyon getrieben und Kofferdämme zum Schutz der Baustelle errichtet werden. Die Arbeit war hart und gefährlich – 96 Menschen starben beim Bau. Die mutigsten Arbeiter konnten als sogenannte „High scalers" frei an Seilen in der Wand hängend 25 Cent pro Stunde mehr verdienen. Die

FAKTEN

Höhe
221 m

Länge der Mauer
379 m

Mauerdicke
13,7 m an der Krone
201 m an der Basis

Erzeugte Energie
Mehr als 4 Mrd. kWh pro Jahr

Baukosten
165 Millionen USD

Gegenüber: Der Hoover Dam hat eine Bogengewichtsstaumauer, die mit ihrem gegen das gestaute Wasser stehenden Bogen viel Druck auf die Talwände leitet und den Rest mit ihrer Masse auffängt.

Rechts: Im Stausee Lake Mead, dem größten künstlichen Gewässer der USA, lenken vier riesige Wassereinlauftürme (zwei in Nevada, zwei in Arizona) das Wasser auf die Generatoren.

besonders kräftigen und beweglichen Männer entfernten mit Presslufthammer und Dynamit Felsen und Gestein. Zu den wagemutigsten gehörte Louis „Onerope" Fagan, der zur Unterhaltung der Arbeiter im Tal atemberaubende Stunts vollführte. Heute erinnert eine Bronzeskulptur an diese Männer.

Beton Für den Bau des Damms wurde mehr Beton benötigt, als jemals zuvor angemischt worden war. Man produzierte ihn vor Ort und transportierte ihn in großen Waggons auf Gleisen zu den Gussformen. Der Beton musste in Blöcken gegossen und über Rohrleitungen mit Eiswasser gekühlt werden. Am Stück gegossen hätte die Staumauer über hundert Jahre zum Abkühlen und Aushärten gebraucht. Die Kühlrohre und Fugen der Betonelemente wurden zum Schluss mit Vergussmörtel gefüllt.

Hoovers Erbe Am 30. September 1935 weihte Franklin D. Roosevelt das Bauwerk als Boulder Dam ein. Expräsident Hoover, der das Projekt vorangetrieben hatte, fand keinerlei Erwähnung. Für viele Amerikaner blieb sein Name aber eng mit dem Damm verbunden, der 1947 offiziell in Hoover Dam umbenannt wurde.

Rechts: Das von Gordon Kaufmann entworfene Art-déco-Styling des Damms findet man selbst bei den Uhren der Einlauftürme.

Unten: Bis zum Bau einer neuen Brücke 2010 war die Straße über die Staumauer die wichtigste Verbindung über den Colorado River. Touristen können sie aber noch immer befahren.

SAN FRANCISCO, USA

Golden Gate Bridge

DIESE IMPOSANTE BRÜCKE IST AUCH EINE TECHNISCHE MEISTERLEISTUNG. SIE BESTICHT MIT IHRER SCHÖNHEIT, DEN ELEGANTEN PYLONEN UND IHRER FLAMMEND ROTEN FARBE. BEI DER EINWEIHUNG 1937 WAR DIES DIE LÄNGSTE HÄNGEBRÜCKE DER WELT, BIS HEUTE IST SIE DAS WAHRZEICHEN VON SAN FRANCISCO.

Seit den 1820er-Jahren gab es für die wenigen Einwohner Fährverbindungen am Eingang zur Bucht von San Francisco. Der kalifornische Goldrausch veränderte alles: Ende 1849 zählte die Boomtown San Francisco bereits 25 000 Einwohner und wuchs weiter. Mit der Entdeckung von Gold schien sich eine Prophezeiung zu erfüllen, denn der Entdecker John Frémont hatte in Anlehnung an das Goldene Horn am Bosporus die Zufahrt zur Bucht Golden Gate getauft.

Das Unmögliche bauen Ende der 1920er-Jahre war die Golden Gate Ferry Company das größte Fährunternehmen der Welt. Die unerträglich langen Schlangen an den Anlegestellen machten die Notwendigkeit einer Brücke offensichtlich. Doch die Meerenge war über 2 km breit und 150 m tief, es gab heftige Winde und starke Strömungen. Die geschätzten Kosten lagen bei 100 Millionen USD. Der visionäre Brückenbauer Joseph Baerman Strauss versprach hingegen, sein Konzept einer Auslegerbrücke werde weniger als ein Drittel kosten.

Nach Ablehnung seiner ersten Version präsentierte Strauss einen neuen Entwurf für eine Hängebrücke. Irving und Gertrude Morrow entwarfen die Pfeiler und die Art-déco-Elemente, Charles Alton Ellis war für die Berechnung der Statik zuständig. Mitten in der Depression wurden

FAKTEN

Länge
2737 m inklusive Zufahrtsrampen

Länge des Mittelteils
1966 m

Breite
27 m

Durchfahrtshöhe bei Hochwasser
67 m

Höhe der Pfeiler
227 m über dem Wasserspiegel

Tragseile
Durchmesser 92 cm; aus 27 572 Litzen gedreht

Anstrich
International Orange

Pendelbereich
8,2 m (Mittelteil)

Selbstmorde
Über 1300

Oben: Die dichten Nebelbänke, die im Sommer und Herbst in die San Francisco Bay ziehen, liegen meist dicht über dem Wasser, sodass die Brückenpfeiler oben herausragen.

Rechts: Das raffinierte Beleuchtungskonzept von Architekt Irving Morrow betont die Höhe der Pfeiler. Es wurde aber erst in den 1980er-Jahren vollständig umgesetzt.

über Kommunalobligationen 35 Millionen USD zur Finanzierung des Projekts beschafft.

Der Bau begann 1933 mit der Gründung der bis dahin größten Brückenfundamente. Strauss war sehr auf die Sicherheit der Arbeiter bedacht und installierte ein Sicherheitsnetz. Zehn der insgesamt elf Opfer waren zu beklagen, als eine Arbeitsbühne dieses Netz durchbrach. Die 19 durch das Netz geretteten Männer wurden Mitglieder des Half-Way-to-Hell-Clubs. Die Eröffnung der Brücke feierte man 1937 eine ganze Woche lang.

Heute überqueren rund 41 Millionen Fahrzeuge pro Jahr die Brücke. Zum 50. Geburtstag wurde sie 1987 für den Verkehr gesperrt und von etwa 300 000 Fußgängern besucht. Die Brücke hält aber auch den traurigen Rekord als beliebtester Ort, um Selbstmord zu begehen. Daher gibt es Überlegungen, ein Sicherheitsnetz zu installieren.

Rechts: Dieser Blick vom Südpfeiler auf Marin Headlands bleibt normalerweise dem Wartungspersonal vorbehalten.

KALIFORNIEN, USA

Hollywood Sign

DIE MEISTEN MENSCHEN KÖNNEN SICH AN DEN NAMEN IHRER HEIMATSTADT ERINNERN, AUCH OHNE DASS ER GROSS AUF EINEM NAHEN HÜGEL PRÄSENTIERT WIRD. HOLLYWOOD IST STOLZ AUF DEN ÜBERDIMENSIONALEN SCHRIFTZUG, DER VOR FAST EINEM JAHRHUNDERT VON IMMOBILIENMAKLERN AUFGESTELLT WURDE.

Den Schriftzug – ursprünglich lautete er „HOLLYWOODLAND“ – ließen 1923 Harry Chandler, der Herausgeber der *Los Angeles Times*, und der Filmregisseur Mack Sennett aufstellen, um für Luxuswohnungen zu werben, die ihr Immobilienunternehmen dort baute. Die Blechbuchstaben, jeweils 15 m hoch und 9 m breit, waren an einem Holzgestell befestigt und wurden von 4000 Glühbirnen beleuchtet. Der Schriftzug sollte nur 18 Monate dort stehen.

Eine Werbung wird zum Symbol Das Immobilienunternehmen fiel der Depression zum Opfer, doch der Schriftzug überlebte. Seine Aufstellung fiel genau in die Zeit, als Hollywood begann, seine Identität als Zentrum der Filmindustrie zu entwickeln. Schnell wurde es für Neuankömmlinge, die auf eine Filmkarriere hofften, zur Ikone für Ruhm und Glamour. 1949, als das Fernsehen zum neuen Konkurrenten für die Filmindustrie wurde, restaurierte man das heruntergekommene Schild. Es lautete jetzt nur noch „Hollywood“, und die bisherige Beleuchtung wurde demontiert.

Das neue Schild Das behelfsmäßige Gerüst zerfiel weiter und Ende der 1970er-Jahre konnte man dort nur noch „HuLLYWO D“ lesen, was eine Kampagne zur Rettung des Schriftzugs auslöste. Neun Spender,

ZEITTAFEL

1907
Eröffnung des ersten Hollywoodstudios

1923
„Hollywoodland"-Schild am Mount Lee aufgestellt

1932
Die Schauspielerin Peg Entwistle stürzt sich vom Buchstaben „H" in den Tod.

1944
Die Stadt wird Eigentümerin des Schriftzugs, das Grundstück bleibt in privater Hand.

1949
Renovierung des auf „Hollywood" verkürzten Schilds

1973
Der Schriftzug wird offiziell zum Wahrzeichen, verfällt aber weiter.

1978
Komplette Erneuerung, finanziert durch „Versteigerung" einzelner Buchstaben

2010
Der Hollywood Sign Trust erwirbt zur Sicherung des Schriftzugs das umgebende Gelände von 56 ha Größe.

Gegenüber: Aus der Ferne betrachtet erscheint der Schriftzug gerade, doch aus der Nähe erkennt man, dass die Buchstaben, bedingt durch die Landschaftskonturen, versetzt stehen.

Rechts: Blick von einem mit Palmen gesäumten Boulevard in Beverly Hills auf den Schriftzug am Südhang des Mount Lee in den Santa Monica Mountains.

darunter Hugh Hefner (Y), Andy Williams (W) und Alice Cooper (O), finanzierten jeweils einen Buchstaben. Das neue Stahlgerüst wurde im November 1978 enthüllt. Die irgendwo gelagerten, längst vergessenen Originalbuchstaben wurden 2005 bei eBay angeboten.

Filmauftritte Das Hollywood Sign spielte in zahlreichen Filmen eine Rolle, meist als Ziel spektakulärer Anschläge wie in *Superman* und *The Day After*. Vor kurzem drohte dem Schild echte Gefahr, ironischerweise von Bauspekulanten. Im April 2010 sammelte die Initiative „Save the Peak" 12,5 Millionen USD, um das Grundstück zu kaufen und das „Sign" dauerhaft zu schützen. Heute wird es rund um die Uhr per Webcam überwacht, sodass man jederzeit den (zumindest virtuellen) Blick durch die berühmten Buchstaben auf L.A. genießen kann.

Unten: Der verrottete Schriftzug aus den 1920er-Jahren wurde 1978 komplett ersetzt. Die neuen Buchstaben aus emailliertem Stahlblech sind mit 13,7 m etwas niedriger als die Originale.

CHICHÉN ITZÁ, MEXIKO

Pyramide des Kukulkan

WENN ZUR TAGUNDNACHTGLEICHE IM FRÜHJAHR UND HERBST DIE SONNE AUF DIE KANTEN DES TEMPELS FÄLLT, KANN MAN SEHEN, WIE SICH KUKULKAN, DIE GEFIEDERTE SCHLANGE, AUF DEN STUFEN DES TEMPELS VOM HIMMEL ZUR ERDE WINDET. IHRE VEREHRER VERSETZT DAS SCHAUSPIEL IN EHRFURCHT UND SCHRECKEN.

Die Stufenpyramide des Kukulkan, von den Konquistadoren El Castillo (die Burg) genannt, ist der spektakuläre sakrale Zentralbau der Maya-Stadt Chichén Itzá. Die Einfassungen der Nordtreppe enden unten in zwei gewaltigen Schlangenköpfen aus Stein, die im Frühjahr und Herbst Teil einer beeindruckenden optischen Täuschung sind.

Schlangengott Wenn die Nachmittagssonne die Pyramide streift, fällt der Schatten der gestuften Kante auf die Einfassung der Treppe und ruft den Eindruck eines riesigen Schlangenkörpers hervor, der sich abwärts zum steinernen Kopf windet. Das ist die Erscheinung von Kukulkan, dem gefiederten Schlangengott, dessen Kultzentrum Chichén Itzá war. Dieser Gott wurde unter verschiedenen Namen in präkolumbischer Zeit in ganz Mesoamerika verehrt, so nannten ihn die Azteken später Quetzalcoatl. Er verband die Schlange als Symbol für Erde, Fruchtbarkeit und Wiedergeburt mit dem Vogel der Luft und des Himmels. Man verehrte ihn als einen gütigen Gott, der den Menschen das Wissen über Astronomie und Landwirtschaft schenkt.

Chichén Itzá Man vermutet, dass die Maya um 600 eine Siedlung in Chichén Itzá gründeten. Der Name bedeutet „Am Rand des Brunnens der Itzá", denn es gibt

FAKTEN

Höhe der oberen Plattform
24 m

Kantenlänge
55,3 m

Zahl der Stufen
91 pro Treppenaufgang, mit der oberen Plattform insgesamt 365

Zahl der Terrassen
9 Terrassen auf jeder Seite werden durch die Treppe in 18 Bereiche geteilt, die den 18 Monaten des Maya-Sonnenkalenders entsprechen.

Eingesetzte Felder
52 Felder auf den Fassaden der Terrassen stehen für die 52 Jahre dauernde Kalenderrunde, nach der sich Sonnen- und religiöser Kalender wieder treffen.

Gegenüber: Neun Terrassen führen zur oberen Plattform, auf der ein zweigeschossiger Tempel mit Reliefs von Kukulkan und dem Regengott Chac steht. Zwei Seiten der Pyramide wurden restauriert.

Rechts: Einer der Zielringe am Ballspielplatz in Chichén Itzá, die mit Schlangenornamenten verziert sind. Diese Ringe könnten die Tagundnachtgleiche oder Sonnenauf- und -untergang dargestellt haben.

in der Nähe große Wasserlöcher, sogenannte Cenotes. Diese Süßwasservorkommen in der ansonsten trockenen Region ermöglichten das Erblühen der frühen agrarischen Gesellschaft des Itzá-Volks. In der klassischen Zeit der Maya wurde die Stadt zu einem kulturellen und religiösen Zentrum. Die späteren Gebäude der heiligen Stadt, circa auf das zehnte Jahrhundert datiert, zeigen bereits den Einfluss der Tolteken-Kultur. Die Ruinen des Observatoriums, des Ballspielplatzes und des Tempels der Jaguare gehören zu den beeindruckendsten Bauten dieser Fundstätte.

El Castillo Die Pyramide, die Chichén Itzá dominiert, stammt aus dieser späteren Zeit. Ihre Architektur orientiert sich an der Astronomie und sie ist so ausgerichtet, um wie ein riesiger Kalender den Zeitpunkt von Sonnenwenden und Tagundnachtgleichen anzuzeigen. Wie andere mesoamerikanische Stufenpyramiden errichtete man sie über einem kleineren Bauwerk. Bei Ausgrabungen entdeckte man eine Tempelkammer mit einem Chac Mool, einer als Altar genutzten Menschenfigur, und einen bemalten Thron in Form eines Jaguars mit Flächen aus Jade. Früher konnte man diese Kammer besichtigen, doch seit 2006 ist das Besteigen der Pyramide verboten. Allerdings können die zahlreichen Besucher weiterhin das „zwitschernde" Echo der Treppenaufgänge ausprobieren, wenn sie vor der Pyramide stehend in die Hände klatschen. Das Geräusch soll dem Ruf des heiligen Vogels Quetzal gleichen, dessen grüne Federn die Schlange Kukulkan schmückten.

Unten: Der Schlangenkopf an der Basis der Nordtreppe schafft die Illusion des bei der Tagundnachtgleiche vom Himmel herabsteigenden Schlangengottes Kukulkan.

Unten: Flachreliefs bedecken die Wände des Tempels an der Spitze von El Castillio. Von hier ist der von Hunderten von Säulen flankierte Kriegertempel zu sehen.

Die bedeutendsten Wahrzeichen Südamerikas sind sensationell, bisweilen aber schwer zugänglich. Beeindruckend sind sie wegen ihrer Größe, Originalität und Brillanz. Auch aus wissenschaftlicher Sicht sind sie häufig eine Herausforderung, weil ihre Ursprünge bis heute mysteriös sind. Relikte untergegangener Zivilisationen wie Machu Picchu und die Statuen der Osterinsel sind Zeugnisse herausragender technischer Fähigkeiten, die wir kaum erklären können.

SÜD-
AMERIKA

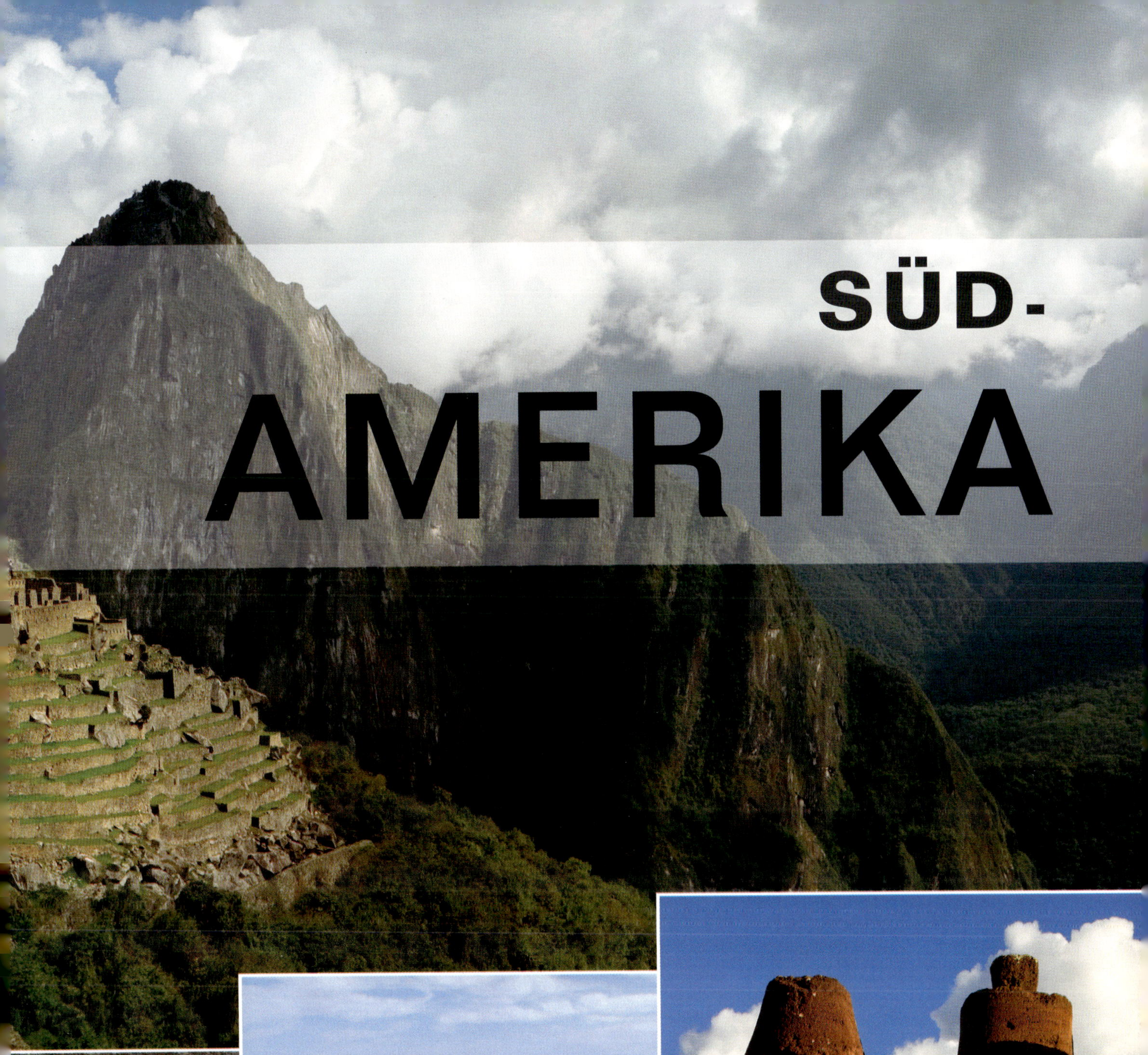

RIO DE JANEIRO, BRASILIEN

Cristo Redentor

ÜBER EINER DER SPEKTAKULÄRSTEN STADTLANDSCHAFTEN DER WELT BREITET DIE STATUE DES CRISTO REDENTOR IHRE ARME 28 M WEIT AUS. JEDER BESUCHER RIO DE JANEIROS SPÜRT DIE VERLOCKUNG, HIER HINAUFZUSTEIGEN, UM DEN AUSBLICK ÜBER RIO, DIE GUANABARA-BUCHT UND DEN ZUCKERHUT ZU GENIESSEN.

Fast im Zentrum der Stadt erhebt sich steil der 710 m hohe Corcovado, deutsch „der Bucklige". Kaiser Dom Pedro I. führte 1824 die erste offizielle Reisegruppe zum Gipfel. 60 Jahre später eröffnete sein Nachfolger Pedro II. die Zahnradbahn, die bis heute Besucher durch die Wälder des Tijuca-Nationalparks zum Gipfel mit seiner einmaligen Aussicht bringt.

Die Idee, an dieser exponierten Stelle eine religiöse Monumentalstatue zu errichten, bestand schon viele Jahre. 1921 begannen katholische Organisationen in Rio mit der Sammlung von Spendengeldern.

Art-déco-Stil Der brasilianische Ingenieur Heitor da Silva Costa stieß mit seinem ersten Entwurf, einer Christusfigur, die im Stil des Manierismus ein großes Kreuz und die Weltkugel halten sollte, auf Ablehnung. Der zweite Entwurf, der in Zusammenarbeit mit dem Bildhauer Paul Landowski entstand, war erfolgreich. Die Christusfigur im halbabstrakten Art-déco-Stil hielt die Arme zum Segen ausgebreitet und erinnerte dabei an ein Kreuz. Landowski fertigte in Paris zunächst Maquetten an und 1927 wurden die Modelle von Händen und Kopf im Originalmaßstab nach Brasilien verschifft.

Die Statue wurde aus Stahlbeton gefertigt und mit einem Mosaik aus Speckstein überzogen, das ihr ein

ZEITTAFEL

16. Jahrhundert
Der zunächst „Gipfel der Versuchung" genannte Berg wird in Corcovado umbenannt.

1824
Erstbesteigung des Bergs

1859
Pater Pedro Boss schlägt ein religiöses Monument auf dem Berg vor.

1921
Fertigstellung der Zahnradbahn zum Gipfel

1922
Feierliche Grundsteinlegung

1931
Einweihung der Statue

2002
Installation von Lift und Rolltreppen

2007
Statue wird zu einem der „Neuen sieben Weltwunder" erklärt.

Unten: In zahllosen Spielfilmen wird der unverwechselbare Blick auf Rio und die Christusstatue gezeigt.

Gegenüber: Die Statue, hier in frischem Glanz nach ihrer Restaurierung 2010, ist mit einem Mosaik aus weichem, aber dauerhaftem Speckstein überzogen.

Oben und unten rechts: Paul Landowski soll fast zwei Jahre am Gesicht und den Händen der Statue gearbeitet haben.

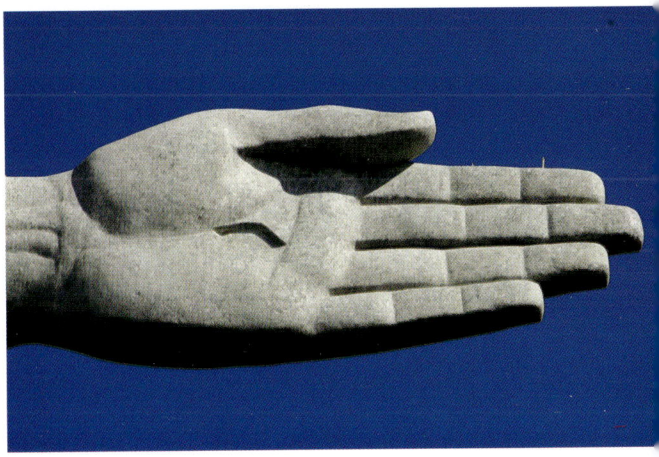

perlmuttartiges Aussehen verleiht. Die Millionen kleiner Steindreiecke stellten die Frauen der katholischen Kirchengemeinde her. Auf die Rückseite einiger Steine schrieben sie die Namen ihrer Liebsten.

Am 12. Oktober 1931 erfolgte die Einweihung. Eigentlich sollte Guglielmo Marconi von Rom aus per Kurzwellensignal die Scheinwerfer aktivieren, doch das schlechte Wetter verhinderte die spektakuläre Aktion. Die Beleuchtung wurde ganz konventionell vor Ort per Hand eingeschaltet.

Restaurierung Zur Feier des 75. Jahrestages wurde das Monument 2006 zum Wallfahrtsort geweiht. In der kleinen Kapelle an seiner Basis können nun Taufen und Trauungen vollzogen werden. Nach einem Blitzeinschlag, der einige Finger beschädigte und die Augenbrauen versengte, verschwand die mit Graffiti beschmierte Statue 2010 unter einem Gerüst. Bei der Restaurierung wurden aus den Armen jeweils 300 l eingesickertes Regenwasser entfernt, die Löcher abgedichtet und ein besserer Blitzschutz installiert.

MANAUS, BRASILIEN

Teatro Amazonas

ABGESEHEN VON SEINER LAGE – AN EINEM DSCHUNGELFLUSS 1500 KM TIEF IM LANDESINNEREN – IST DAS TEATRO AMAZONAS EIN TYPISCHES OPERNHAUS DES 19. JAHRHUNDERTS. DIE ARCHITEKTUR IST EUROPÄISCH GROSSSTÄDTISCH, SEINE LAGE SÜDAMERIKANISCH EXOTISCH.

Seit den 1880er-Jahren brachte man ausgesuchte Baumaterialien und Handwerker per Schiff den Amazonas hinauf nach Manaus. Stählerne Spundwände importierte man aus England, Dachziegel aus dem Elsass, Möbel aus Paris und Marmor aus Italien. 32 Kronleuchter aus Muranoglas, ausgestattet mit amerikanischer Lichttechnik, sorgten für eine gewisse Modernität. Der italienische Maler Domenico de Angelis verzierte die Wände und Decken. Der in Paris lebende Crispim do Amaral gestaltete den Vorhang mit einer europäisierten Ansicht der lokalen Flusslandschaft.

Geld Opernhäuser als Statussymbole sind meist zu teuer, um sich zu rechnen. Das Teatro Amazonas machte da keine Ausnahme. Die Kautschukbarone, die den Bau angeregt hatten, begannen schon 1882 mit dem Sammeln von Geldern. 10 Millionen USD reichten zur Finanzierung der 15-jährigen Bauphase. Sie wollten aus der boomenden Grenzstadt zur Wildnis die ungewöhnlichste Kulturhauptstadt der Welt machen.

Boom und Bankrott Einige Jahre funktionierte das gut. In der Bar erinnern Tafeln an die Besuche von Enrico Caruso und Anna Pawlowa während ihrer Welttourneen. Doch nur wenige Jahre nach der Eröffnung, die am 7. Januar 1897 mit der Aufführung von *La Gioconda* von

ZEITTAFEL

1882
Kautschukbarone schlagen Bau eines Opernhauses vor.

1897
Eröffnung mit der Aufführung von Ponchiellis *La Gioconda*; bereits 1907 muss die Oper geschlossen werden.

1982
Das Opernhaus erscheint in Werner Herzogs Film *Fitzcarraldo*: In der Eröffnungsszene singt Enrico Caruso eine Arie aus der Verdi-Oper *Ernani*.

2001
Wiedereröffnung der Oper

Gegenüber: Das Opernhaus brachte die europäische Kultur mitten ins Amazonasgebiet. Die elektrische Beleuchtung hinter der neoklassizistischen Fassade war für die Zeit hochmodern.

Rechts: Das Gebäude blickt auf den Zusammenfluss von Rio Negro und Rio Solimões zum Amazonas. Das Kuppeldach ist mit 36 000 Keramikfliesen geschmückt.

Unten: Der Saal mit 700 Sitzplätzen wurde originalgetreu mit Samtdekor und imposanter Beleuchtung restauriert.

Amilcare Ponchielli gefeiert worden war, kam der wirtschaftliche Zusammenbruch. Als Kautschuksamen außer Landes geschmuggelt worden waren, kollabierte die Wirtschaft in Manaus. Der Kautschukboom hatte die Elektrizität hierher gebracht, lange bevor viele europäische Städte davon profitierten. Jetzt standen die Generatoren still, und die Beleuchtung im berühmten Opernhaus erlosch für 90 Jahre.

Die Show geht weiter Gegen Ende des 20. Jahrhunderts richtete Manaus eine Freihandelszone ein und erholte sich. Die Stadtverwaltung restaurierte das Opernhaus im Glanz der Belle Époque. Tief im Dschungel strahlen noch immer die Kronleuchter, glänzen die rosafarbenen Marmorböden und schimmern die mit Mahagoni verkleideten Wände. Eine Glocke erklingt und Platzanweiser mit Zylindern geleiten das festlich gekleidete Publikum in den Saal. Und wieder verlöschen die Lichter, wenn der Dirigent dem Amazon Philharmonic Orchestra den Einsatz zur Ouvertüre gibt.

ARGENTINIEN/BRASILIEN

Iguazú-Wasserfälle

DIE IGUAZÚ-WASSERFÄLLE SIND WIE EINE SYMBOLISIERUNG SÜDAMERIKAS: AUS DER NÄHE BETRACHTET WIRKEN SIE KOMPLEX, AUS DER ENTFERNUNG GROSSARTIG UND THEATRALISCH. TIEF IM DSCHUNGEL GELEGEN, UMGEBEN VON WILDER NATUR, TRAGEN SIE EINEN INDIANISCHEN, SPANISCHEN UND PORTUGIESISCHEN NAMEN.

Mehr als irgendwo sonst auf diesem quirligen Kontinent ist hier die Luft von Geräuschen erfüllt. Tag und Nacht ist das Urwaldkonzert der Insekten, Aras, Papageien und Brüllaffen zu vernehmen. Nähert man sich den Fällen über mit Farnen und Blumen gesäumte Dschungelpfade, hört man aus der Ferne zunächst nur ein leichtes Trommeln, das zum Tosen anschwillt, sobald man dieses Amphitheater aus Wasser betritt.

Über 275 Kaskaden auf 2700 m Breite stürzen Wassermassen in eine 80 m tiefe Schlucht und bilden einen schäumenden Vorhang. In unmittelbarer Nähe hört man ein undifferenziertes „weißes Rauschen", das diese atemberaubende Naturgewalt untermalt.

Namen und Nationen Besucher reisen in Brasilien von Foz do Iguaçu, in Argentinien von Puerto Iguazú und in Paraguay von Ciudad del Este zu diesem Naturschauspiel. In der Indianersprache Tupi-Guaraní leitet sich der Name von *ig* („Wasser") und *wasu* („groß") ab. Flussabwärts liegen sich die drei Länder in Sichtweite gegenüber und sind über die Amizida-Brücke (zwischen Brasilien und Paraguay) und die Tancredo-Neves-Brücke (zwischen Brasilien und Argentinien) verbunden. Die beste Aussicht auf das gesamte Panorama der Fälle hat man von der brasilianischen Seite.

FAKTEN

Größe
Die Wasserfälle sind rund 2700 m breit, wobei 800 m zu Brasilien, die restlichen zu Argentinien gehören.

Fälle
275 Kaskaden mit Höhen zwischen 60 und 82 m; der „Teufelsschlund" ist am längsten.

Wassermenge
Durchschnittlich 1740 m³/s, der Wert lag vor dem Bau des Salto-Caixas-Staudamms zur Regulierung der Wasserführung wesentlich höher.

Flora und Fauna
Rund 2000 Pflanzenarten, darunter Orchideen, Begonien und Bromelien; viele Tierarten wie Jaguar, Ozelot, Tigerkatze, Riesenotter, Großer Ameisenbär, Nasenbär, Brüllaffen, Tapir und Breitschnauzenkaiman.

Oben: Diese atemberaubenden Wasserfälle verwirren die Sinne. Die Luft ist heiß und feucht, die Vegetation unglaublich üppig, das Geräusch des Wassers überwältigend und der Ausblick grandios.

Rechts: Die Wasserfälle bieten ein ständig wechselndes Schauspiel mit wirbelnden Sturzbächen, die von Felsvorsprüngen unterbrochen werden, an denen das zerstäubte Wasser Regenbögen entstehen lässt.

Legenden Die Geschichten in diesem Teil der Welt sind oft voller Zartheit und Gewalt. Nach einer Legende ist hier die Luft so feucht und die Erde so fruchtbar, dass man hören kann, wie sich die Blätter der Orchideen entfalten. Eine andere Sage dreht sich um den Gott des Flusses Iguazú, der die schöne Naipí heiraten wollte. Diese floh mit ihrem Liebhaber Tarobá in einem Kanu, doch der eifersüchtige Gott erschütterte die Flussgegend mit Blitz und Donner und verdammte das Paar zur ewigen Gefangenschaft in einem tosenden Wasserfall.

Geologie Vor rund 200 000 schuf ein Vulkanausbruch hier eine riesige Felsstufe. Diese Basaltstufe ist so hart, dass die Wassermassen des Iguazú pro Jahr weniger als ein Fingerbreit vom Fels abtragen. So entstand eine langgezogene natürliche Bühne mit dem „Teufelsschlund" als spektakulärem Höhepunkt. In einem 260-Grad-Bogen stürzt auf 500 m Breite ein gewaltiger Wasservorhang in die Tiefe. Dieses Naturwunder ist einfach zu groß, als dass man es mit einem Blick erfassen könnte.

PROVINZ SALTA, ARGENTINIEN

Viaducto La Polvorilla

DER „ZUG ZU DEN WOLKEN" FÄHRT IN SO GROSSER HÖHE, DASS ER MEDIZINISCHES PERSONAL ZUR BEHANDLUNG DER HÖHENKRANKHEIT AN BORD HAT. BEI DER REISE PASSIERT DER ZUG EINEN SPEKTAKULÄREN VIADUKT. DIESES JUWEL DER BAUKUNST ERSCHEINT AUS DEM TAL BETRACHTET NOCH BEEINDRUCKENDER.

In dem kleinen Städtchen La Polvorilla, im Norden Argentiniens, gibt es wenig zu sehen. Sein berühmtes Wahrzeichen findet man 16 km entfernt an der Schmalspurbahn, die vor einem Jahrhundert gebaut wurde und die Provinz Salta mit der chilenischen Grenze verband. Auf der Linie fährt heute ein Touristenzug, den jährlich 30 000 Besucher nutzen, und der für einige kleine Ortschaften entlang der Strecke das einzige öffentliche Verkehrsmittel darstellt.

Über die Anden Der Abschnitt C-14 der General Belgrano Railway war die Vision des US-amerikanischen Ingenieurs Richard Fontaine Maury. Die Linie sollte die Kupferminen der Sierra de Cobre und die Boraxindustrie bedienen. Das Verlegen einer Eisenbahntrasse über die Anden war eine große technische Herausforderung für Maury. Steile Aufstiege mussten vermieden werden, weil eine Ausführung als Zahnradbahn nicht möglich war. Der Zug windet sich über mehrere Spitzkehren und Kehrschleifen zu einer beachtlichen Höhe hinauf. Auf der 217 km langen Strecke passiert er 19 Tunnel, 29 Brücken und 13 Viadukte.

Zug zu den Wolken Nach jahrzehntelangen, von finanziellen Problemen unterbrochenen Bauarbeiten wurde die Linie 1948 eröffnet. Heute ist der 1932 fertiggestellte Viadukt La Polvorilla das Hauptziel des

ZEITTAFEL

1907
Bau der Eisenbahnlinie wird offiziell beschlossen.

1921
Baubeginn

1925
Eröffnung des ersten Abschnitts

1932
Fertigstellung des Viadukts La Polvorilla

1935
Zusätzliche Mittel machen den Weiterbau möglich.

1948
Offizielle Eröffnung der Strecke am 20. Februar

1972
La Polvorilla wird zu einer internationalen Touristenattraktion und der *Tren a las Nubes* nimmt den Betrieb auf.

2008
Nach mehreren Jahren der Instandsetzung wird die Strecke am 16. Juli wieder eröffnet.

Gegenüber: Der Viadukt wird am höchsten Punkt der Eisenbahnreise ins Gebirge in 4200 m Höhe überquert.

Rechts: Am Fuß des Viadukts zu stehen und den Zug bei der Überfahrt zu beobachten, ist fast so schwindelerregend wie die Fahrt selbst.

Zugs, denn die Kupfer- und Boraxminen nutzen schon lange andere Transportwege. Die Linie wurde in *Tren a las Nubes* (Zug zu den Wolken) umbenannt, denn häufig bilden sich Wolken an den Brücken, über die der Zug ins Gebirge hinauffährt. An jedem Samstag im Sommer befördert der Zug in seinen rot-gelb lackierten Waggons Reisende über den 224 m langen Viadukt. Es ist ein aufregendes Erlebnis, dieses filigrane Bauwerk zu passieren, das wie aus einem Metallbaukasten zusammengeschraubt wirkt. 63 m darunter erstreckt sich das Tal. An den Bahnhöfen scharen sich lokale Händler mit ihren Waren um den Zug, bieten Kunsthandwerk und Nippes feil.

Bei durchschnittlich 35 km/h dauert die Hin- und Rückfahrt von Salta 15 Stunden. In der Regenzeit verkehrt dieser Zug nicht.

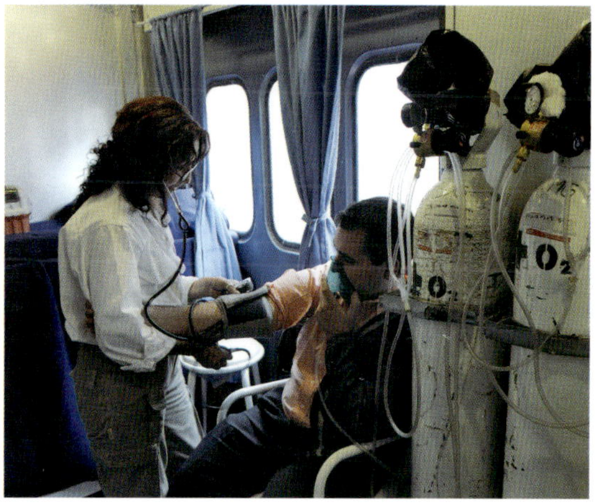

Rechts: Für Passagiere, die in der dünnen Luft Probleme bekommen, stehen Sauerstoff und medizinische Betreuung im Zug bereit.

Unten: Der Zug durchquert auf seiner Fahrt eine karge, weitgehend unbewohnte, trockene und windgepeitschte Landschaft.

POTOSÍ, BOLIVIEN

Cerro Rico

GOLD LOCKTE DIE KONQUISTADOREN NACH SÜDAMERIKA, DOCH SIE FANDEN SILBER. DIESER SCHATZ SOLLTE DEN LAUF DER WELTGESCHICHTE BEEINFLUSSEN. DIE SPANISCHEN MÜNZEN, DIE AUS DEM IN POTOSÍ GEFÖRDERTEN SILBER GEPRÄGT WURDEN, ENTWICKELTEN SICH ZUR ERSTEN GLOBALEN WÄHRUNG.

Der Name Cerro Rico bedeutet „Reicher Berg", und tatsächlich machte er Spanien reich – zumindest für eine Weile. Nach einer Legende fanden die Inka als erste hier Silber, gaben die Mine aber auf, als eine Stimme sie warnte, das Silber sei für „andere Herren bestimmt". Nach Ankunft der Spanier begann die Ausbeutung im großen Stil. Am Fuß des Bergs wurde Potosí, die höchstgelegene Stadt der Welt, gegründet und zum Synonym für Reichtum.

Spanisches Silber Mit der Gründung einer Münzstätte konnten ab 1572 aus dem Silber die legendären „Pieces of eight", Münzen mit dem Feingehalt von 8 Reales geprägt werden. Aus den Minen von Potosí kam mehr Silber, als die Welt je gesehen hatte. Die mit Silber beladenen Schiffe wurden auf ihrem Weg nach Spanien zur begehrten Beute von Piraten. Die großen Münzen schufen in Europa Vermögen und veränderten den Welthandel.

Der „spanische Dollar" wurde zur Basis der Wirtschaft in den neu gegründeten USA. Bis 1857 blieben sie dort zugelassenes Zahlungsmittel. Allerdings verleitete der enorme Zustrom von Silber aus den Kolonien die spanische Monarchie dazu, sich immer stärker zu verschulden. Irgendwann war das Land in einem Strudel von Schulden, Inflation und Bankrott gefangen.

ZEITTAFEL

1544
Spanier entdecken Silbererz, angeblich nachdem eine Lamaherde ein Feuer verursacht hatte und geschmolzenes Metall aus dem erhitzten Boden sickerte.

1574
Prägung der ersten Münzen in Potosí

um 1580
Einführung des industriellen Pacio-Prozesses zur Silberextraktion

1827
Prägung der ersten Münze der Republik Bolivien nach der Unabhängigkeit 1825

1873
US Coinage Act schafft Silber als Währungsmetall ab; starker Wertverlust.

Gegenüber: Völlig ausgehöhlt ist der kegelförmige Berg, der über Potosí aufragt; einer Stadt, die wegen des Silbers einst wohlhabend war und bis heute von kolonialer Architektur geprägt ist.

Rechts: Die Bergbautechniken haben sich wenig verändert. In den heißen Schächten stellen die Bergleute Figuren des Teufels auf, die sie mit sarkastischem Humor *Tio* („Onkel") nennen.

In der Mine Die Bergleute in Potosí zahlten dafür einen extremen Preis. Sie arbeiteten, aßen und schliefen vier Monate unter Tag, ohne ans Tageslicht oder die frische Luft zu kommen. Die Minenbesitzer bedienten sich dabei der Zwangsarbeit. Als Erschöpfung, Unfälle und Silikose die lokale Arbeiterreserve erschöpft hatten, holte man afrikanische Sklaven. Zum Herauslösen des Silbers wurde das Erz zunächst gemahlen und dann mit Quecksilber vermischt (das machten die Arbeiter mit nackten Füßen), das später durch Hitze verdampft wurde. Quecksilbervergiftungen waren weit verbreitet.

Noch immer wird in dem legendären Berg Silber gefördert, allerdings im kleinen Maßstab und unter noch immer schwierigen Bedingungen. Acht Millionen Menschen sollen bei der Ausbeutung des Silbervorkommens ums Leben gekommen sein.

Rechts: Die Schiffsladungen mit Münzen, die in den Kolonien geprägt wurden, waren begehrte Beute der Piraten im Atlantik.

Unten: In diesem Prachtbau war zunächst die Münze. Später war es ein Gefängnis, heute dient das Gebäude als Museum.

PERU

Machu Picchu

DIESE ZITADELLE IN DEN BERGEN IST VIELLEICHT DAS BEEINDRUCKENDSTE MONUMENT PERUS. SIE BESCHÄFTIGT DIE VORSTELLUNGSKRAFT DER MENSCHEN, SEIT EIN FORSCHER SIE ALS DIE „VERGESSENE STADT DER INKA" BEZEICHNET HAT. ZAHLLOSE TOURISTEN HABEN SIE SEITHER ÜBER DEN INKA-PFAD ERKLOMMEN.

Diese Stadt, die vermutlich nach 1450 für den neunten Inka-Herrscher Pachacuti erbaut worden war, wurde nie von den Konquistadoren auf ihrem Raubzug durch Peru entdeckt und blieb daher unverändert erhalten. Sie liegt gut versteckt auf einem Berg nur knapp 80 km von Cusco entfernt. Nach dem Fall des Inkareichs überwucherte der Regenwald die verlassene Siedlung. Nur die kreisenden Kondore und einige wenige Einheimische, die teilweise die Inkabauten bewohnten, wussten um die Stadt. Bei einer abenteuerlichen Expedition entdeckte sie 1911 der amerikanische Forscher Hiram Bingham III. wieder und berichtete der Welt davon. Heute ist Machu Picchu eine Topdestination für Touristen, die auf einer anstrengenden 4-Tage-Wanderung über den Inka-Pfad oder über die mit Haarnadelkurven gespickte Straße von Aguas Calientes dorthin pilgern.

Idealer Standort Auf einem Bergrücken zwischen dem Machu Picchu („alter Gipfel") und dem Huayna Picchu („junger Gipfel") gelegen, bietet dieser Standort reichlich Wasser, Ackerland und einen natürlichen Schutz vor Angreifern. Die Felswand fällt 600 m senkrecht zum Tal des Urubamba ab. Beim Bau des Pfades an der Hangseite ließ man eine Lücke, die mit zwei Baumstämmen („Inka-Brücke") geschlossen werden

Oben: Auf dem schmal über der Ruinenstadt aufragenden Gipfel des Huayna Picchu gibt es eine als Mondtempel bekannte Höhle.

Rechts: Die steilen Berghänge im Umfeld der Siedlung wurden von den Inka gekonnt terrassiert, um Flächen für den Ackerbau zu schaffen.

FAKTEN

Höhe
2430 m

Klima
Durchschnittstemperatur 10°C
Jährliche Niederschlagsmenge 2170 mm

Natürliche Vegetation
Feuchte, subtropische Bergwälder

Lokale Fauna
U. a. Kleiner Graumazama, Brillenbär, Ozelot und Andenkondor

Rechts: Der Inka-Pfad zum Gipfel des Huayna Picchu führt über steile Treppen, der Abstieg ist besonders tückisch.

konnte. Zog man die Stämme weg, war der Zugang für Eindringlinge nicht mehr passierbar.

Die Zitadelle Es gibt über 100 Steintreppen und 140 Gebäude, die aus sorgfältig behauenen Steinen passgenau errichtet sind. Quellen, Kanäle und Abflüsse bildeten ein raffiniertes System der Wasserversorgung.

Das spirituelle Zentrum war der Intihuatana („Sonnenpfosten"). Er diente vermutlich als Sonnen- und astronomische Uhr, denn bei der Tagundnachtgleiche steht die Sonne am Mittag direkt darüber.

Die Hänge in der Umgebung sind sorgfältig terrassiert und konnten mit ihrem Ertrag problemlos die ansässige Bevölkerung ernähren. Da die Anbaufläche den Eigenbedarf sogar übertrifft, gibt es Vermutungen, dort sei auch Coca für die Bewohner angebaut worden oder eine Art landwirtschaftlicher Versuchsstation betrieben worden. Aber vielleicht schätzten die Inka, wie wir heute, ganz einfach die Schönheit dieses Ortes hoch in den Bergen als Landschaftsgarten inmitten des Dschungels.

CUSCO, PERU

Sacsayhuamán

WER SIE GEBAUT HAT, IST EIN RÄTSEL. DIE ÜBERRESTE DER GIGANTISCHEN MAUERN BLIEBEN STEHEN, WEIL DIE STEINE ZU GROSS SIND, UM SIE EINFACH ZU BEWEGEN. DIE PERFEKT BEHAUENEN STEINE SIND SO PASSGENAU ZUSAMMENGEFÜGT, DASS NOCH NICHT EINMAL EIN GRASHALM DAZWISCHEN PLATZ HAT.

Sacsayhuamán, auf einem Hügel im Norden der Inka-Hauptstadt Cusco gelegen, wird häufig als Festung bezeichnet, weil es so massiv gebaut ist und die Stadt zu beschützen scheint. Tatsächlich könnte es eine Zeremonialstätte gewesen sein, wo Rituale zu Ehren der Sonne stattfanden.

Zähne des Puma Berühmt sind die Plaza von Sacsayhuamán, wo sich Tausende Menschen versammelt haben könnten, und die drei parallel gestaffelten Mauern, die über 400 m zickzackförmig verlaufen. Nach einer Theorie wurde die heilige Stadt Cusco in Form eines Pumas geplant, wobei der Hügel von Sacsayhuamán den Kopf und die gezackten Mauern die Zähne darstellen sollten. Alle Steine passen perfekt zusammen. Sie wurden aufwendig mit Rundsteinen behauen, um sich nahtlos in die vorgesehene Lücke einzufügen. Einige haben die Größe eines Lastwagens und ein Gewicht von bis zu 150 t. Der Chronist Garcilaso de la Vega konnte, in Cusco als Sohn einer Inka-Prinzessin und eines spanischen Konquistadoren geboren, den Bau der Riesenmauern nicht erklären. In einer Schrift von 1609 vermutete er, dass dabei Zauberei am Werk gewesen sein müsse.

Arbeitskraft Die Inka benutzten bei ihren Bauten große Rampen, um die Steinblöcke hochzuziehen. Der

ZEITTAFEL

um 1200
Gründung des Inka-Königreichs von Cusco

Mitte 15. Jahrhundert
Expansion des Inkareichs

1533
Eroberung von Cusco durch spanische Konquistadoren unter Pizarro

1536–1537
Belagerung des spanisch besetzten Cusco durch Manko Inka Yupanqui

1559
Steine aus den Mauern von Sacsayhuamán dienen zum Bau der Kathedrale in Cusco.

1983
Aufnahme der Stätte in die Liste des UNESCO-Welterbes

Gegenüber: Die zickzackförmigen Begrenzungsmauern der Terrassen sollen die Zähne eines Pumas darstellen. Die perfekt zusammengefügten Mauern enthalten die größten Steine der Anlage.

Rechts: Diese Toröffnung in Sacsayhuamán verdeutlicht die unglaublichen Fähigkeiten der Inka-Steinmetze. Sie benutzten nur Steinwerkzeuge zum Behauen der Blöcke und verwendeten keinen Mörtel.

Rest war eine Frage der Arbeitskraft: Für Sacsayhuamán waren rund 30000 Arbeiter nötig. Wie die alten Ägypter kannten die Inka eine Art Frondienst, bei dem jedes Dorf eine bestimmte Anzahl Arbeitskräfte abstellen musste. Nach einigen Monaten wurden diese durch die nächste Gruppe ersetzt.

Inka-Zeremonien Den spanischen Konquistadoren erzählten die Inka, die Mauern hätten Riesen erbaut. Tatsächlich gestalteten die Inka das Bauwerk der früheren Killke-Kultur aus dem 12. Jahrhundert für ihre zeremoniellen Zwecke um. Es gab dort zahlreiche Vorratsspeicher, Türme und hohe Mauern. Bei der Belagerung von Cusco 1536 fanden hier heftige Gefechte statt. Nach dem Sieg über die Inka nutzten die Spanier Steine der Anlage zum Bau prächtiger Häuser in der Stadt.

Heute bilden die eindrucksvollen Überreste jeweils am 24. Juni den Hintergrund für das Inti-Raymi-Festival, eine moderne Inszenierung der Inka-Sonnenverehrung. Umzüge, Musik, Tanz locken jährlich Tausende Touristen nach Cusco.

Rechts: Vermutlich durch die Verzahnung der Steine und die Neigung nach innen hielten die Mauern auch Erdbeben stand, die viel größere Bauten in Cusco zerstörten.

Ganz rechts: Die gigantischen Steinmauern der Festung bilden den Schauplatz für das Inti Raymi, ein jährliches Inka-Ritual zu Ehren des Sonnengottes Inti, als dessen direkte Nachkömmlinge sich die Inka-Herrscher verstanden.

CHILE

Moais der Osterinsel

RAPA NUI, WIE DIE OSTERINSEL BEI DEN UREINWOHNERN HIESS, IST DIE ENTLEGENSTE BEWOHNTE INSEL DER WELT, DOCH DIE MONUMENTALEN STEINFIGUREN GEHÖREN ZU DEN BEKANNTESTEN WAHRZEICHEN DER ERDE. DIE GESCHICHTE DIESER MONOLITHE UND IHRER SCHÖPFER IST VIELFÄLTIG UND MERKWÜRDIG.

Weil er am Ostersonntag 1722 auf der Insel anlandete, nannte der holländische Forscher Jakob Roggeveen sie Osterinsel. Die Einwohner waren Nachkommen polynesischer Seefahrer, die möglicherweise als erste die Insel zwischen 700 und 900 besiedelt hatten. Doch er stieß auf weitere, viel überraschendere „Bewohner“: Hunderte riesiger stilisierter Steinfiguren mit übergroßen Köpfen, die unter wuchtigen Brauen verborgen tief liegende Augen hatten. Sie standen auf Plattformen aufgereiht an der Küste und wachten als geheiligte Ahnenfiguren über ihre Clans.

Die Skulpturen, die meist zwischen 1200 und 1500 geschaffen worden waren, scheinen Symbole der spirituellen Kraft *mana* darzustellen. Einige sind 10 m groß und über 80 t schwer. Bis heute wird darüber diskutiert, wie man sie von den Steinbrüchen, in denen sie behauen wurden, zu ihrem Standort transportiert hat. Allgemein wird vermutet, dass sie auf Baumstämmen als Rollen oder Schlitten gezogen wurden.

Umweltkatastrophe Dementsprechend muss es hier früher Bäume gegeben haben. Heute verweist man auf die Osterinsel als warnendes Beispiel einer frühen Umweltkatastrophe. Pollenreste belegen, dass sie einst mit Palmen bedeckt war, die den Boden stabilisierten

ZEITTAFEL

700–900
Erste polynesische Siedler

1200–1500
Hauptperiode der Moai-Fertigung

Um 1600
Die Fertigung von Moais endet, die Steinbrüche werden aufgelassen.

1722
Jakob Roggeveen und seine Crew sind die ersten europäischen Besucher.

1774
Captain Cook besucht die Insel und findet einige umgekippte Moais. Bis in die 1830er-Jahre werden Statuen umgestürzt.

1862
Peruanische Sklavenhändler entführen die Hälfte der Bevölkerung.

1864
Ankunft katholischer Missionare

1888
Chile annektiert die Insel.

1996
Aufnahme in die Liste des UNESCO-Welterbes

Gegenüber: Die meisten Moais wurden aus Vulkantuff gehauen, einige wenige aus Basalt. Manche tragen zylindrische, pukao genannte „Hüte" aus rotem Gestein.

Rechts: Bruchstücke von weißen Korallen sowie schwarze oder rote Steine wurden als „Augen" identifiziert, die einst die mächtigen Statuen zierten.

und Vögeln Nistplatz boten. Die ersten Siedler nutzten die Bäume zum Bau von Kanus sowie Häusern und als Brennstoff. Durch die wachsende Bevölkerung war der Baumbestand irgendwann aufgebraucht; ab 1650 gibt es keine Pollenfunde mehr. Nachdem keine Kanus mehr für den Fischfang gebaut werden konnten, verspeisten die Menschen alle Vögel. Ohne Bäume gab es weder Früchte noch Brennstoff, der Boden erodierte, die Erträge sanken und die Gesellschaft zerfiel.

Umsturz Der Kontakt zur Außenwelt nach 1722 verschärfte die prekäre Situation der Insulaner: Walfänger, Sklavenhändler und Missionare brachten Fehden, Krankheiten und Umerziehung. 1875 gab es nur noch 111 Einwohner. Schon Jahre zuvor hatte man die Moais umgestürzt. Die Inselbewohner wandten sich dem schamanischen Vogelmannkult und später dem Christentum zu. Rund 50 Moais wurden wieder aufgerichtet und präsentieren sich mit ihrer unverändert kraftvollen Erscheinung. Als Touristenattraktion sichern sie den Lebensunterhalt der Menschen.

Unten links und rechts: Die Stauen wurden auf zeremoniellen Steinplattformen aufgestellt. Meist standen sie an der Küste, den Rücken dem Meer zugewandt.

Die lange kulturelle Entwicklung Europas lässt sich gut an seinen zahlreichen Wahrzeichen nachvollziehen. Antike Monumente, atemberaubende Architektur, Pionierleistungen der Ingenieurstechnik, kühne Kunstwerke und fromme Mahnmale belegen Reichtum und Vielfalt der europäischen Kultur. Jedes ist ein Zeichen nationaler Identität, ein Symbol von Patriotismus oder Bürgerstolz – und entsprechend emotional wird es von den Menschen betrachtet.

EUROPA

KENT, GROSSBRITANNIEN

Kreidefelsen von Dover

DIE ERSTEN HINWEISE AUF DIE BRITISCHEN INSELN AUS DEM SECHSTEN JAHRHUNDERT V. CHR. FINDEN SICH IN EINER BESCHREIBUNG VON SCHIFFSROUTEN. VERMUTLICH BEZIEHT SICH DIE DORT GEBRAUCHTE BEZEICHNUNG „ALBION" AUF DIE KREIDEFELSEN VON DOVER, DIE MAN ALS ERSTES VOM MEER AUS SIEHT.

An einem klaren Tag kann man vom Cap Gris Nez in Frankreich die britische Küste um Dover erkennen. Für Julius Caesar, Wilhelm den Eroberer, Napoleon Bonaparte und alle potenziellen Eindringlinge war dies schon immer ein verlockender Anblick.

Dovers strategische Bedeutung erschließt sich, wenn man oben auf den Klippen steht. Wo heute das Dover Castle steht, fanden sich Reste einer steinzeitlichen Befestigung und einer angelsächsischen Siedlung. Wilhelm der Eroberer erbaute hier nach der Schlacht bei Hastings 1066 n. Chr. eine Burg; sie beherrscht noch heute die Klippen und war bis 1958 permanent mit Soldaten belegt. In einem Tunnelsystem aus dem Mittelalter, das während der Napoleonischen Kriegen ausgebaut wurde, konnten sich 2000 Mann verbergen. 1940 war hier das Kommandozentrum für die Evakuierung von Dünkirchen untergebracht.

Nationales Symbol Die großartigen Kreidefelsen ziehen sich wie eine weiße Wand an der Küste der Grafschaft Kent entlang. Sie konnten zwar nicht jeden unwillkommenen Eindringling abhalten, doch sie bestärkten Britanniens Selbstverständnis als Inselfestung, die gut vor Feinden geschützt ist. Für alle Rückkehrer nach Britannien waren sie das Erste, was sie von der

Oben: Die teilweise über 100 m hohen Kreidefelsen prägen östlich und westlich von Dover auf 16 km Länge die Küstenlinie Kents.

Rechts: Der Leuchtturm South Foreland wurde in den 1840er-Jahren als Navigationshilfe vor dem Hafen von Dover erbaut.

FAKTEN

Höhe
Bis zu 107 m

Standort
Östlich und westlich von Dover am Ärmelkanal; das Shakespeare Cliff liegt an der schmalsten Stelle zwischen Großbritannien und Frankreich.

Erosion
Rund 1 cm der Kreideoberfläche wird durch Erosion pro Jahr abgetragen.

Heimat sahen. Für Emigranten und Flüchtlinge waren die Klippen oft der letzte Blick auf die Heimat. Diese Mischung aus Patriotismus und Nostalgie erreichte 1941 ihren Höhepunkt mit dem Lied *There'll be Bluebirds Over the White Cliffs of Dover*. Das Lied, geschrieben von zwei Amerikanern, die nie in Dover gewesen waren, brachte die Sehnsucht nach der Heimat und dem Ende des Kriegs zum Ausdruck. Es wurde zu einem riesigen Erfolg.

Kreideklippen Die Klippen von Dover sind weiß, weil sie aus Kreide bestehen. Dieser weiche, aus Muschelschalen und Planktonskeletten gebildete Kalkstein zeigt durch die permanente Verwitterung stets eine frische weiße Oberfläche. In der Kreide verbergen sich viele Fossilien, wie Haifischzähne, Schwämme und Korallen. Bis zum Ende der letzten Eiszeit erstreckten sich die Kreidehügel quer über den heutigen Ärmelkanal. Der rasch ansteigende Meeresspiegel überflutete die Landbrücke, und das Wasser fraß sich in die weiche Kreide; so entstanden der Kanal und die Klippen.

Rechts: Seit der Bronzezeit landeten Reisende und Händler im Hafen von Dover. Heute ist er einer der größten Fährhäfen.

LONDON, GROSSBRITANNIEN

Big Ben

DIE UHR AM PALACE OF WESTMINSTER BEGANN AM 31. MAI 1859 ZU TICKEN, ETWAS SPÄTER WURDE DER TIEFE SCHLAG DER „GREAT BELL" ZUM PRÄGENDEN KLANG LONDONS. EIGENTLICH IST BIG BEN NUR DER SPITZNAME DER GLOCKE, DOCH DIE MEISTEN MENSCHEN MEINEN MIT BIG BEN AUCH DIE UHR UND DEN TURM.

Bereits 1288, als das Parlament in Westminster, dem Sitz der Könige, eingerichtet wurde, entstand hier ein Uhrenturm. 1367 ersetzte ihn ein neuer Turm, dessen Uhr erstmals in England ein Geläut hatte. Im 18. Jahrhundert wurde die Uhr durch eine Sonnenuhr ersetzt. Auch der Entwurf für den Palast von Charles Barry hatte keinen Uhrenturm vorgesehen – Londons erstes Wahrzeichen wurde erst später hinzugefügt.

Neubau Am 16. Oktober 1834 kam es durch Überhitzung zweier Öfen im Geschoss unter dem House of Lords zu einem Brand, der fast den gesamten mittelalterlichen Palast erfasste und beide Houses of Parliament zerstörte. König William IV. bot den Buckingham Palace als neuen Parlamentssitz an, doch die Abgeordneten entschieden sich für den Wiederaufbau.

Im Jahr darauf gab es einen Wettbewerb zur Auswahl eines Plans. Gewinner war der neugotische Entwurf von Barry mit Detailausführungen von Augustus Pugin, dem Verfechter des englischen Gothic Revival. Inspiriert von seinen Studien mittelalterlicher Architektur in Großbritannien sowie Nordeuropa und getrieben von seinem glühenden Katholizismus hatte der brillante Pugin das Wiederaufleben eines mittelalterlichen Stils bei Bauwerken aller Art, von Kirchen bis zu Wasserwerken, initiiert.

ZEITTAFEL

16. Oktober 1834
Zerstörung des alten Palace of Westminster durch ein Feuer

1843–1859
Bau des Glockenturms

1856
Erster Guss von Big Ben

1858
Neuguss und Aufhängung

1859
Uhr in Gang gesetzt

1863
Big Ben schlägt erstmals zur vollen Stunde.

31. Dezember 1923
BBC strahlt den Glockenschlag zum ersten Mal im Radio aus.

1976
Big Ben verstummt drei Wochen für Reparaturarbeiten.

Links: Die Zifferblätter wurden ursprünglich mit Gaslichtern beleuchtet. Ein Licht in der Turmspitze zeigt abendliche Parlamentssitzungen an.

Rechts: Die aus Milchglassegmenten zusammengesetzten Zifferblätter sind jeweils in einem Eisenrahmen von 7 m Durchmesser befestigt.

Pugins Entwurf für den Westminster Glockenturm mit den vier Zifferblättern war seine letzte Arbeit.

Der Glockenturm Der an der Nordostseite des Palace of Westminster stehende Turm von Big Ben ist der berühmteste der zahlreichen Türme und Türmchen, die das steile Dach überragen. Nur etwas kürzer als der massive Victoria Tower ist er deutlich schlanker, mit einer oben auskragenden Sektion für die Zifferblätter. Die Spitze wird von einem gusseisernen Gerüst getragen, an dem auch die Glocken befestigt sind. Unter der Uhr hängen in einem bis zum Boden reichenden Schacht die Gewichte. In einem weiteren Schacht führen 334 Stufen zur Glockenstube hinauf. Zum Aufziehen der Uhr müssen die Mechaniker diese dreimal pro Woche hinaufsteigen, einen Aufzug gibt es nicht.

Die Uhr Die neue Uhr des Parlaments sollte eine maximale Ungenauigkeit von einer Sekunde pro Stunde haben. Den meisten Uhrmachern erschien dies bei einer so großen Uhr unmöglich. Der Anwalt und Hobby-

Links: Big Ben hängt in der Mitte der Glockenstube, umgeben von den Viertelstundenglocken. Es ist unklar, ob die Glocke nach Sir Benjamin Hall oder dem damaligen Schwergewichtsboxer Benjamin Caunt, alias „Big Ben", benannt wurde.

Unten links: Mit 5 t zählt das Uhrwerk zu den größten mechanischen Uhren weltweit.

uhrmacher Edmund Beckett Denison aber erfand einen neuen Mechanismus für die Hemmung. 1852 ging der Auftrag für die Fertigung der Uhr an die Firma Dent & Co., die großes Ansehen für ihre hochwertigen Marinechronometer genoss. Die Schwingungsdauer beträgt zwei Sekunden. Die Feinjustierung erfolgt mit alten Penny-Münzen: Durch Hinzufügen oder Entfernen eines Pennys verändert sich die Geschwindigkeit der Uhr um 0,4 Sekunden pro Tag. Das ist höchst präzise.

Big Ben Bevor die Uhr installiert werden konnte, mussten zunächst die Glocken in der darüberliegenden Glockenstube aufgehängt werden: vier Glocken für den Viertelstunden- und die Great Bell für den Stundenschlag. Kurz vor der Vollendung des Turms, wurde die erste Big-Ben-Glocke nach einem Entwurf Denisons von Warner in Stockton-on-Tees gegossen. Sie wog 16 t und trug den Namen von Sir Benjamin Hall, der die Bauarbeiten überwacht hatte. Bei Tests im Palace Yard bekam diese Glocke allerdings einen irreparablen Sprung.

Die Glocke wurde zerschlagen und im Mai 1858 von der Whitechapel Foundry neu gegossen. 16 weiße Pferde

FAKTEN

Turmhöhe
96 m

Zifferblätter
Jeweils 7 m Durchmesser mit 60 cm hohen römischen Ziffern; mit der Ziffer „IV" anstelle von „IIII", wie bei den meisten Uhren üblich. Das Pendel ist 4,4 m lang und wiegt 310 kg.

Great Bell
Big Ben wiegt 13,5 t, ist 2,2 m hoch und 2,7 m breit. Er erklingt in der Tonart E-Dur.

Turmnachbau
1892 wurde eine 6 m hohe Replik von Big Ben, bekannt als „Little Ben", bei der Victoria Station in London aufgestellt.

Rechts: In den 1980er-Jahren wurden Pugins zierliche Gotikornamente an der Spitze des Uhrenturms restauriert und neu vergoldet. Die vereinzelten Wappenschilder mit Fallgitter benutzte Barry, um seinen anonym eingereichten Entwurf für den Architekturwettbewerb 1835 zu kennzeichnen. Später wurde das Fallgitter zum Symbol des Palace of Westminster.

zogen die mit 13,5 t etwas kleinere Glocke nach Westminster. Der Verkehr wurde abgesperrt, die Straßen waren beflaggt, und die begeisterte Menge jubelte. Doch inzwischen war der Turm fertig und die Glocke konnte nicht, wie ursprünglich geplant, außen hochgezogen werden. Sie musste quer liegend innen im Schacht hochgehievt werden, was 36 Stunden dauerte.

Zwei Monate später zersprang auch diese Glocke. Denison beschuldigte die Gießerei, die wiederum Denison vorwarf, einen zu großen Klöppel verwendet zu haben. Big Ben blieb drei Jahre stumm. Man baute einen leichteren Klöppel ein und drehte die Glocke, sodass er auf eine intakte Stelle traf. Durch den Riss erzeugt Big Ben einen nicht ganz perfekten, dafür aber sehr individuellen Ton. Seit 1863 hat die Great Bell zuverlässig zu jeder Stunde geschlagen. 1976 führte Metallermüdung zu einem Bruch im Schlagwerk, Eisenteile wurden durch die Glockenstube und sogar durch deren Decke in den Raum darüber geschleudert.

Symbolischer Status Wie Westminster nicht mehr nur einen Londoner Distrikt bezeichnet, sondern auch für das parlamentarische Regierungssystem Großbritanniens steht, so wurde die verlässliche, präzise Uhr zum Symbol der parlamentarischen Demokratie und der nationalen Stabilität. An Silvester 1923 übertrug die BBC erstmals den Glockenschlag von Big Ben im Rundfunk, was zur Tradition wurde. Die prägnanten Glockenschläge vor Nachrichtensendungen übermitteln nicht nur eine präzise Zeitansage, sondern insbesondere in Kriegs- und Krisenzeiten auch ein Gefühl von Sicherheit – sie können über den World Service der BBC weltweit gehört werden.

Links: Kein anderes großes Gebäude überschattet Big Ben neben der Westminster Bridge und der Themse. Die Lage des Parlaments unmittelbar am Fluss hatte auch für die Londoner Vorteile: Als beim „Great Stink" im Sommer 1858 die fauligen Abwässer in der Themse den Parlamentariern die Luft raubten, genehmigten sie umgehend neue Abwasserkanäle.

Rechts: Alle fünf Jahre seilen sich Reinigungskräfte von der Brüstung der Glockenstube ab, um die Zifferblätter zu säubern. Die Zeiger dürfen dabei nicht blockiert werden.

LONDON, GROSSBRITANNIEN

Eros, Piccadilly Circus

LONDONER SAGEN, WENN MAN SICH NUR LANGE GENUG AM PICCADILLY CIRCUS HERUMTREIBT, TRIFFT MAN JEDEN, DEN MAN KENNT. DIES IST EIN BELIEBTER TREFFPUNKT, UND IM MITTELPUNKT STEHT DIE WELTWEIT ALS EROS BEKANNTE FIGUR, EIN PASSENDES WAHRZEICHEN IN EINER VIELGESTALTIGEN UMGEBUNG.

Der Philanthrop Anthony Cooper engagierte sich in viktorianischer Zeit für die Armen und Benachteiligten. Als Parlamentarier kümmerte er sich um eine Betreuung geistig Kranker, um Kinder, die in Fabriken arbeiteten, um Armenschulen und bessere Wohnungen. Bereits kurz nach seinem Tod 1885 gab es Pläne für ein Ehrenmal. Die neugebaute Straße vom Piccadilly Circus nach Bloomsbury wurde Shaftesbury Avenue getauft, das Denkmal bildet ihren Abschluss.

Allerdings beeinträchtigte die neue Shaftesbury Avenue das 1819 von John Nash entworfene elegante Konzept des Piccadilly Circus. Der Platz mit zwei dreieckigen Flächen im Zentrum wirkte nun unharmonisch. Während das Memorial Committee noch nach einer Lösung suchte, errichtete man auf einer der Dreiecksparzellen eine öffentliche Bedürfnisanstalt. Die andere Fläche blieb für Lord Shaftesbury übrig.

Shaftesbury Memorial Fountain Das von Alfred Gilbert geschaffene Monument wurde 1893 enthüllt. Es präsentierte nicht das erwartete respektvolle Porträt des Wohltäters, sondern einen achteckigen Bronzebrunnen mit einer geflügelten, nackten Knabenfigur an der Spitze. Der Springbrunnen machte seinem Namen alle Ehre: Die Blumenhändler ringsum mussten sich mit Regen-

FAKTEN

Künstler
Alfred Gilbert (1854–1934)

Bauzeit
1892–1893

Figur
Aus Aluminium gegossen, 2,4 m hoch, 190 kg schwer; die Figur besteht aus 15 großen Gussteilen, die großen Federn wurden einzeln gegossen.

Basis
Ein achteckiger Bronzebrunnen mit maritimen Motiven in Art-nouveau-Stil; eine Kopie des Monuments steht im Sefton Park in Liverpool.

Gegenüber: Sechs Hauptstraßen des West End münden in den Piccadilly Circus, das macht die Stufen am Eros-Brunnen zu einem beliebten Treffpunkt.

Rechts: Gilbert verstand die Figur als Anteros, der als Bruder des Eros die „erwiderte und reife Liebe" verkörpert. Sein Modell war sein 16-jähriger Assistent.

schirmen schützen. Die meisten Bürger sahen in dem nackten Knaben – offensichtlich Eros, der schelmische griechische Liebesgott – kein passendes Denkmal für den Philanthropen. Um die Gunst der Öffentlichkeit zu gewinnen, nannte das Komitee die Figur „Engel der christlichen Nächstenliebe". Gilbert erklärte, sie sei ein Symbol „der Liebe, die mit verbundenen Augen ihren Pfeil verschießt". Doch nur wenige nahmen diese Erklärung zur Kenntnis, und so blieb der Name Eros.

Symbol des West End Für die Umgestaltung der U-Bahn-Station Piccadilly Circus wurde die Statue 1925 für sieben Jahre entfernt. Doch die Londoner vermissten sie. Auch während des Zweiten Weltkriegs war sie sicher eingelagert. Bei der Rückkehr 1947 kamen Tausende Londoner, um „ihren" Eros an seinem alten Standort zu begrüßen. Heute schwebt die Figur über einem quirligen Platz, umgeben von unterschiedlichsten Architekturstilen und einer modernen Glitzerwelt mit grellen Neonreklamen. Am Abend strömen hier die Vergnügungssüchtigen auf dem Weg zu den Theatern, den Restaurants, Pubs und Striplokalen von Soho vorbei. Eros, der schöne, vom Sex faszinierte Knabe, wurde so zum Symbol des halbseidenen Nachtlebens im West End und nicht des wohltätigen Adeligen.

In den 1980er-Jahren änderte man die Verkehrsführung und Eros bekam ein ruhigeres Plätzchen. Doch die Stufen des Brunnens sind immer dicht besetzt – vielleicht trifft man ja auf Bekannte.

Unten: Der aus dem Zentrum des Platzes verlegte Brunnen ist jetzt wieder für Fußgänger zugänglich.

Unten rechts: Die riesigen bunten Leuchtschriften sind typisch für den Piccadilly Circus.

LONDON, GROSSBRITANNIEN

Tower Bridge

FÜR DIE VERKEHRSPLANER IM LONDON DES 19. JAHRHUNDERTS GAB ES EIN PROBLEM: WIE KONNTEN FUSSGÄNGER UND FUHRWERKE DEN FLUSS ÜBERQUEREN, OHNE DASS EINE BRÜCKE DEN SCHIFFEN DEN WEG ZUM HAFEN VERSPERRTE? DIE ANTWORT FAND SICH IN DER GANZ BESONDEREN LONDON BRIDGE.

Der wirtschaftliche Aufschwung und die vielen Einwohner von East London machten einen neuen Themseübergang notwendig. Menschen und Güter mussten zur Querung zeitraubende Wege auf sich nehmen. 1876 gab es eine Ausschreibung, doch keiner der 50 Vorschläge fand Beifall. Das Konzept, das acht Jahre später angenommen wurde, stammte von Horace Jones, einem der Juroren, und dem Ingenieur John Wolfe-Barry. Jones starb 1887, und sein Assistent George Stevenson führte das Werk zu Ende. Schließlich wurde die Brücke im Juni 1894 eröffnet.

Klappbrücke Die Brücke besteht aus zwei seitlichen Hängesektionen und dem Mittelteil mit zwei Baskülen, die für die Durchfahrt von Schiffen hochgeklappt werden können. Bei ihrer Fertigstellung war die Tower Bridge die längste Klappbrücke der Welt. Als Träger fungieren zwei Fundamente aus Beton, auf denen Türme aus Stahlstreben stehen. Jones hatte eine Verkleidung mit roten Ziegeln geplant, doch Stevenson entschied sich für eine Fassade aus Granit und Portland-Stein im neugotischen Stil, um die Brücke dem benachbarten Tower of London anzupassen, der ihr den Namen gab.

Die Baskülen wurden ursprünglich von Dampfmaschinen per Wasserhydraulik bewegt, 1976 stellte man auf

FAKTEN

Länge
244 m

Länge des Mittelteils
61 m

Breite
Fahrbahn 10,5 m mit zwei jeweils 4 m breiten Fußgängerwegen

Durchfahrtshöhe bei Hochwasser
8,6 m geschlossen, 42,5 m aufgeklappt

Höhe der Türme
89,3 m

Leistung
1910 wurde ein Rekord mit 64 Öffnungen in 24 Stunden aufgestellt.

Rechts: Die beiden seitlichen Brückenteile sind Hängebrücken.

Ganz rechts: Der mittelalterliche Stil der Türme lässt die aufklappbaren Basküle wie Zugbrücken einer Burg erscheinen.

Links: Der gesamte Vorgang – Hochklappen des mittleren Brückenteils, Durchfahrt des Schiffs und wieder Herunterklappen – dauert rund fünf Minuten.

Rechts: Die Brücke trägt das Wappen der City of London, die auch für deren Unterhalt sorgt, obwohl das Nordende außerhalb ihres Bezirks liegt.

Elektroantrieb um. Jede Basküle wiegt mehr als 1000 t und ist mit Gegengewichten ausbalanciert.

In den 1890er-Jahren wimmelte es im Londoner Hafen noch von Frachtschiffen und die Brücke wurde mehr als 6000-mal pro Jahr auf- und zugeklappt. Heute wird dieses sehenswerte Ereignis für Touristen und Brückenfreunde extra angekündigt. Ein ankommendes Schiff muss sich 24 Stunden zuvor anmelden. Unfälle waren selten: 1952 überquerte ein Bus die Brücke, als diese hochklappte. Reaktionsschnell gab der Fahrer Gas und sprang mit dem Bus über die ein Meter breite Lücke.

Blick von oben Der hoch über der Fahrbahn angebrachte Übergang bieten einen guten Ausblick über London: Man erreicht die für Fußgänger gedachte Passage über Aufzüge in beiden Türmen. Doch die Londoner zogen es meist vor, unten mit dem Verkehr zu warten, weswegen die Fußgängerpassage 1910 geschlossen wurde – auch weil sich dort zunehmend Taschendiebe und Prostituierte herumtrieben. Heute wird die Passage als Ausstellungsraum genutzt und kann für Veranstaltungen gemietet werden.

Rechts: Der Neuanstrich in Rot, Weiß und Blau erfolgte 1977 zu Ehren von Königin Elizabeth II. anlässlich ihres silbernen Thronjubiläums.

LONDON, GROSSBRITANNIEN

30 St Mary Axe

DER AUFFÄLLIGSTE WOLKENKRATZER LONDONS ERLANGTE SCHON BEIM BAU DEN STATUS EINER IKONE, ALS ER MITTEN AUS DER STADT EMPORWUCHS. NACH WENIGEN JAHREN WAR SEIN BILD EBENSO BERÜHMT WIE DAS VON BIG BEN. SEINE DREIECKSFENSTER SIND EIN EINDEUTIGES IDENTIFIKATIONSMERKMAL.

Nur wenige Bürogebäude der Welt wurden so schnell berühmt, und die Londoner scheinen ihr neues Wahrzeichen auch zu mögen, dem sie bald den Beinamen „The Gherkin" verliehen. Dieser nicht ganz passende Vergleich mit einer „Essiggurke" scheint freundlicher als der mit einem Torpedo oder einer Zigarre. Die Mitarbeiter jedenfalls, die im Gebäude arbeiten, finden es toll, und die Bewohner schätzen das Prestige seiner Architektur.

Der Abriss des Baltic-Exchange-Gebäudes, das 1992 durch eine Bombe beschädigt wurde, bot die Chance, im Herzen von London ein völlig neuartiges Gebäude zu errichten. Die Granit- und Marmorverkleidung des alten Gebäudes wurde abmontiert und später nach Estland exportiert, wo sie in Tallinn wieder Verwendung finden soll.

Grünes Design Der Entwurf wurde als das erste ökologisch fortschrittliche Geschäftsgebäude Großbritanniens gepriesen. Ein leichter, außen angebrachter Stahlrahmen hält das Innere frei von Säulen. Die Grundfläche ist kreisförmig und jeder Stock ist gegenüber dem darunterliegenden um fünf Grad versetzt. Auf der Spitze gibt es keine Antennen, dafür einen luftigen Raum, der von Licht durchflutet wird. Anstelle des üblichen luxuriösen Penthousebüros findet man dort ein

FAKTEN

Architekten
Foster + Partners

Ingenieurbüro
Arup

Generalunternehmer
Skanska

Fertigstellung
2004; Gewinner des 2004 RIBA Stirling Prize

Höhe
195 m, 41 Stockwerke

Gesamtnutzfläche
76400 m²

Erster Eigentümer
Swiss Re, eine Rückversicherungsgesellschaft

Gegenüber: Vom Südufer der Themse betrachtet, lässt „The Gherkin" ältere Wahrzeichen der Stadt klein aussehen.

Rechts: Die aerodynamische Form verhindert den Windkanaleffekt, der sonst bei großen Gebäuden entsteht.

Unten: Es gab Kritik, weil das Bauwerk die Nachbarschaft dominiert.

Restaurant mit einem fantastischen Ausblick. Hier ist auch das einzige gewölbte Glaselement der gesamten Struktur verbaut: die kleine Glaskuppel an der Spitze.

Licht und Luft Sechs Lichtschächte ziehen sich durch die Etagen, um für möglichst viel Tageslicht und Ventilation zu sorgen. Die Doppelfassade wirkt als passive Solarheizung. Die Fenster öffnen sich bei entsprechenden Witterungsbedingungen computergesteuert. Durch die relativ geringe Gebäudefläche auf dem Grundstück gab es Platz für eine gepflasterte Plaza, auf der sich die beschrifteten Granitbänke von Ian Hamilton Finlays Installation *Arcadian Dream Garden* aufreihen.

Das neue Hochhaus steht in einem geschichtsträchtigen Stadtviertel, mit der mittelalterlichen Kirche St Andrew Undershaft in der Nachbarschaft und dem normannischen Tower of London. Beim Ausheben der Fundamente stieß man auf das Grab einer jungen Frau aus römischer Zeit, die nun unter der Plaza ihre letzte Ruhestätte fand.

WILTSHIRE, GROSSBRITANNIEN

Stonehenge

CHRONISTEN IM MITTELALTER ZÄHLTEN STONEHENGE ZU DEN WELTWUNDERN, UND BIS HEUTE STRAHLT ES EINE SPIRITUELLE, GEHEIMNISVOLLE KRAFT AUS. DIE GEWALTIGEN STEINE, DIE KOMPLEXITÄT DER ANLAGE UND IHRER KONSTRUKTION MACHEN DEN ORT ZU EINEM BESONDEREN PRÄHISTORISCHEN MONUMENT.

Der berühmte Steinkreis aus der Jungsteinzeit steht in einer Landschaft mit vielen rituellen Monumenten: In der Nähe liegen das ältere Woodhenge und die Durrington Walls, der große Steinkreis von Avebury und der Silbury Hill, der größte prähistorische Hügel von Menschenhand in Europa. Vom Avon führt ein 3 km langer Prozessionsweg nach Stonehenge, ringsum gibt es zahlreiche Hügelgräber.

Die Bautätigkeiten in Stonehenge zogen sich über mindestens 1500 Jahre hin. Arbeiter, die nur mit einfachen Steinwerkzeugen und Geweihpickeln ausgerüstet waren, schafften die riesigen Steine herbei, formten und stellten sie auf. Wie und warum taten sie das? Warum wurde gerade diese Gegend Englands zum Mittelpunkt derart arbeitsaufwendiger Ritualstätten? Das Fehlen letztendlich schlüssiger Antworten steigert nur das Geheimnisvolle dieser legendären Stätte.

Neolithische Kreise Die älteste Struktur entstand um 3000 v. Chr. als kreisförmige, vielleicht mit Holzpfosten eingefasste Wall- und Grabenanlage. Reste von Feuerbestattungen stammen vermutlich aus dieser Zeit.

Der erste Steinkreis wurde mindestens 500 Jahre später aus Blausteinen errichtet, die aus den 240 km entfernten Preseli Hills in Wales stammen. Wahrscheinlich wurden

ZEITTAFEL

um 3100 v. Chr.
Stadium 1: kreisförmiger Graben- und Wallring

um 3000 v. Chr.
Stadium 2: Bau einer Holzstruktur innerhalb des Walls; Feuerbestattungen

um 2600 v. Chr.
Stadium 3 I: Aufstellung der Blausteine; Ausrichtung des Eingangs auf den Mittsommersonnenaufgang; Bau der Avenue vom Fluss herauf

um 2600–2400 v. Chr.
Stadium 3 II: Aufstellung der behauenen Sarsensteine als äußerer Kreis und der Trilithen im Inneren; vermutlich Aufstellung des Altarsteins

um 2300–1930 v. Chr.
Stadium 3 III–IV: Neuanordnung der Blausteine

1918
Cecil Chubb schenkt die Stätte dem Staat.

1928
Der National Trust kauft das umgebende Land, um die Stätte zu schützen.

1986
Aufnahme in die Liste des UNESCO-Welterbes

Gegenüber: Die Felder um das Monument wurden lange landwirtschaftlich genutzt. Heute wächst dort wieder der ursprüngliche Kalktrockenrasen.

Rechts: Die Decksteine sind mit verzapften Verbindungen fixiert. Das ist einzigartig unter den prähistorischen Steinkreisen.

sie ans Meer gebracht und auf Flößen weitertransportiert. Eine andere Theorie vermutet einen Transport durch Gletscherbewegungen. Diesen Kreis ersetzte man später durch die viel größeren Sarsensteine aus den 40 km entfernten Marlborough Downs. Der äußere Kreis mit 30 senkrechten Steinen war durch Decksteine verbunden. Im Inneren standen fünf noch größere Trilithen aus jeweils einem Pfeilerpaar mit Deckstein. In der Bronzezeit stellte man die Blausteine dann wieder als Ring innerhalb des äußeren Kreises und innerhalb der hufeisenförmigen Trilithen-Gruppe auf. Sie hatten offensichtlich rituelle, vielleicht heilkräftige Bedeutung.

Was ist Stonehenge? Es gibt Vermutungen, Stonehenge sei ein Observatorium, ein Sonnenkalender oder ein Tempel der Sonne oder der Muttergöttin. Nach einer gängigen Theorie stellte es das Totenreich dar, mit einem symbolischen Prozessionsweg vom Leben zum Tod bei Bestattungen. Moderne Druiden verbinden Stonehenge mit den Kelten, obwohl es viel älter ist, und halten dort speziell zur Sommersonnenwende ihre Rituale ab.

Oben: Der Nordosteingang ist auf den Sonnenaufgang bei der Sommersonnenwende ausgerichtet.

Rechts: Die fünf inneren Trilithen sind als Hufeisen angeordnet, das sich zum Eingang öffnet.

BATH, GROSSBRITANNIEN

Royal Crescent

IM 18. JAHRHUNDERT STIEG BATH VON EINEM HERUNTERGEKOMMENEN KURORT ZUR ANGESAGTESTEN ADRESSE GROSSBRITANNIENS AUF. DIE NACHFRAGE DER SCHICKERIA NACH ELEGANTEN HÄUSERN LÖSTE EINEN BAUBOOM AUS, DESSEN ULTIMATIVES SCHAUSTÜCK DER GROSSARTIGE ROYAL CRESCENT IST.

Architekt John Wood wollte in Bath eine Stadt nach römischem Vorbild schaffen und legte Plätze und Terrassen in einem heroischen Stil an. Glanzstück seiner Pläne war der 1754 begonnene monumentale King's Circus. Doch seinem Sohn, John Wood der Jüngere, gelang etwas noch viel Originelleres. Nach der Fertigstellung des Circus konzipierte er die davon abzweigende Brock Street. Sie führte zu einem freien Hang, an dem von 1767 bis 1775 der spektakuläre Crescent entstand. Die in einem Halbkreis um eine Rasenfläche angeordneten 30 Häuser thronen über dem davorliegenden Hang wie ein herrschaftliches Landhaus. Zum ersten Mal wurde ein solch offenes Baukonzept in einer städtischen Umgebung umgesetzt.

Auch heute ist es ein architektonisches Erlebnis, wenn man um die Ecke biegt und den großzügig gestalteten Crescent betritt. Die Häuser blicken noch immer über die offene Grünfläche und Bäume auf die entfernten Hügel. Bis zum Zweiten Weltkrieg grasten noch Schafe und Rinder unterhalb des Crescent. Bis heute markiert ein Umfassungsgraben den Rand der Rasenfläche im Zentrum.

Klassische Front Hinter einer einheitlichen Fassade mit ionischen Säulen über dem schlichten Sockelgeschoss verbergen sich die Einzelhäuser. Die einzelnen Parzellen

Oben: Der Blick auf den Crescent hat sich seit dem Bau kaum verändert. Ein viktorianischer Kirchturm wurde im Zweiten Weltkrieg zerstört.

Unten rechts: Die Häuser an den beiden Enden haben an den Seitenwänden fünf mit Säulen eingerahmte Felder und Doppelsäulen an den Ecken.

Rechts: In den Löschhütchen konnten die Fackelträger ihre Feuer löschen, wenn sie die Bewohner an ihre Tür geleitet hatten.

ZEITTAFEL

1688–1703
Durch Kuraufenthalte von Queen Anne kommt Bath in Mode.

1704
Beau Nash wird Master of Ceremonies (Zeremonienmeister) in Bath.

1767–1774
Bau des Royal Crescent

1942
Nr. 2 und 17 werden von Brandbomben getroffen.

1967
Bernard Cayzer schenkt Nr. 1 dem Bath Preservation Trust als Museumsgebäude.

1971
Einrichtung des Royal Crescent Hotels in Nr. 15 und 16

wurden weiterverkauft, und die Eigentümer bauten sich hinter der Einheitsfassade individuelle Häuser. Das führte zu ganz unterschiedlichen Bauten mit zum Teil unschönen rückwärtigen Erweiterungen.

Bewohner Im 18. Jahrhundert wurden viele der Häuser nur in der Saison genutzt, doch es gab auch ständige Bewohner. Einige wenige sind bis heute Wohnhäuser, die meisten sind in Eigentumswohnungen aufgeteilt. Hausnummer 1 ist ein Museum, und im Mittelteil residiert ein Hotel. Die einheitliche Fassadengestaltung blieb aber weitgehend unangetastet. Das betrifft sogar die Farbgebung: In den 1970er-Jahren wurde über das Gelb einer Eingangstür heftig debattiert.

Nach dem Einzug von Prinz Friedrich August, Herzog von York, avancierte der Crescent 1795 zum Royal Crescent. Andere berühmte Bewohner waren Christopher Anstey, der Verfasser der Satire *The New Bath Guide* (1766), die Schauspielerin Elizabeth Linley und Isaac Pitman, der Erfinder einer Kurzschrift.

SHROPSHIRE, GROSSBRITANNIEN

Iron Bridge

HEUTE ERSCHEINT DER NAME EHER BELIEBIG, DOCH 1779 BEZEICHNETE „IRON BRIDGE“ EINE GANZ SPEZIELLE, NEUARTIGE BRÜCKE, DIE DAMALS WELTWEIT EINZIGARTIG WAR. SIE WURDE ZU EINER ATTRAKTION, DANK DERER EIN GANZES STÄDTCHEN ENTSTAND, DAS DANN DEN NAMEN ÜBERNAHM.

Unter der grünen Landschaft der englischen Grafschaft Shropshire verbergen sich reiche Bodenschätze. In der Schlucht des Severn Gorge kamen die Bergleute leicht an die reichen Flöze mit Kohle, Blei- und Eisenerz heran. Mitte des 17. Jahrhunderts wurden 100 000 t Kohle pro Jahr gefördert. Den Großteil verschiffte man für den Export; den Rest nutzte die wachsende Industrie der Region. Die Kohle lieferte zur Eisenverhüttung bestens geeigneten Koks. Ab 1709 nutzte Abraham Darby den von ihm entwickelten Kokshochofen zur Produktion gusseiserner Töpfe.

Sechzig Jahre später hatte sich die Hüttentechnik weiterentwickelt und ermöglichte eine Produktion in größerem Stil. Darbys Enkel, Abraham Darby III., fertigte die ersten Eisenbahnschienen aus Gusseisen und begann in den 1770er-Jahren an den Komponenten der ersten Eisenbrücke der Welt zu arbeiten.

Neue Bautechnik Die Pläne für die Brücke zeichnete Thomas Pritchard, der als Architekt mit dem Entwurf von Kaminsimsen und Grabmonumenten vertrauter war als mit Großprojekten unter Verwendung revolutionärer Materialien. Weil noch niemand eine Eisenbrücke gebaut hatte, gab es auch keine Anhaltspunkte. Da Pritchards Vater Zimmermann war, nahm er sich die Holzverar-

ZEITTAFEL

1709
Abraham Darby setzt erstmals Koks anstelle von Kohle bei der Eisenverhüttung ein.

um 1750
Der Aufschwung der Industrie in Coalbrookdale macht zusätzlich zu den sechs Fähren Brücken notwendig.

1776
Das Parlament genehmigt den Bau der Brücke.

1779–1780
Bau der Iron Bridge

1. Januar 1781
Freigabe für den Verkehr

1802
Das geborstene südliche Widerlager aus Stein wird durch Eisenbögen ersetzt.

1835
Mautstelle erweitert

1935
Sperrung der Brücke für Fahrzeuge

1972
Armierter Betonbogen am Flussgrund zur Stabilisierung der Fundamente eingebaut

Gegenüber: Die elegante Iron Bridge wurde zu einem Symbol der Industriellen Revolution. Die Region bezeichnet man auch als Geburtsstätte der Industrie, doch es gab auch andernorts ähnliche Entwicklungen.

Rechts: Einige Streben brachen durch die Bewegungen der Verankerungen.

Unten rechts: Die Maut wurde 1776 vom Parlament festgelegt und nie verändert.

beitung als Vorbild für die Brücke. Darby fertigte die 800 Bauteile an, dann wurden sie zusammengesetzt. Schrauben wurden nur am Scheitel des Bogens verwendet. Die Kosten lagen weit über den Kalkulationen. Pritchard starb kurz nach Baubeginn, und Darby blieb für den Rest seines Lebens verschuldet.

Touristenattraktion Nach der Öffnung der Brücke für den Verkehr strömten Reisende, Künstler und Eisenindustrielle zu der neuen Attraktion, und so entstand das Städtchen Ironbridge. Viele logierten im Tontine Hotel, das 1784 von den Anteilseignern der Anlage neben der Brücke erbaut worden war und bis heute existiert. 1795 überstand die Brücke ein heftiges Hochwasser, was das Vertrauen in Gusseisen als Baumaterial stärkte. In Großbritannien und weltweit entstanden weitere Brücken, Aquädukte und andere Bauwerke aus Gusseisen.

Unten: Heute gleicht das Tal mehr der idyllisch-idealisierenden Abbildung, mit der man 1780 für die Brücke warb. Tatsächlich prägten damals Rauch und Lärm der Industrie die Region.

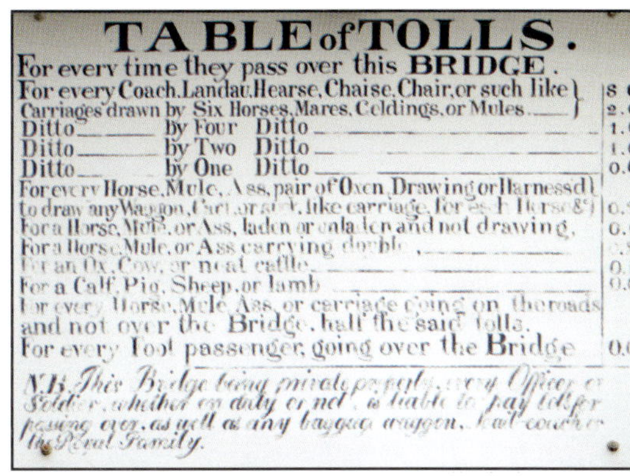

GATESHEAD, GROSSBRITANNIEN

Engel des Nordens

WENN MAN ÜBER DIE FERNSTRASSE A1 NACH NEWCASTLE FÄHRT, TAUCHT DIE FIGUR MIT IHREN FLÜGELN ÜBER DEN BÄUMEN AM STRASSENRAND AUF. TAUSENDE FAHREN TAG FÜR TAG DARAN VORBEI, FÜR DIE BEWOHNER VON NEWCASTLE IST SIE EIN HINWEIS, DASS SIE BALD ZU HAUSE SIND.

Der Engel steht auf einem aufgeschütteten Hügel. Hier am Rand von Low Fell stand früher die Lower Tyne Colliery. Seit dem Mittelalter wurde in der Region Kohle abgebaut. Im 19. Jahrhundert ermöglichte sie die industrielle Expansion im Nordosten Englands. Eisengießereien, Schiffs- und Lokomotivbau verwandelten Gateshead von einem kleinen Flussstädtchen in ein Zentrum der Schwerindustrie. Im 20. Jahrhundert setzte der Niedergang ein und in den 1970er-Jahren schloss die letzte Kohlegrube.

Wiederbelebung Seit den 1980er-Jahren bemüht sich Gateshead mit Architekturprojekten wie dem Engel des Nordens, dem Baltic Centre of Contemporary Art und The Sage Gateshead um eine neue Perspektive. 1994 erhielt der Bildhauer Antony Gormley den Auftrag, für das 1989 renaturierte Bergwerksgelände eine angemessene Skulptur zu schaffen. Vier Jahre später transportierten Schwertransporter die massiven Stahlteile von Hartlepool herbei.

Gormleys Stahlengel wurde vom Unternehmen Hartlepool Steel Fabrications angefertigt, das sonst Brücken und Bohrinseln baut. Die gerippte Struktur der Flügel und des Korpus erinnern an solche Konstruktionen. Sie verleiht dem Engel die notwendige Stabilität, um den Winden standzuhalten, die über den Hügel blasen. Es gibt keine

FAKTEN

Bildhauer
Antony Gormley

Ingenieure
Ove Arup & Partners

Hersteller
Hartlepool Steel

Spannweite
54 m

Höhe
20 m

Gewicht
200 t

Gegenüber: Die ausgebreiteten Flügel sind leicht nach vorne angewinkelt, um laut Gormley „eine Geste des Umarmens" anzudeuten.

Rechts: Der Engel ist aus Corten-Stahl gefertigt, einer Stahllegierung, die nach einigen Jahren Bewitterung eine stabile, schützende Rostschicht bildet. So entstand die rostbraune Färbung des Engels.

Unten: Der Engel steht auf einem Hügel, der beim Abbruch eines alten Kohlebergwerks aufgeschüttet wurde.

Bodenplatte, der Engel scheint gerade auf dem Grashügel gelandet oder bereit zum Abheben zu sein.

Doch er ist fest verwurzelt und wird sicher von Betonpfeilern gehalten, die 22 m tief bis zum festen Felsuntergrund hinabreichen. Dort unten schufteten über drei Jahrhunderte die Bergleute. Diesen Männern und ihrer verschwundenen Industrie wollte Gormley mit seiner Arbeit ein Denkmal setzen.

Nationales Symbol Obwohl isoliert zwischen Hauptverkehrsstraßen gelegen, ist der Engel selten allein. Seine Füße glänzen, weil so viele Besucher darauf Platz nehmen oder herumklettern. Der Gateshead Council veröffentlicht Anleitungen, wie man einen Engel stricken oder als Origami falten kann. Eine große rostrote Narzissenart wurde nach ihm benannt. Die Skulptur, eines der meist gefilmten und fotografierten britischen Monumente, ist inzwischen zum Erkennungszeichen der Region Tyneside geworden.

NORTHUMBERLAND, GROSSBRITANNIEN

Hadrianswall

DAS GRÖSSTE ANTIKE MONUMENT IN NORDEUROPA – ES ERSTRECKT SICH VON WALLSEND AN DER OSTKÜSTE BIS NACH BOWNESS AN DER WESTKÜSTE GROSSBRITANNIENS – IST EINE MEISTERLEISTUNG RÖMISCHER BAUINGENIEURE. DIESER WALL BILDETE 300 JAHRE LANG DIE NORDGRENZE DES RÖMISCHEN REICHS.

Heute verläuft ein beliebter Fernwanderweg über 135 km am Hadrianswall entlang. Für die römischen Soldaten im 2. Jahrhundert war der Patrouillendienst bei Wind und Wetter in der Wildnis Nordenglands wohl keine verlockende Aussicht. Viele der aus dem gesamten Reich rekrutierten Legionäre waren deutlich milderes Klima gewohnt.

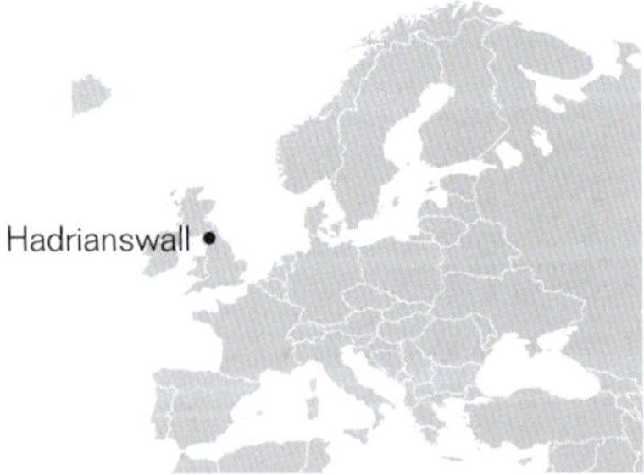

Kaiser Hadrian wollte – anders als sein Vorgänger Trajan – nicht unbedingt das Imperium erweitern, sondern den Frieden bewahren. Bis zu Hadrians Regentschaft hatte Rom danach gestrebt, die gesamte bekannte Welt zu beherrschen; der neue Kaiser wollte nun die Grenzen sichern. Der Norden Britanniens war einer der Brennpunkte. Hadrian reiste 122 n. Chr. dorthin, vermutlich begann man damals mit dem Bau des Walls, wozu drei Legionen rund sechs Jahre brauchten.

Verteidigung Dies war die am stärksten befestigte Grenze des Reichs: bis zu 4,5 m hoch und 3 m breit, mit zwei äußeren Mauern, die aus behauenen Steinen und Mörtel errichtet worden waren. Der westliche Abschnitt wurde anfangs eher provisorisch aus Torfblöcken auf einem Steinfundament erbaut. Verteidigungsgräben und Erdwälle entlang der Vorder- und Rückseite machten die Anlage für Angreifer dennoch zum echten Hindernis.

Zusätzlich gab es 16 Kastelle mit jeweils rund 800 Mann Besatzung entlang des Walls. Dazwischen ermöglichten im Abstand einer römischen Meile (etwa 1500 m) sogenannte Meilenkastelle den Zugang zum Wehrgang auf dem Wall. Zwischen zwei Meilenkastellen gab es zwei Türme als Wachstationen.

Lokale Auswirkung Der Wall diente nicht nur dazu, die aufrührerischen Pikten vom römischen Gebiet fernzuhalten. Er hatte Tore, an denen die Römer Maut und Steuern erheben konnten. Die Römer demonstrierten damit auch ihre Kontrolle über die einheimische Bevölkerung, die sie abschätzig als Brittunculi (kleine Briten) bezeichneten. Später dienten aber auch viele Briten als Wachpersonal. Dieser angesehene Beruf ging häufig vom Vater an den Sohn über. Die zahlreichen dort stationierten Soldaten waren eine gute Kundschaft für die lokalen Händler, und so entstanden bald Siedlungen im Umkreis der Kastelle.

Nach Abzug der Römer wurde der Wall aufgegeben, und seine Steine dienten als Baumaterial. Einige davon finden sich in den berühmtesten Klöstern der Region, etwa in Jarrow, Lindisfarne und Monkwearmouth. Heute sind die Überreste des Walls in einigen Abschnitten zwischen Vororthäusern oder am Straßenrand nur noch als seltsame Buckel erkennbar. Aber wo der Wall imposant über die Hügel Northumberlands, die tückischen Klippen von Whin Sill oder an den Ruinen des Kastells Housestead entlangzieht, ist er noch immer beeindruckend.

Unten: Der steinerne Teil des Walls ist rund 2 m breit. Zwischen die beiden Außenmauern hatte man Geröll gefüllt.

Unten: Beim Kastell Vindolanda senkt sich der Wall in den Sycamore Gap hinab.

Oben: Der Wall machte sich die Topografie in der Nähe des Sees Crag Lough zunutze.

Oben rechts: Die akkuraten römischen Mauern waren vermutlich ursprünglich höher, mit einer Brüstung, vielleicht auch mit Zinnen und einem Laufgang.

ZEITTAFEL

55 und 54 v. Chr.
Julius Caesar stößt nach Britannien vor.

43 n. Chr.
Claudius bringt Britannien unter römische Kontrolle.

117–138
Regentschaft von Hadrian

122–128
Bau des Hadrianswalls

142–154
Bau des Antoninuswalls weiter nördlich; bald wieder aufgegeben

um 410
Ende der römischen Herrschaft in Britannien

EDINBURGH, GROSSBRITANNIEN

Edinburgh Castle

IN SCHOTTLAND GIBT ES MEHR ALS 2000 BURGEN. DEN MASSSTAB SETZT ABER DIE BURG VON EDINBURGH, DIE AUF EINEM UNZUGÄNGLICHEN FELSEN ÜBER DER STADT LIEGT. VON DEN MITTELALTERLICHEN BEFESTIGUNGEN IST NUR WENIG ÜBRIG, DAFÜR GIBT ES ABER ZWEI GEISTER – EINEN PFEIFER UND EINEN KOPFLOSEN TROMMLER.

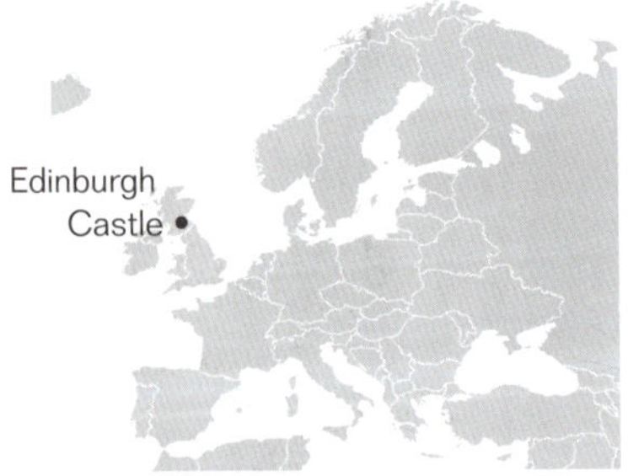

Der Castle Rock, der harte Basaltkegel eines erloschenen Vulkans, widerstand der eiszeitlichen Erosion und blieb als fast unbezwingbarer Fels stehen. Mit nur einem Zugangsweg ist dies ein idealer Zufluchtsort. Die Schotten nannten ihn Din Eidyn, bis er 638 an die Angeln fiel und den englischen Namen Edinburgh bekam.

St Margaret's Chapel Die Burg erhielt königlichen Status, als David I. im 12. Jahrhundert seine Hauptstadt von Dunfermline hierher verlegte. Aus seiner Regentschaft ist nur ein einziges Gebäude erhalten: die kleine romanische Kapelle auf der Felsspitze, die seiner Mutter gewidmet wurde. Entsprechend ist sie das älteste Bauwerk der Stadt. Als die Truppen des Earl of Moray 1314 die steile Nordflanke erklommen und die Burg von den Engländern zurückeroberten, wurde nur diese Kapelle verschont. Später hinterließ Robert the Bruce Geld für ihre Reparatur.

Mons Meg Dieses vor der Kapelle positionierte Riesengeschütz war 1457 ein Geschenk Philipps III. von Burgund. Es konnte 150 kg schwere Kugeln rund 3 km weit schießen. Doch es gab ein Problem: Beim Abfeuern wurde das Geschütz so heiß, dass es nur wenige Male pro Tag feuerbereit war. Auf dem Schlachtfeld war es außerdem kaum zu manövrieren. Ab 1540 nutzte man die Mons Meg

ZEITTAFEL

900 v. Chr.
Archäologische Beweise für menschliche Besiedlung

600 n. Chr.
Älteste Erwähnung der Festung Din Eidyn

um 1130
David I. baut die Königsburg

1356
Wiederaufbau durch David II.

1571–1573
Lange Belagerung, Zerstörung des David's Tower

1757–1814
Nutzung als Lager für Kriegsgefangene

1861
One O'Clock Gun gibt den ersten Schuss ab.

1950
Erstes Edinburgh Military Tattoo

1996
Der Stone of Scone, der 1296 nach England gebracht wurde, kehrt nach Edinburgh zurück.

Unten: Die scheinbar fest mit dem Felsuntergrund verwurzelte Burg beherrscht das Stadtbild von Edinburgh.

Gegenüber: Das Torhaus wurde im 19. Jahrhundert angebaut. Über dem Tor steht der Wahlspruch des Order of the Thistle (Distelorden): „Nemo Me Impune Lacessit." („Niemand reizt mich ungestraft.")

Rechts: Die Burg wurde immer dem Stand der Kriegsführung angepasst. Die mittelalterlichen Mauern hatten schmale Schießscharten, für schwere Kanonen brauchte man später breitere Öffnungen.

nur noch für zeremonielle Zwecke. Bei der Begrüßung von James Duke of Albany 1681 barst dann das Rohr – ein schlechtes Omen für den künftigen König, der auch nur drei Jahre regierte.

Königspalast Im 15. Jahrhundert entstanden die königlichen Gemächer und die große Halle. Nach dem Auszug des Hofs wurde die Burg meist als Arsenal genutzt. Allerdings suchte Maria Stuart hier Zuflucht, um in einem winzigen holzvertäfelten Zimmer ihr Kind zur Welt zu bringen. Bevor ihr Sohn ein Jahr alt war, zwang man sie zur Abdankung. Er wurde Jakob VI. von Schottland, später Jakob I. von England.

Belagerungen Insgesamt erlebte die Burg 13 Angriffe mit der „Lang Siege" als Höhepunkt, bei der die Garnison in Unterstützung der abgesetzten Maria Stuart einer fast zweijährigen Belagerung trotzte. Angesichts der Bedrohung durch Napoleon entstanden 1799 neue große Kasernen für rund 600 Mann. Die Burg musste sich aber nie gegen die Franzosen verteidigen, sie wurde zum Lager für Kriegsgefangene.

Tradition Bis heute bewachen Soldaten die Burg, doch inzwischen erstürmen nur noch Touristen den Felsen. Der Schriftsteller Walter Scott suchte in der Burg nach den Kronjuwelen, die seit einem Jahrhundert verschwunden sind, und begründete das Tartan-und-Dudelsack-Image Edinburghs. Das Torhaus und die große Halle, die One O'Clock Gun auf dem Wehrgang und natürlich das jährliche Military Tattoo auf der Esplanade sichern Edinburgh den Status als prominenteste Burg Schottlands.

PARIS, FRANKREICH

Eiffelturm

„LA GRANDE DAME DE FER", WIE DIE FRANZOSEN DEN EIFFELTURM AUCH NENNEN, BEHERRSCHT SEIT 1889 DIE SKYLINE VON PARIS. EIGENTLICH SOLLTE ER NUR 20 JAHRE STEHEN BLEIBEN, DOCH EIFFEL WAR NICHT NUR EIN GENIALER INGENIEUR, ER VERSTAND ES AUCH, DIE ZUKUNFT SEINES BEDEUTENDSTEN WERKS ZU SICHERN.

Anlässlich der Hundertjahrfeier der Französischen Revolution sollte 1889 die Weltausstellung in Paris stattfinden. Man veranstaltete einen Architekturwettbewerb für einen spektakulären Turm, der am Eingang zum Ausstellungsgelände am Champ de Mars stehen und mit 300 m das höchste Bauwerk der Welt sein sollte. Unter den rund 700 Vorschlägen wurde der von Gustave Eiffels Ingenieurbüro einstimmig ausgewählt.

Eiffels Ingenieure Maurice Koechlin und Émile Nouguier hatten das radikale Konzept eines offenen Gitterwerks aus Eisenstreben entworfen. Die Konstruktion versteckt sich weder hinter Steinverkleidungen noch Schmuckelementen. Der Architekt Stephen Sauveste fügte einige wenige dekorative Ornamente hinzu, wie die Bögen unter der ersten Ebene, um den funktionalen Stil etwas gefälliger zu machen. Insgesamt war der Turm ein typisches Monument des industriellen Zeitalters.

Die Bauarbeiten begannen im Januar 1887, doch nicht jeder begrüßte das neue Wahrzeichen. Am 14. Februar 1887 veröffentlichte *Les Temps* einen Protestbrief, der von rund 300 bedeutenden Künstlern wie Charles Garnier (Architekt der Pariser Oper), Charles Gounod, Alexandre Dumas der Jüngere und Guy de Maupassant unterzeichnet war. Sie verglichen den Turm mit einem „gigantischen

Oben: Der bronzefarbene Anstrich wurde gewählt, weil er sich farblich harmonisch in das Pariser Stadtbild einfügt.

Rechts: Die oberste Plattform ist nur per Lift zugänglich. Die Originalaufzüge wurden 1982 ersetzt.

schwarzen Fabrikschlot, der mit seiner rohen Masse all unsere Monumente erdrückt und demütigt, unsere Architektur klein macht." Und weiter: „Für 20 Jahre werden wir ihn sehen, wie er sich über der ganzen Stadt breit macht, die noch vom Genius so vieler Jahrhunderte erfüllt ist. Wir werden ihn sich wie ein hässlicher Tintenfleck ausbreiten sehen, diesen hässlichen Schatten dieser hässlichen Säule aus zusammengeschraubtem Blech." Später soll Maupassant jeden Tag im Turmrestaurant zu Mittag gegessen haben. Auf die Frage, warum er das tue, antwortete er, dass dies der einzige Ort in Paris sei, wo man den Turm nicht sehen könne.

Windwiderstand Die Höhe des neuen Turms wurde durch die genietete Metallkonstruktion möglich. Aus seinen Erfahrungen beim Brückenbau wusste Eiffel, dass vor allem die Berücksichtigung des Winddrucks entscheidend war. Die Form der gebogenen Streben wurde so gewählt, dass in jeder Höhe die nach unten wirkende Kraft gleich der dort auftreffenden maximalen Windkraft war.

ZEITTAFEL

1884
Erste Entwürfe

1887–1889
Bauzeit

März 1889
Öffnung des Turms für die Öffentlichkeit

1898
Telegrafieverbindung vom Panthéon zum Eiffelturm

1903–1905
Eiffel experimentiert mit fallenden Körpern.

1909
Funktelegrafiestation für das Militär eingerichtet

1912
Frank Reichel stirbt beim Sprung vom Turm mit einem selbstgebauten Fallschirm.

1921
Erste Radioausstrahlung

1935
Erste Fernsehausstrahlung

1984
Robert Moriarty durchfliegt im einem Kleinflugzeug die Bögen.

FAKTEN

Höhe
324 m (inklusive Mast)

Grundfläche des Turms
125 x 125 m

Maximaltiefe der Fundamente
15 m

Stufen bis zur Spitze
1655

Eisenbauteile
18 038 (plus 2,5 Millionen Nieten)

Gewicht des Metalls
7300 t

Gesamtgewicht
10 100 t

Anstrich
60 t Farbe pro Anstrich

Personal
620 Personen

Oben links: Direkter Blick von der obersten Plattform auf eines der von Stephen Sauvestre entworfenen Steinfundamente.

Unten links: Der Blick von unten zeigt den symmetrischen und filigranen Aufbau des Eiffelturms.

Unten: Unterhalb der ersten Plattform ließ Eiffel die Namen von 72 französischen Wissenschaftlern und Ingenieuren eingravieren, um ihnen seine Reverenz zu erweisen.

Außerdem bot die offene Struktur dem Wind nur wenig Widerstand. Der Turm schwankt im Wind nur 6–7 cm hin und her. Die Spitze kann sich um 18 cm aus der Achse verschwenken, wenn sich das Metall bei einseitigem Sonneneinfall ausdehnt.

Bau des Turms Der Bau war eine große Herausforderung. Für die Fundamente der Träger an der Flussseite kamen Senkkästen zum Einsatz, die mit Druckluft das Wasser verdrängten. Eiffel benutzte Hydraulikzylinder an jedem Ankerpunkt, um die Träger präzise auszurichten. Die Stahlkomponenten mit einem Gesamtgewicht von 7300 t wurden in den Fabriken Eiffels vormontiert und dann vor Ort zusammengenietet. Am 31. März 1889 konnte die Eröffnung des Turms gefeiert werden.

Als 1909 der Turm in den Besitz der Stadt überging, gab es Überlegungen, ihn abzureißen. Eiffel hatte aber Vorkehrungen getroffen, um seinen Turm unverzichtbar zu machen: Ganz oben hatte er wissenschaftliche Geräte wie Barometer, Windmesser und Kommunikationsantennen installiert. Von dort wurden Signale für die drahtlose Telegrafie ausgestrahlt. Die neue Technik sicherte das

Rechts: Der Eiffelturm feierte 2009 seinen 120. Geburtstag mit einem prächtigen Feuerwerk am 14. Juli, dem französischen Nationalfeiertag.

Überleben des Eiffelturms, und so konnte er sich zu *dem* Wahrzeichen von Paris entwickeln.

Eiffelturm-Braun Heute wird er sorgfältig erhalten: Alle sieben Jahre legen 25 Maler ihre Klettergurte an, spannen Sicherheitsnetze auf und streichen von oben her das gesamte Bauwerk neu an. Das Ganze dauert 18 Monate. Die Originalfarbe war ein rötliches Braun, dann Rot oder sogar Gelb. Seit 1968 ist es das „Eiffelturm-Braun", das eigens zum Stadtbild passend gemischt wurde und in drei Schattierungen aufgetragen wird: Im unteren Bereich dunkler, nach oben hin heller, um einen stimmigen Gesamteindruck zu erhalten.

Heute besuchen rund sechs Millionen Menschen pro Jahr den Eiffelturm. Als 1889 zwei Millionen Besucher herbeiströmten, sagte Eiffel: „Ich sollte eifersüchtig auf den Turm sein, er ist viel berühmter als ich." Durch die Verbindung seines Namens mit seinem wichtigsten Werk wurde aber auch Eiffel selbst berühmt.

Unten: Ein regelmäßiger Neuanstrich ist für die Erhaltung des Turms entscheidend. Alle bisher benutzten Farben sind als Muster auf der ersten Plattform zu sehen.

PARIS, FRANKREICH

Arc de Triomphe

KURZ NACH SEINEM SIEG BEI AUSTERLITZ GAB NAPOLEON DEN TRIUMPHBOGEN IN AUFTRAG. DAS HOCH AUFRAGENDE BAUWERK IST EIN ZENTRALER PUNKT IM PARISER STADTBILD. WESENTLICH GRÖSSER ALS SEINE RÖMISCHEN VORBILDER SPIEGELT DER ARC DE TRIOMPHE DIE AMBITIONEN DES KAISERS WIDER.

Bevor ihn die Stadt sich einverleibte, war der Standort als Butte Chaillot bekannt, wo sich mehrere Jagdwege trafen. In den 1770er-Jahren entstand die Avenue des Champes-Élysées als elegante Verlängerung der Tuilerien. Die sternförmige Kreuzung auf der Place de l'Étoile bildete deren Abschluss.

Napoleons Triumph Die Schlacht bei Austerlitz 1805 war Napoleons größter militärischer Erfolg, und er versprach seinen Soldaten, sie „durch Triumphbögen" nach Hause zu führen. Zu ihrer und zu seiner Ehre gab er den Arc de Triomphe in Auftrag. Der Bau verlief schleppend, und als Napoleon 1810 die österreichische Kaisertochter Marie Louise heiratete, führte der Hochzeitszug durch ein aus Holz und bemalter Leinwand errichtetes Provisorium. Als die eigentlichen Bauarbeiten begannen, befand sich Napoleons Stern schon im Sinken. Nach seiner Abdankung 1814 endeten die Arbeiten vorläufig. Das Monument wurde erst 1836 fertiggestellt. Napoleon durchfuhr es nur ein einziges Mal – als Leichnam, bei seiner Überführung im Dezember 1840.

An der Attika sind die napoleonischen Siege vermerkt, doch der Bogen ist allen im Krieg gefallenen Franzosen gewidmet. Die vier Reliefs symbolisieren entscheidende Momente der Nation: *La Marseillaise* von François Rude

FAKTEN

Architekt
Jean François Chalgrin, von seinem Assistenten Goust und Guillaume Blouet vollendet

Abmessungen
Höhe 50 m; Hauptbogen 29 m hoch und 14,6 m breit. Größer ist nur der 1982 für Kim Il Sung zum 70. Geburtstag erbaute Bogen in Pjöngjang in Nordkorea.

Inschriften
Namen von 558 Generälen auf der Innenseite des Bogens; dabei sind die im Kampf gefallenen unterstrichen.

Links: Insgesamt arbeiteten 22 Künstler am Bogen. Sie schufen das größte französische Skulpturenensemble des frühen 19. Jahrhunderts.

Unten: Der Bogen steht am höchsten Punkt der Champs-Élysées, deren Sichtachse sich über 9 km von den Tuilerien bis zum Grande Arc in La Defense hinzieht, seinem Pendant aus dem 20. Jahrhundert.

Unten rechts: *La France*, von François Rude nach seiner Frau modelliert, weist den Freiwilligen von 1792 den Weg zum Ruhm.

Rechts: Am 14. Juli, dem Nationalfeiertag, hängt eine riesige Trikolore im Triumphbogen, dem Ausgangspunkt der Militärparade.

stellt die republikanischen Freiwilligen dar. Jean Pierre Cortots *Triumph von 1810* zeigt Napoleon in seinem Prunk. Die beiden Reliefs *Widerstand* und *Frieden* von Antoine Étex symbolisieren das Ende der Kriege und die Restauration der Bourbonen-Monarchie.

Jean Chalgrin ließ sich bei seinem Entwurf von römischen Monumenten inspirieren. Die Proportionen stimmen mit denen des Titusbogens überein, allerdings ist der Arc de Triomphe 50 m hoch und nicht 15 m. Der Hauptbogen ist groß genug, sodass der Franzose Charles Godefroy 1919 hindurchfliegen konnte. Unter dem Bogen liegt das Grabmal des unbekannten Soldaten mit einer Ewigen Flamme.

Kreisverkehr Der Bogen steht inmitten eines berüchtigten Kreisverkehrs, in dem sich die Autos in zehn Reihen nebeneinander drängen. Ursprünglich trafen sich hier fünf Straßen, doch im Zug der Stadtentwicklung unter Baron Haussmann wurden es in den 1870er-Jahren zwölf Straßen. Alle sind nach hohen Militärs benannt, der Platz selbst wurde 1970 zum Place Charles de Gaulle.

NORMANDIE, FRANKREICH

Mont-Saint-Michel

DIESES GOTISCHE ENSEMBLE, GEKRÖNT VON DER GOLDENEN STATUE DES HL. MICHAEL AUF DER SPITZE DES KLOSTERS, ÜBERRAGT DIE FLACHEN FELDER UND SALZWIESEN DER NORMANNISCHEN KÜSTE. DIE EINSTIGE PILGERSTÄTTE IST HEUTE NACH PARIS DER GRÖSSTE TOURISTENMAGNET FRANKREICHS.

Der Legende nach erschien Erzengel Michael 708 n. Chr. dem Bischof Aubert von Avranches und wies ihn an, auf der schroffen Insel eine Kirche zu bauen. Doch der Bischof ließ sich Zeit, auch nach einer zweiten Erscheinung. Beim dritten Mal brannte ihm Michael mit einem Finger ein Loch in den Schädel, danach begannen die Arbeiten. Bald lockten aus Italien herbeigeschaffte Reliquien Pilger auf die Insel. Vielleicht folgten sie auch einer bestehenden Pilgerroute, denn viele Hügel, die dem keltischen Gott Bel gewidmet waren, wurden später dem Hl. Michael geweiht.

Ebbe und Flut Der Granitfels, ursprünglich Teil des Festlands, wurde beim Anstieg des Meeresspiegels nach der letzten Eiszeit bis auf eine schmale, bei Flut vom Wasser bedeckte Landbrücke vom Festland abgeschnitten. Das Wasser steigt schnell um bis zu 14 m an. Früher mussten sich die Pilger bei Ebbe einen Weg über die Sandbänke suchen und auf gefährlichen Treibsand achten. Heute können Besucher diese abenteuerliche Wanderung mit einheimischen Führern machen.

1879 wurde ein permanenter Damm errichtet, der aber die Ablagerung von Schlick begünstig, der vom Flüsschen Couesnon angeschwemmt wird. Nun soll der Damm durch eine Brücke ersetzt werden, damit das Meer

Links: Die Klosterkirche thront auf dem Gipfel, flankiert von kleineren Gebäuden, die sich an den Fels kauern. Die ursprüngliche romanische Kanzel stürzte 1421 ein.

Rechts: Bei Ebbe ist der Mont von Sand umgeben, doch der Damm hat dessen Abtransport durch Strömungen blockiert. Eine Brücke soll den Damm ersetzen.

den Mont wieder frei umspülen kann und der Inselcharakter erhalten bleibt.

Kloster und Festung Als die Insel im 10. Jahrhundert an die Normannen fiel, wurde sie den Benediktinern überlassen. 966 gründeten sie dort das Kloster Saint-Michel-au-Péril-de-la-Mer. Die dankbaren Mönche unterstützten Wilhelm den Eroberer bei seinem Anspruch auf den englischen Thron. Nach der Thronbesteigung revanchierte sich Wilhelm unter anderem mit der Schenkung einer sehr ähnlichen Insel bei Penzance in Cornwall. Dort entstand die Tochterabtei St. Michael's Mount.

Die Abtei brachte es zu Wohlstand und begann, den Mont-Saint-Michel in einem ehrgeizigen Programm auszubauen, um rund um die Felsspitze eine Plattform für die hoch aufragende Kirche zu schaffen. Die Arbeiten dauerten fast fünf Jahrhunderte. Ein Glanzstück ist der 1520 im Flamboyantstil errichtete Chor. Der Pilgerstrom riss nicht ab, auch nicht im Hundertjährigen Krieg, als der Berg erfolglos von den Engländern belagert wurde. Erst die Reformation brachte den Niedergang und sinkende Spendeneinnahmen. Während der Französischen Revolution wurde das Kloster als Gefängnis genutzt.

Heute lockt das Kloster Touristen an. Der Spaziergang durch den belebten Ort wird begleitet vom Klappern der Schneebesen, mit denen die Eier für das berühmte Omelette geschlagen werden. Der steile Aufstieg bis zur Kirche führt in ein Labyrinth aus Gewölbehallen, Kapellen und Kreuzgängen mit prächtigen Ausblicken aufs Meer.

Unten: Der Kreuzgang im oberen Teil des Bauwerks aus dem frühen 13. Jahrhundert, das sich an die Nordflanke schmiegt, ist als „Merveille" („Wunder") bekannt.

ZEITTAFEL

5.–7. Jahrhundert
Vorposten der romano-bretonischen Kultur

708
Bau des Michael-Sanktuariums

10.–15. Jahrhundert
Bau der Benediktinerabtei

1337–1453
Hundertjähriger Krieg

16. Jahrhundert
Niedergang des Klosters

1789
Kloster wird zum Gefängnis.

1836
Victor Hugo wirbt für die Restaurierung des Klosters.

1874
Der Berg wird zum historischen Monument erklärt.

1979
Aufnahme in die UNESCO-Liste

Rechts: Das Dorf unterhalb des Klosters, das einst zur Beherbergung der Pilger entstand, ist noch heute voller Hotels, Restaurants und Souvenirläden.

BRETAGNE, FRANKREICH

Leuchtturm Île Vierge

LEUCHTTÜRME SIND IM GANZ WÖRTLICHEN SINN LANDMARKEN, DENN SIE MARKIEREN DAS LAND, DESSEN KLIPPEN UND SANDBÄNKE VORBEIFAHRENDEN SCHIFFEN GEFÄHRLICH WERDEN KÖNNTEN. VIELE WURDEN ZU WAHRZEICHEN, WIE DER ELEGANTE TURM AUF DER ÎLE VIERGE, DER HÖCHSTE LEUCHTTURM EUROPAS.

Die Nordwestküste der Bretagne bildet ein Labyrinth von Inselchen, Felsen und Buchten, mit starken Strömungen, extremem Tidenhub und stürmischem Wetter. Die Bretonen haben schon immer von Fischfang und Handel gelebt, das Meer ist der Lebensnerv der Region. Bereits vor über 2000 Jahren suchten sich Boote ihren Weg durch die tückischen Klippen.

Signallichter waren für die Navigation sehr wichtig. Über Jahrhunderte entzündeten die Bretonen lediglich Feuer, um die Boote sicher in den Hafen zu geleiten. Sie befürchteten, die in anderen Teilen der Welt damals bereits üblichen Leuchttürme könnten auch Invasoren anlocken. Das erste feste Leuchtturmfeuer der Region wurde erst 1700 in Stiff auf Ouessant entzündet.

Erster Turm Erst im 19. Jahrhundert entstanden Leuchttürme entlang der Küste, speziell im Département Finistère mit seinen fjordartigen Buchten. Einige wurden auf nur bei Ebbe freiliegenden Felsen errichtet. Ihr Bau dauerte Jahre, denn es konnte jeweils nur wenige Stunden am Stück gearbeitet werden. Auf der kleinen Île Vierge vor der Nordwestspitze des Finistère entstand ab 1842 ein quadratischer 33 m hoher Turm mit feststehender Beleuchtung. Er ging 1845 in Dienst, war mit 29 km Leuchtweite aber nicht weit genug sichtbar.

Links: Die westliche Grenze des Ärmelkanals wird definiert durch eine gedachte Linie zwischen dem Leuchtturm der Île Vierge und Land's End in Cornwall.

Rechts: Die elegante freitragende Treppe führt über 365 Stufen zum Wärterzimmer. Über weitere 35 gelangt man zum Leuchtfeuer.

FAKTEN

Höhe
82,5 m

Durchmesser an der Basis
13,2 m

Durchmesser des Treppenhauses
5 m

Lichtleistung
650 Watt

Unten: Das Laternenhaus ist für Besucher zugänglich. Von dem schmalen Laufgang an der Spitze bietet sich ein beeindruckender Blick über die Felsenküste.

Zweiter Turm Der von Gaston Pigeaud und Armand Considère entworfene Ersatzturm wurde daneben aus vor Ort gebrochenem Granit und mit Fassadensteinen aus dem Ort Kersanton errichtet. Er ist als Kegelstumpf mit einem innenliegenden zylindrischen Treppenhaus konstruiert. Direkt unter der Lichtanlage gibt es einen kleinen Raum, in dem früher der Wärter schlief, um nachts die Lampen mit Brennstoff zu versorgen. Von unten führt eine elegante spiralförmige Treppe zur Turmspitze. Das Treppenhaus ist mit 22 500 Fliesen mit türkisfarbener Glasur verkleidet, deren glatte Oberfläche irisierend schimmert.

Der neue Leuchtturm nahm 1902 den Betrieb auf. Der alle fünf Sekunden blinkende Doppelstrahl aus vier Fresnel-Linsen ist bis zu 50 km weit sichtbar. Die Elektrifizierung machte ab 1956 das Nachfüllen von Brennstoff überflüssig. Heute ist alles automatisiert, doch noch immer lebt ein Leuchtturmwärter auf der Insel im Wärterhaus unterhalb des alten Turms.

BRÜSSEL, BELGIEN

Atomium

DAS PRÄGNANTESTE BAUWERK BELGIENS ENTSTAND ANLÄSSLICH DER ERSTEN WELTAUSSTELLUNG NACH DEM ZWEITEN WELTKRIEG. URSPRÜNGLICH SOLLTE DIESES SYMBOL DES ATOMZEITALTERS NUR SECHS MONATE STEHEN BLEIBEN. DAS MONUMENT WURDE ZU SEINEM 50. GEBURTSTAG RENOVIERT.

Im Jahr 1958 erschienen Wissenschaft und Technik als Schlüssel für eine goldene Zukunft. Der integrierte Schaltkreis, der die Computerentwicklung revolutionieren sollte, wurde erfunden; mit der Erdumkreisung des Sputnik begann die Raumfahrt und die NASA wurde gegründet. Belgien selbst blickte nach Überwindung der Härten des Zweiten Weltkriegs nach vorne und präsentierte sich als junge, dynamische Nation.

Expo 58 Die Brüsseler Ausstellung wollte den Fortschritt, das Positive und Neue mit der Präsentation grundlegend neuer Technik feiern. Im Philips-Pavillon, der von Le Corbusier und dem Architekten-Komponisten Iannis Xenakis mit hyperbolisch paraboloiden Wänden gestaltet worden war, erklang aus Hunderten von Lautsprechern das *Poème électronique* von Edgar Varèse. Das Motto „Bilan du monde pour un monde plus humain" („Weltweite Bilanz für eine menschlichere Welt") war im Kalten Krieg sehr optimistisch. Die USA und UdSSR, in benachbarten Pavillons residierend, nutzten jede Gelegenheit für ideologische Scharmützel.

Den belgischen Bereich dominierten zwei Bauwerke. Der *Flèche du génie civil* bestand aus einem 80 m langen Pfeil, der über einer Miniaturausgabe von Belgien aufragte. Doch der unangefochtene Star war das Atomium.

FAKTEN

Höhe
102 m

Durchmesser jeder Kugel
18 m

Kugeln
Fünf der neun Kugeln sind für Besucher geöffnet. Neben einer ständigen Ausstellung über die Expo 58 gibt es eine Kugel für Wechselausstellungen, eine für Kinder reservierte Kugel und zwei Restaurants. Die oberste Kugel bietet einen weiten Ausblick über Brüssel.

Gegenüber: Bei der Restaurierung des Atomiums 2004–2006 wurde die verwitterte Aluminiumverkleidung durch widerstandsfähigen Edelstahl ersetzt. Nun glänzt es wieder wie neu.

Rechts: Nachts erstrahlen die Kugeln durch 2970 Lichter.

Unten rechts: Über Treppen und Rolltreppen in den Röhren gelangt man zu den Kugeln.

Molekülstruktur Zu den Vorschlägen für den Mittelpunkt der Ausstellung gehörte auch ein auf dem Kopf stehender Eiffelturm. Glücklicherweise entschied man sich für das Projekt des Ingenieurs André Waterkeyn und der Architekten André und Michel Polak. Die Molekülmodelle aus Kugeln und Stäbchen, die in den 1950er-Jahren von Wissenschaftlern benutzt wurden, regten Designer an, in ähnlicher Weise Sessel, Kleiderständer und Leuchten zu gestalten. Das Atomium griff diese Idee in viel größerem Maßstab auf. In 165-milliardenfacher Vergrößerung wird die Eisenkristallstruktur dargestellt, mit einer Kugel für jedes Eisenatom. Während der Nukleartests der Supermächte sollte so für eine friedliche Nutzung der Kernenergie geworben werden.

In den Röhren führen Rolltreppen zu den Kugeln, die für Ausstellungen und Veranstaltungen genutzt werden. Das Restaurant ganz oben ist mit einem Lift zu erreichen, der 1958 der schnellste der Welt war. In einer Kugel für Kinder können Gruppen übernachten und in Minikugeln schlafen.

Unten: Die Struktur ist ein auf der Spitze stehender Kubus mit jeweils einer Kugel an jeder Ecke und einer neunten im Zentrum.

AMSTERDAM, NIEDERLANDE

Herengracht

DAS 17. JAHRHUNDERT WAR AMSTERDAMS „GOLDENES ZEITALTER". DIE WOHLHABENDEN, ERFOLGREICHEN BÜRGER LIESSEN SICH LUXURIÖSE HÄUSER AN DEN UM DEN STADTKERN ANGEORDNETEN ELEGANTEN KANÄLEN BAUEN. DIE HERENGRACHT WAR EINE DER ANGESEHENSTEN ADRESSEN.

Die „Heren" (Herren) waren reiche Kaufleute und Bankiers, die über Geld und damit über die Macht verfügten. Seit dem Mittelalter hatten sie allmählich die Kontrolle über die niederländischen Städte und Institutionen erlangt und eine Oligarchie miteinander verbundener Patrizierfamilien begründet. Sie verfolgten eigene Interessen, finanzierten aber auch öffentliche Projekte, wie die städtische Infrastruktur, bauten Kirchen oder Hospitäler und förderten Künstler.

Die ideale Stadt Zu Beginn des 17. Jahrhunderts standen die Ratsherren vor großen Aufgaben. Amsterdam war der bedeutendste Hafen Europas und ein begehrter Standort, doch die Stadt platzte aus allen Nähten. Mit Sorgfalt und Gründlichkeit, begleitet von einigen Insidergeschäften, plante man eine Erweiterung der Stadt auf die vierfache Größe. Der mittelalterliche Stadtkern sollte konzentrisch mit halbkreisförmigen Kanälen umgeben werden. Direkt an diesen Grachten sollten große Häuser stehen, in den Seitenstraßen kleinere Handwerkerunterkünfte und Werkstätten.

Das Projekt war sehr ambitioniert, denn das Sumpfland zwischen den Kanälen musste trockengelegt und aufgeschüttet werden. In den Boden trieb man Stützpfeiler, auf denen die Gebäude und als besonderer Luxus auch Gärten ruhten. Dies blieb bis ins 19. Jahrhundert das Muster für

FAKTEN

Hausnummer 43–45
Lagerhäuser, um 1590; wahrscheinlich die ältesten Gebäude

Hausnummer 168
von Philips Vingboons, 1638; vermutlich der erste „Flaschenhalsgiebel" in Amsterdam

Hausnummer 170–172
Huis Bartlotti, de Keyser, 1615, mit Stufengiebel und geknickter Fassade, um der Kanalbiegung zu folgen

Hausnummer 386
von Vingboons 1663–1665; heute ein Museum

Hausnummer 502
Huis met de Kolommen, 1672; Residenz des Bürgermeisters von Amsterdam

Hausnummer 605
Doppelhaus von 1687; Interieur aus dem 18. Jahrhundert; heute das Museum Willet-Holthuysen

Links: Die malerische Verbindungsstelle der Herengracht mit der Leidsegracht, einem kleineren Kanal quer zu den Hauptkanälen.

Rechts: Jedes Haus wurde individuell für den Käufer der Parzelle entworfen. Trotz der strengen Bauvorschriften entstand so eine im Detail sehr vielfältige, insgesamt aber harmonische Architektur.

Rechts: Nicht alle Gebäude an der Herengracht waren Wohnhäuser: Die Baltimore- und Gouda-Lagerhäuser stammen aus der Mitte des 18. Jahrhunderts.

Ganz rechts: Die Katzen im privaten Museum Katten Kabinet leben in den opulenten Innenräumen des 1667 erbauten Hauses.

Unten: Die Seitenstraßen sind durch Brücken über die Kanäle verbunden. Der Plan des Grachtengürtels erinnert an ein Spinnennetz.

die Stadtplanung. Der Grachtengürtel ist bis heute eine intime, menschgerechte Wohngegend – allerdings muss man sie sich auch leisten können. Es gab strenge Planungsvorgaben: Jede Parzelle war genau 30 Amsterdamer Fuß breit (8 m) und 100 Fuß (28,3 m) lang. Für Gartenhäuser und Mauern gab es Größenbeschränkungen. In der Herengracht waren keine Gewerbe erlaubt, die Lärm verursachten, wie Schmiede oder Steinmetze.

Ab 1664 entstanden an der Herengracht prächtige Häuser. In dieser streng protestantischen Gesellschaft war die offene Zurschaustellung des Reichtums verpönt, also zeigte man ihn auf subtilere Weise. Die klassisch proportionierten Fassaden wurden in Ziegelbauweise ausgeführt, mit dezenten Details und fantasievollen Giebeln. Im Inneren konnte man den Luxus offener mit exquisitem Stuck, Holzschnitzereien und Gemälden präsentieren.

Gouden Bocht Die reichsten Bewohner umgingen die Beschränkungen, indem sie eine Doppelparzelle oder eine angrenzende Parzelle auf der Rückseite erwarben. Dort konnten sie einen geräumigen Garten mit Pavillons und Remisen anlegen. Von den insgesamt rund hundert Doppelhäusern liegt etwa die Hälfte in einem abgeknickten Bereich der Herengracht, der sogenannten Gouden Bocht (Goldene Biegung). In den Häusern, die heute für eine private Nutzung zu groß und kostspielig sind, residieren Banken und Versicherungsgesellschaften. Eine Ausnahme macht das Katzenmuseum Katten Kabinet.

NIEDERLANDE

Windmühlen von Kinderdijk

WINDMÜHLEN FINDEN SICH ALS KLISCHEEHAFTES MOTIV FÜR DIE NIEDERLANDE AUF UNZÄHLIGEN SOUVENIRARTIKELN. DOCH DAS HAT SEINEN GRUND: MIT WINDKRAFT BETRIEBENE PUMPEN VERHINDERTEN, DASS SONST ZWEI DRITTEL DES LANDES UNTER WASSER GESTANDEN HÄTTEN.

Windmühlen waren bereits im 9. Jahrhundert in Persien in Gebrauch. Ab dem 14. Jahrhundert errichteten niederländische Ingenieure Windmühlen als Teil eines Entwässerungssystems zur Landgewinnung und als Antrieb für frühe Industrien wie den Holzzuschnitt für den Bau von Schiffen.

Landgewinnung In den Küstenregionen der Provinzen Holland und Utrecht führte man, beginnend mit den ersten Deichen um das Jahr 1000, einen permanenten Kampf gegen die Überflutung. Die Niederländer entwickelten sich auch zu Experten der Landgewinnung: Sie entwässerten das Marschland durch den Bau von Kanälen und regulierten den Wasserstand über ein Netzwerk aus Schleusen und Speicherbecken. Schöpfwerke, die von Windmühlen angetrieben wurden, beförderten das Wasser von den niedrig liegenden Feldern über die Deiche in Rückhaltebecken, die bei Ebbe in die Flüsse entleert wurden. Die als Polder bekannten rechteckigen Felder zwischen den Kanälen nutzte man wegen ihres fruchtbaren Torfbodens als Weideland oder zum Getreideanbau. Heute machen die Polder rund 60 Prozent der gesamten Landesfläche aus. Ein altes Sprichwort sagt: „Gott erschuf die Welt, aber der Niederländer erschuf die Niederlande."

Links: Ebene Felder, Kanäle, Windmühlen und ein weiter Himmel sind typisch für eine niederländische Landschaft. Das historische Windmühlenensemble in Kinderdijk ist das größte verbliebene seiner Art in den Niederlanden.

Niedergang der Windkraft Im 18. Jahrhundert war die Landschaft von Windmühlen übersät. Im Zeitalter der Dampfkraft wurden sie allmählich ersetzt. Die anmutigen Windmühlen von Kinderdijk wurden 1738–1740 erbaut. Sie gehören zu den wenigen verbliebenen von einst mehr als 150 Mühlen der Region Alblasserwaard. Über ein Jahrhundert dienten sie zur Regulierung des Wasserstands im Gebiet zwischen den Flüssen Lek, Noord und Merwede, bis 1868 Dampfpumpen installiert wurden.

Die Windmühlen von Kinderdijk sind eine schöne Erinnerung an eine Technik, die heute wieder an Bedeutung gewinnt. Während des Zweiten Weltkriegs, als Diesel für die Pumpen knapp war, kamen sie regelmäßig zum Einsatz. Auch heute hält man sie betriebsbereit für den Fall, dass die modernen Systeme ausfallen.

ZEITTAFEL

11. Jahrhundert
Beginn der Landgewinnung im Torfgebiet von Holland und Utrecht

1277
Einrichtung einer Zentralverwaltung für den Unterhalt der Deiche in Holland

um 1360
Trockenlegung der Polder von Alblasserwaard durch Bau von Abflusskanälen in den Lek

1726
Nach schweren Überflutungen beschließt man, Mühlen zu bauen, die Wasser in über Schleusen regulierbare, höher gelegene Reservoirs pumpen.

1868
Dampfgetriebene Pumpstationen ersetzen die Windmühlen.

1997
Aufnahme der Mühlen von Kinderdijk in die Liste des UNESCO-Welterbes

Unten links: Die Windmühlen von Kinderdijk werden als „Grundsegler" bezeichnet, weil die Flügel beim Drehen oft nur 30 cm Abstand zum Boden haben.

Unten: Die Kappenwindmühle war eine niederländische Erfindung: Man musste nur noch die obere Kappe in den Wind drehen, nicht die gesamte Windmühle.

BERLIN, DEUTSCHLAND

Der Reichstag

NACH DEM BRANDANSCHLAG 1933 WURDE DIE RUINE DES REICHSTAGSGEBÄUDES ZU EINEM SYMBOL FÜR DIE ZERSTÖRUNG DER DEMOKRATIE. DER UMBAU NACH DER WIEDERVEREINIGUNG SCHUF MIT DER PRÄGNANTEN GLASKUPPEL, DURCH DIE DAS LICHT IN DEN PLENARSAAL FÄLLT, EIN NEUES SYMBOL DER TRANSPARENZ.

Als Reichstag bezeichnete man im Heiligen Römischen Reich die Versammlung der Reichsstände. Im 19. Jahrhundert wurde der Name auf das Parlament des unter Wilhelm I. begründeten Deutschen Kaiserreichs übertragen. Bei der konstituierenden Sitzung 1871 in Berlin beschloss man den Bau eines neuen Parlamentsgebäudes. Die Umsetzung zog sich zehn Jahre hin, weil sich Bismarck, Kaiser und Reichstag nicht einigen konnten.

Der Entwurf von Paul Wallot aus dem Architekturwettbewerb wurde 1894 fertiggestellt. Das palastartige Gebäude im Stil der Neorenaissance besaß moderne Komponenten, wie die Kuppelkonstruktion aus Stahl und Glas. Die vier Ecktürme standen angeblich für die vier konstituierenden Königreiche des neuen Kaiserreichs: Preußen, Württemberg, Bayern und Sachsen.

Symbolische Ruine Das Gebäude erlebte den Übergang vom Kaiserreich zur Republik, die 1918 von einem der Reichstagsbalkone ausgerufen wurde. Doch 1933 fiel es einem verhängnisvollen Brandanschlag zum Opfer, dessen Umstände nie zweifelsfrei geklärt wurden. Die Nationalsozialisten beschuldigten kommunistische Verschwörer und nutzten dies als Vorwand, um Bürgerrechte einzuschränken. Der Weg in die NS-Diktatur begann.

ZEITTAFEL

1871
Gründung des Deutschen Reichs

1884–1894
Bau des Reichstags

9. November 1918
Ausrufung der Republik vom Balkon des Reichstags

Februar 1933
Reichstagsbrand

1961–1989
Berliner Mauer

Oktober 1990
Wiedervereinigung und erste Sitzung des gesamtdeutschen Parlaments im Reichstag

1991
Foster + Partners erhalten den Auftrag für den Umbau.

Juni–Juli 1995
Verhüllter Reichstag, ein seit 1971 verfolgtes Projekt von Christo und Jeanne-Claude; Beginn des Umbaus

1999
Erste Sitzung des Bundestags im neuen Plenarsaal

Gegenüber: Im Zentrum des umgebauten Reichstagsgebäudes steht die Glaskuppel, die sehr modern wirkt, dabei aber an das Original aus dem 19. Jahrhundert anknüpft.

Rechts: Die Bronzebuchstaben für die Inschrift „Dem Deutschen Volke" wurden aus französischen Kanonen gegossen, die 1813 in der Völkerschlacht bei Leipzig erbeutet wurden.

Unter der NS-Herrschaft blieb das Reichstagsgebäude ungenutzt als Ruine stehen. Als die Rote Armee 1945 in der Schlacht um Berlin den Reichstag angriff, wurde er von den Deutschen unter schweren Verlusten verteidigt. Die Sowjets sahen in der Eroberung des maroden, aber symbolträchtigen Gebäudes einen Ausdruck ihres Triumphs über Hitler, obwohl die Nazis den Reichstag als Sinnbild der demokratischen Prinzipien immer abgelehnt hatten. Jewgeni Chaldejs Aufnahme eines Sowjetsoldaten, der auf dem Reichstag mit dem brennenden Berlin im Hintergrund die Rote Flagge hisst, wurde zu einem der bekanntestes Fotos des Zweiten Weltkriegs.

Kalter Krieg Nach dem Krieg hatte das Reichstagsgebäude zunächst keine Funktion, denn der Bundestag tagte in Bonn, der neuen Bundeshauptstadt. 1954 musste die Kuppel abgebrochen werden, das übrige Gebäude wurde in den 1960er-Jahren innen neu gestaltet. Man nutzte es für Versammlungen, Ausstellungen und Konzerte. Mit seinem Standort an der Grenze zwischen Ost und West war der Reichstag nun ein Symbol für die Teilung Deutschlands, speziell als 1961 direkt hinter ihm die Berliner Mauer errichtet wurde.

Umbau Im November 1989 fiel die Mauer. Mit der Wiedervereinigung gab es auch wieder ein gemeinsames Parlament. Der Bundestag entschied sich für den Umzug nach Berlin und die Rückkehr in das traditionelle Gebäude. Dieses musste zunächst für seine neue Bestimmung umgebaut werden. Den Architekturwettbewerb gewann Norman Foster, der sich wie folgt äußerte: „Der einfachste Weg wäre gewesen, den Reichstag abzureißen und ein

Unten: Die verspiegelten Platten des zentralen Konus lenken das Tageslicht in den Plenarsaal darunter.

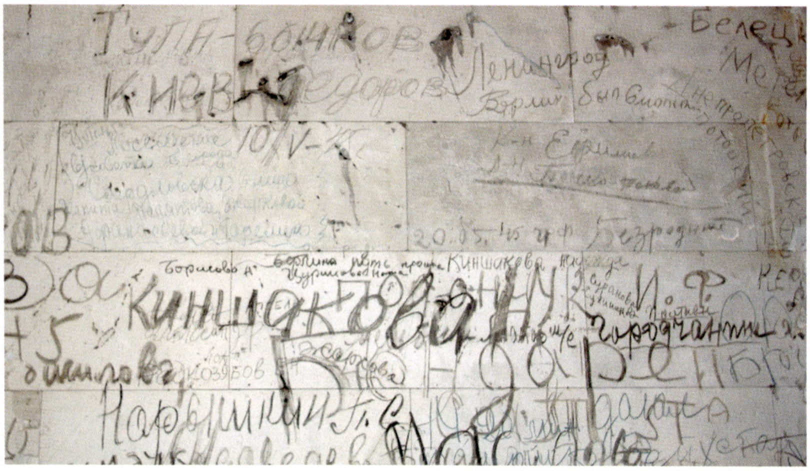

Links: Die Graffiti, die 1945 von Rotarmisten mit angekohlten Holzstücken auf die Wände geschrieben wurden, sind Zeugnisse der Geschichte des Gebäudes.

Unten links: Für ihr Projekt *Verhüllter Reichstag* verbargen Christo und Jeanne-Claude 1995 den Bau hinter silberfarbenem Stoff und blauen Seilen.

modernes Gebäude an Stelle der dort vorhandenen seltsamen Mischung aus spätem 19. Jahrhundert und Materialien der 1960er-Jahre zu errichten. Doch das wäre in gewisser Weise zu einfach gewesen. Wir glauben, dass Geschichte nicht einfach weggeräumt werden kann."

Zu der Geschichte, die bewahrt wurde, gehören auch russische Graffiti aus dem Jahr 1945, die man in den 1960er-Jahren mit Gipskartonplatten abgedeckt hatte, weil das einfacher war, als die Wände zu säubern. Foster griff auch das Konzept einer zentralen Kuppel wieder auf. Seine moderne Interpretation entwickelte sich zum prägenden Merkmal des heutigen Reichstagsgebäudes und zu einem neuen Wahrzeichen Berlins.

Der Beginn der Umgestaltung glich einem Zaubertrick, als das Künstlerpaar Christo und Jeanne-Claude das gesamte Gebäude bei ihrer Aktion *Verhüllter Reichstag* unter Stoffbahnen verschwinden ließ. Kaum war die Stoffhülle entfernt, begann innerhalb der alten Mauern der Bau des neuen Parlamentsgebäudes.

Transparenz und Funktionalität Der alte Reichstag stand für die Ausschaltung der Demokratie, der neue steht

Rechts: Ein Teil des Reichstags ist für Besucher geöffnet, wie die spiralförmige Rampe in der Glaskuppel.

für Transparenz. Über dem Plenarsaal als zentralem Ort wölbt sich eine riesige Glaskuppel. Besucher können über eine spiralförmige Rampe bis zur Spitze hinaufsteigen, um über die Stadt oder – symbolträchtig – hinab auf ihre gewählten Vertreter zu blicken. Im Zentrum lenkt ein Spiegeltrichter Tageslicht aus der Kuppel in den Plenarsaal. Dieser „Lichtformer" zur Nutzung des Tageslichts unterstreicht das ökologische Energiekonzept des Hauses. Er ist gleichzeitig auch ein Abzugsschacht, durch den die Abluft nach Rückgewinnung der darin enthaltenen Wärme für Heizzwecke nach außen geleitet wird.

Erinnerungen Neben den sowjetischen Graffiti gibt es noch weitere historische Reminiszenzen. Man fand einen unterirdischen Gang, den die Brandstifter 1933 benutzt haben könnten. Im Untergeschoss gestaltete der Künstler Christian Boltanski das *Archiv der Deutschen Abgeordneten*. Gestapelte rostige Metallkästen erinnern an alle Abgeordneten von 1919 bis 1999. Die Namen der von den Nazis ermordeten Abgeordneten tragen einen schwarzen Streifen. Ein schwarzer Kasten repräsentiert die Zeit von 1933 bis 1945, als es kein Parlament gab.

FAKTEN

Architekten
Paul Wallot: 1884–1894, Umbau Foster + Partners: 1995–1999

Grundfläche
11 000 m²

Höhe
54 m

Höhe der Kuppel über der Dachterrasse
24 m

Durchmesser der Kuppel
40 m

Glasfläche der Kuppel
3000 m²

Bundesadler im Plenarsaal
6,8 x 8,5 m; aus Aluminium, rund 2,5 t schwer

Links: Vor dem Umbau durch Foster wurde das Gebäude fast völlig entkernt, nur die Außenmauern blieben stehen.

BERLIN, DEUTSCHLAND

Brandenburger Tor

DAS BERÜHMTESTE MONUMENT BERLINS, ALS ZEICHEN DES FRIEDENS GEBAUT, WURDE SPÄTER ZUM SYMBOL DES SIEGES. IM DÜSTERSTEN ABSCHNITT DER STADTGESCHICHTE WAR DAS BRANDENBURGER TOR EIN UNERREICHBARES MAHNMAL DER TEILUNG, HEUTE STEHT ES FÜR DIE WIEDERGEWONNENE EINHEIT.

Berlin wurde 1701 zur Hauptstadt des neuen Königreichs Preußen und gewann an Größe und Ansehen. In den 1730er-Jahren baute man eine neue Mauer mit Toren an den 18 Einfallstraßen, um hereinkommende Güter zu kontrollieren und zu besteuern. Das Brandenburger Tor blieb als einziges bis heute erhalten.

Es stand am Ende einer breiten, mit Linden gesäumten Allee, die zu dem Palast des Kurfürsten von Brandenburg führte. Dieser schattige Boulevard entwickelte sich zur Prachtstraße „Unter den Linden", als Berlin sich unter Friedrich dem Großen zu einem Zentrum der Aufklärung entwickelte. Kurz nach Friedrichs Tod erfolgte eine klassizistische Überarbeitung des Torbauwerks.

Der Entwurf mit zwölf wuchtigen dorischen Säulen an den Durchgängen orientierte sich an den Propyläen in Athen. Seitenflügel mit Säulen ersetzten die alten Wächterhäuschen. Die von Johann Gottfried Schadow gestaltete Quadriga auf dem Tor wurde von der Friedensgöttin Irene gelenkt. Doch 1806 besiegte Napoleon Preußen und transportierte die Quadriga nach Paris. Nach Napoleons Sturz wurde die Skulptur gefunden und nach Berlin zurückgebracht. Die zur Viktoria erklärte Göttin trug nun das preußische Eiserne Kreuz als Siegeszeichen.

ZEITTAFEL

1791
Bau nach einem Entwurf von Carl Gotthard Langhans

1793
Aufstellung der Quadriga

1806
Abtransport der Quadriga nach Frankreich; Rückholung 1814

1933
Nationalsozialisten feiern die „Machtergreifung" mit einem Fackelzug durch das Tor.

1958
Reparatur von Kriegsschäden in Absprache zwischen Ost- und Westberlin

1961–1989
Berliner Mauer

1990
Deutsche Wiedervereinigung

Links: Das Mittelteil des Tores hat die Propyläen in Athen zum Vorbild.

Unten: Nach dem Zweiten Weltkrieg ließ man das Brandenburger Tor als einziges Gebäude am Pariser Platz stehen.

Rechts: Viktoria lenkt die Quadriga, ein Viergespann, und hält einen Stab mit Eisernem Kreuz und preußischem Adler.

Unten rechts: Am 10. November 1989 versammelten sich die Menschen am Brandenburger Tor, um die Öffnung der Berliner Mauer zu feiern.

Die Mauer Das Tor wurde 1961 als Symbol des Kalten Kriegs weltbekannt, als es nach dem Mauerbau mitten in den innerdeutschen Grenzanlagen stand. Fast 30 Jahre durfte niemand das Tor passieren. Bei seinem Berlinbesuch 1963 konnte John F. Kennedy noch nicht einmal hindurchschauen, denn im Ostteil hatte man rote Banner quer über die Öffnungen gehängt. In den 1980er-Jahren begann sich die politische Landschaft zu verändern. Direkt vor dem Tor stehend verkündete Ronald Reagan am 12. Juni 1987 seinen Appell an den Ostblock: „Herr Gorbatschow, öffnen Sie dieses Tor!" 1989 fiel dann während der friedlichen Revolution der DDR-Bürger tatsächlich die Mauer.

Am 22. Dezember wurde das Brandenburger Tor von Bundeskanzler Helmut Kohl und DDR-Ministerpräsident Hans Modrow gemeinsam mit Tausenden jubelnden Berlinern aus Ost und West wieder eröffnet. Das inzwischen restaurierte und beleuchtete Tor dominiert den eleganten Pariser Platz. Es ist wieder das Herz Berlins und ein Symbol des neuen Deutschlands.

KÖLN, DEUTSCHLAND

Kölner Dom

DIE GRÖSSTE GOTISCHE KATHEDRALE NORDEUROPAS LOCKT AUCH HEUTE DIE BESUCHER NACH KÖLN, WIE SIE SCHON IM 13. JAHRHUNDERT DIE PILGER ANZOG. MAN WOLLTE MIT DEM KIRCHENBAU EINEN WÜRDIGEN RAHMEN FÜR DIE RELIQUIEN DER HEILIGEN DREI KÖNIGE SCHAFFEN.

Die Heiligen Drei Könige sollen eine lange Reise auf sich genommen haben, um dem Jesuskind huldigen zu können. Ihr Offenbarungserlebnis fand Nachahmung in der gesamten Christenheit. Im Mittelalter gehörten Pilgerreisen zu wichtigen Heiligtümern ganz wesentlich zum Glaubensleben in Europa. Der Besitz bedeutender Reliquien konnte das Schicksal einer Stadt verändern. 1164 wurde Köln zu einem herausgehobenen Pilgerziel, als die von Friedrich Barbarossa in Mailand erbeuteten Gebeine der Heiligen Drei Könige in den Vorgängerbau des Kölner Doms gebracht wurden.

Dreikönigenschrein Man ließ einen prächtigen goldenen Reliquienschrein anfertigen, verziert mit juwelengeschmückten Darstellungen von Propheten und Aposteln, der um 1225 vollendet war. Der alte Dom schien diesem Schatz aber nicht angemessen. Diese 818 gebaute Kathedrale, die über die Jahrhunderte erweitert worden war, stand auf dem ehemaligen Platz eines römischen Hauses, in welchem sich im 4. Jahrhundert die erste Christengemeinde in Köln versammelt hatte. 1248 riss man die alte Kirche teilweise ab und legte den Grundstein für die neue gotische Kathedrale.

Sechs Jahrhunderte Bauzeit Als erstes entstand der Chor am Ostende mit einer Vielzahl von Fialen und

ZEITTAFEL

873
Vollendung des alten Doms

1164
Erzbischof Rainald von Dassel holt Reliquien der Hl. Drei Könige nach Köln.

1248
Alter Dom brennt beim teilweisen Abbruch ab; Grundsteinlegung für den neuen Dom; Architekt: Gerhard von Rile

1322
Einsegnung des Chors; Aufstellung des Dreikönigenschreins

1517
Luther löst mit seinen 95 Thesen die Reformation aus.

1842
Neue Grundsteinlegung für den Weiterbau

1880
Feierliche Einweihung mit Kaiser Wilhelm I.

Links: Gemeinsam mit der romanischen Kirche Groß Sankt Martin ragen die Türme des Kölner Doms über die Häuser der Altstadt.

Rechts: Der prächtige, über zwei Meter lange goldene Schrein der Hl. Drei Könige ist das größte Reliquiar der westlichen Welt.

Rechts: Eines der wertvollsten Schätze des Doms ist das vor 976 geschaffene Gero-Kreuz.

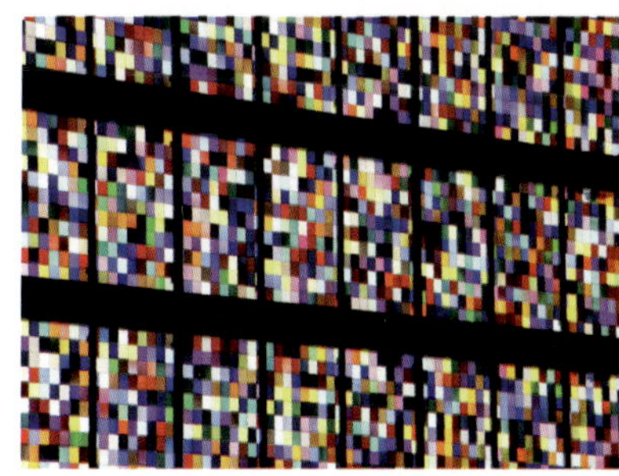

Ganz rechts: Das von Gerhard Richter gestaltete Fenster mit zufällig verteilten Farbquadraten wurde 2007 im Südquerhaus eingebaut.

Strebepfeilern. Er wurde 1322 geweiht und mit einer provisorischen Mauer verschlossen, sodass er bereits genutzt werden konnte, während die Arbeiten am Westende weitergingen. Der Baufortschritt verlangsamte sich und kam nach der Reformation zum Erliegen. Teile des Bauwerks verfielen oder wurden nach der Besetzung durch die französischen Truppen 1794 als Stall benutzt. Erst im Zuge der Neogotik im 19. Jahrhundert erkannte man die Großartigkeit der Kathedrale und sammelte Geld für die Fertigstellung. Auf dem halbfertigen Südturm stand damals noch der hölzerne Kran aus dem 15. Jahrhundert, der selbst zum Wahrzeichen geworden war. Es wurde 1868 entfernt, und nach der Vollendung der beiden Türme war der Dom endlich fertig.

Für einige Jahre war der Dom mit 157 m das höchste Bauwerk der Welt. Das hohe Kirchenschiff vermittelt ein besonderes Raumgefühl. Durch die Entdeckung der Originalpläne aus dem Mittelalter war es möglich, trotz mehr als 600 Jahren Bauzeit das gotische Konzept getreu umzusetzen. Bei seiner Fertigstellung im Jahr 1880 feierte man den Dom gleichermaßen als religiöses und nationales Monument. Bis heute beherrscht er die Silhouette von Köln.

Rechts: Ein filigranes Strebewerk aus Pfeilern, Bögen und Fialen umgibt den 1322 geweihten Chor im Ostteil des Doms.

RHEINTAL, DEUTSCHLAND

Loreley

WENN SCHIFFER IN TÜCKISCHEM GEWÄSSER ZU SCHADEN KOMMEN, MACHEN SIE IMMER EINE FRAU DAFÜR VERANTWORTLICH. WASSERNYMPHEN UND MEERJUNGFRAUEN LOCKTEN SEELEUTE INS VERDERBEN. DIESER FELSEN AM RHEIN VERDANKT SEINE BERÜHMTHEIT EINER EBENSO SCHÖNEN WIE GEFÄHRLICHEN NIXE.

Die Loreley, ein 132 m steil aufragender Schieferfels, engt das Flussbett stark ein. Der Rhein umfließt die Felsbarriere in einer engen, tiefen Windung mit starken Strömungen, die von den Schiffsführern Konzentration und Können erfordert. Heute dient die Mole des Hafens von Sankt Goar als Signalanlage für die Durchfahrt. Durch eine Straße am Fuß des Felsens wirkt er nicht mehr ganz so steil. Die Passage ist aber bis heute gefährlich, weshalb die Bootsführer für diesen Rheinabschnitt eine besondere Lizenz brauchen oder einen Lotsen an Bord nehmen müssen.

Murmelnde Stimmen Der Fels steht am rechten Ufer nahe der Stadt Sankt Goarshausen in einer Region mit zahlreichen Sagen. Es gibt verschiedene Theorien über die Bedeutung des Namens „Loreley". Man vermutet das althochdeutsche *lureln* (murmeln oder rauschen) und das keltische *ley* (Fels) dahinter, er könnte aber auch mit lauern oder locken, mit Elfen und Feen zu tun haben. Tatsächlich hat der Fels früher gemurmelt: Das Geräusch kam von einem Wasserfall und wurde durch das Echo verstärkt. Nach dem Bau des Eisenbahntunnels ist der Effekt aber verschwunden.

Ein Mythos entsteht Die Minnesänger des Mittelalters berichteten von der „Lurlenburg" als dem Versteck

Oben: Flussaufwärts von Burg Katz verengt sich das Flussbett und macht eine scharfe Biegung nach links, denn der Rhein muss sich am vorspringenden Loreley-Felsen vorbeizwängen.

Oben und Mitte rechts: In der Besiedlungs- und Schifffahrtsgeschichte des Rheins hat der Fels an der engsten und tiefsten Stelle des Flusses eine kulturelle Bedeutung erhalten.

Rechts: Die Loreley, aus mythischen Vorstellungen über lokale Naturgeister hervorgegangen, stellte man im 19. Jahrhundert als Nixe dar, die ihr langes Haar kämmt und dabei singt.

ZEITTAFEL

Mitte 9. Jahrhundert
Erwähnung des „Mons Lurlaberch" in Dokumenten des Klosters Fulda

1811
Brentanos *Rheinmärchen* mit der Geschichte der Loreley

1823
Veröffentlichung von Heines Gedicht *Die Loreley*

1835
Erstveröffentlichung von Baedekers *Rheinreise*

2002
Oberes Mittelrheintal in die Liste des UNESCO-Welterbes aufgenommen

des Nibelungenschatzes. Heute verbindet man die Loreley mit einer Frau, die sich, von ihrem Liebhaber verlassen, in ihrer Verzweiflung von dem Felsen stürzt und in eine Nixe verwandelt wird. Mit ihrer Schönheit und ihrem Gesang lockt sie die Schiffer in den Tod. Diese Sage entstand im 19. Jahrhundert im Zuge der romantischen Begeisterung für die dramatische Rheinlandschaft.

Die schöne Verführerin tauchte erstmals 1801 in der Ballade *Lore Lay* von Clemens Brentano auf. Berühmt wurde sie 1822 durch die lyrische Umsetzung der Geschichte in einem Gedicht von Heinrich Heine. In Brentanos christlich gefärbter Geschichte vergibt der örtliche Bischof der verhexten Frau und schickt drei Ritter aus, um sie in ein Kloster zu bringen. Über ihre Lage verzweifelt stürzt diese sich vom Felsen und reißt die drei Ritter mit in den Tod. Heine reduziert die Geschichte auf ein archetypisches Bild: Die Nixe kämmt ihr blondes Haar und singt dabei, während ein dadurch abgelenkter Schiffer unten von den Fluten verschlungen wird.

Friedrich Silcher vertonte das Gedicht mit einer eingängigen Melodie, und die Loreley war in aller Munde, denn jedes Kind lernte das Lied. Touristen sangen es, den Baedeker-Reiseführer aufgeschlagen, wenn sie auf ihrer Rheinkreuzfahrt den Felsen passierten. Bis heute ist die Melodie hier allgegenwärtig: im Loreley-Besucherzentrum, der Loreley-Freilichtbühne, dem Loreley-Restaurant und sonstigen Tourismuseinrichtungen.

BAYERN, DEUTSCHLAND

Schloss Neuschwanstein

DIES WAR DIE EHRGEIZIGSTE SCHÖPFUNG KÖNIG LUDWIGS II., DER DEN ROMANTISCHEN VORSTELLUNGEN MITTELALTERLICHEN RITTERTUMS VERFALLEN WAR. ER LEBTE NUR KURZ IM SCHLOSS UND STARB VOR DESSEN VOLLENDUNG. IM 20. JAHRHUNDERT LIESS SICH WALT DISNEY VON DEM SCHLOSS INSPIRIEREN.

Als Kind hatte sich König Ludwig II. von Bayern am wohlsten im mittelalterlichen Schloss Hohenschwangau in den Bergen gefühlt, das von seinem Vater wieder aufgebaut worden war. Die Sage des Schwanenritters Lohengrin faszinierte ihn. Nach einem Besuch der gleichnamigen Wagner-Oper 1861 beschloss er, dessen Gönner zu werden und ein angemessenes Opernhaus für ihn zu bauen. Kaum zum König gekrönt, lud der 18-jährige Ludwig II. Richard Wagner nach München ein. Seine Minister fürchteten den Einfluss des Komponisten auf den König, und Wagner musste in die Schweiz ausreisen. Ludwig empfand dies als Verlust seines besten Freundes. Bayern wurde in den Krieg zwischen Österreich und Preußen hineingezogen und musste seine Unabhängigkeit zugunsten des siegreichen Preußen aufgeben. Ludwig sagte die geplante Heirat mit seiner Cousine Sophie ab. Er zog sich in die Berge zurück, wo er ganz seinen Träumen vom Burgenbau nachhing. Als Preußen 1869 die bayrische Armee für den Deutsch-Französischen Krieg anforderte, hatte Ludwig bereits jeglichen Bezug zur Öffentlichkeit und seinem Amt als König verloren.

Mittelalterliche Fantasien Neuschwanstein ist eine Synthese aus Ludwigs romantischer Königsvorstellung, seinen Kindheitserfahrungen auf Hohenschwangau und

ZEITTAFEL

1845
Ludwig wird in Schloss Nymphenburg geboren.

1864
Ludwig II. wird König von Bayern; Begegnung mit Richard Wagner

1868
Abriss der mittelalterlichen Burgruine zur Vorbereitung für das neue Gebäude

1886
Ludwig II. ertrinkt unter rätselhaften Umständen im Starnberger See.

Rechts: Das Torhaus war der erste fertiggestellte Teil des Bauprojekts. Ludwig wohnte noch vor der Fertigstellung kurzzeitig im Schloss.

Links: Das von allen Seiten malerische Schloss wurde den Konturen der Bergkuppe angepasst.

Unten: Dieses Wandgemälde zeigt einen Schwan, der das Boot des Gralsritters Lohengrin zieht.

seiner Begeisterung für Wagner. Motive aus *Lohengrin*, *Tannhäuser* und *Parsifal* schmücken die Wände, im Dekor finden sich byzantinische, römische und gotische Elemente. Andererseits kamen im Gebäude neue Materialien und moderne Technik zum Einsatz, wie Toiletten mit Wasserspülung und Zentralheizung. Ludwig mag exzentrisch gewesen sein, liebte aber dennoch den Komfort.

Das Schloss, das auf einer Felskuppe liegt, sollte mit seinem asymmetrischen Aufbau den Eindruck einer mittelalterlichen Burg mit „Ritterhaus" und „Kemenaten" erwecken, die über die Jahrhunderte gewachsen ist. Das Ensemble mit Gemälden des Theatermalers Christian Jank, der das Bühnenbild für *Lohengrin* entworfen hatte, ist eine üppige Inszenierung von persönlichen Fantasien des Bauherren.

Unerfüllte Träume Ludwigs innigster Wunsch war ein Besuch Wagners auf dem Schloss, doch als der König 1884 endlich in das noch unvollendete Gebäude einzog, war der Komponist bereits tot. Nur 15 der geplanten 200 Räume waren bis dahin fertiggestellt. Dieses und seine anderen Projekte trieben Ludwig 1886 in den Ruin, und er dachte an Selbstmord. Die bayrische Regierung lehnte seine Geldforderungen ab und leitete seine Entmündigung ein. Unter der Aufsicht eines Psychiaters wurde er von Neuschwanstein weggebracht. Zwei Tage später fand man Ludwig ertrunken im Starnberger See.

DRESDEN, DEUTSCHLAND

Frauenkirche

ZWEI JAHRHUNDERTE WAR DIE BAROCKE „STEINERNE GLOCKE", DIE KUPPEL DER DRESDNER FRAUENKIRCHE, DAS WAHRZEICHEN DER STADT. SPÄTER FORMTEN DIE VOM BOMBENANGRIFF FEUERGESCHWÄRZTEN STEINE DER ZERSTÖRTEN KIRCHE EIN MAHNMAL DES KRIEGES. HEUTE IST DAS PRUNKSTÜCK WIEDER AUFGEBAUT.

Anfang des 18. Jahrhunderts trat August der Starke, Kurfürst von Sachsen, zum Katholizismus über, um König von Polen werden zu können. Er gab die prächtige Hofkirche in Dresden in Auftrag. Dresden war aber eine protestantisch geprägte Stadt, und so errichteten die Bürger ihre eigene, noch größere Kirche – die beeindruckende Frauenkirche.

Bährs Kirche Die bisherige Kirche aus dem 11. Jahrhundert war baufällig geworden, und so bot sich die Gelegenheit, ein neues Kirchenhaus im Sinne Luthers zu bauen. Der Dresdner Architekt George Bähr schuf ein barockes Meisterwerk, das mit der Saint Paul's Cathedral in London oder dem Petersdom in Rom verglichen wurde. Durch den oktogonalen Grundriss mit seinen halbkreisförmigen Emporen unter der zentralen Kuppel bilden Altar, Kanzel und Taufstein den Mittelpunkt der Kirche, der von allen Besuchern gut einsehbar ist.

Die relativ kleine Grundfläche der Kirche betont deren vertikale Linienführung. An jeder Ecke steht ein Turm, darüber erhebt sich die Kuppel, die fast ebenso hoch wie breit ist und mit ihrem geschwungenen Anlauf an eine Glocke erinnert. Die ganz aus Sandstein erbaute, mit einer Laterne bekrönte Kuppel besitzt keine zusätzlichen inneren Stützelemente. Zunächst zweifelte man an ihrer

ZEITTAFEL

11. Jahrhundert
Gründung der Frauenkirche außerhalb der Stadtmauern

1480er-Jahre
Wiederaufbau der nun in der Stadt liegenden Kirche im gotischen Stil

1559
Wird nach der Reformation protestantische Kirche

1722–1743
George Bähr baut die neu konzipierte Kirche.

13.–15. Februar 1945
Bombardierung Dresdens; Kirche brennt im Feuersturm aus und stürzt ein.

1990
Beginn der Spendensammlung für den Wiederaufbau

1996
Weihe der neuen Unterkirche

30. Oktober 2005
Weihe der fertiggestellten Kirche

Unten: Die umlaufenden Emporen bieten Besuchern eine gute Sicht auf Altar, Kanzel und Taufbecken.

Gegenüber: Wo es möglich war, setzte man die alten Steine, die im geschwärzten Zustand belassen wurden, an ihrem ursprünglichen Platz wieder ein.

Rechts: US-Präsident Barack Obama und Bundeskanzlerin Angela Merkel im Juni 2009 vor dem weitgehend aus Originalteilen rekonstruierten Altar

Stabilität, doch das Juwel der Dresdner Stadtsilhouette hielt bis zum Februar 1945.

Zerstörung Bei dem Feuersturm, der durch einen anglo-amerikanischen Bombenangriff entfacht wurde, entstanden um die Kirche Temperaturen von mehr als 1000° C. Die Pfeiler platzten und die Kuppel stürzte ein. Nur ein Teil des Chores blieb inmitten von Trümmerbergen stehen. So beließ man die Stätte die nächsten 45 Jahre, ein Mahnmal für die Zerstörung der Stadt und die Zehntausende Opfer des Infernos.

Wiederaufbau Nach der Wiedervereinigung bildete sich eine Initiative zum Wiederaufbau der Frauenkirche, die international Spenden zu sammeln begann. Architekt Eberhard Burger hielt sich an Bährs Originalpläne, lediglich die Kuppel bekam eine moderne Stützkonstruktion. Insgesamt konnten fast 4000 der alten Steine wiederverwendet werden. Das goldene Kreuz auf der neuen Laterne ist ein Geschenk aus Großbritannien; eine Geste der Versöhnung, geschmiedet vom Sohn eines bei der Bombardierung Dresdens beteiligten RAF-Piloten.

JELLING, DÄNEMARK

Runensteine von Jelling

DIE BEIDEN BEEINDRUCKENDEN RUNENSTEINE VOR DER KIRCHE VON JELLING BERICHTEN VON DEN TATEN ZWEIER KÖNIGE IM 12. JAHRHUNDERT, ALS SICH DÄNEMARK ALS NATION ZU KONSTITUIEREN BEGANN UND DIE HEIDNISCHE WIKINGERKULTUR VOM CHRISTENTUM ABGELÖST WURDE.

In der Kleinstadt Jelling im Süden Dänemarks gibt es zwei große Grabhügel aus dem 10. Jahrhundert und dazwischen zwei massive, mit Runen verzierte Steine, wovon der eine als „Geburtsurkunde Dänemarks" erachtet wird. Dieser Ort ist eine der bedeutendsten historischen Stätten des Landes.

Die beiden Steine stehen vor der Kirche von Jelling, einem weiß gestrichenen Bauwerk, das etwa um 1100 entstand. Darum gruppiert sich der kleine, gepflegte Friedhof. Das Ganze wirkt, als hätten sich Wikingerkrieger auf ein Teekränzchen ins Pfarrhaus verirrt. Doch die Steine waren weit früher da.

Königliche Geschichte Jelling war der Sitz von König Gorm dem Älteren, dessen Gemahlin, Königin Thyra, Dänemark gegen von Süden eindringende Völker verteidigt haben soll. Nach ihrem Tod ließ Gorm zu ihrem Andenken den kleineren der beiden Steine errichten, wie die liebevoll formulierte eingemeißelte Runeninschrift erklärt:

> König Gorm errichtete seiner Frau Thyra, Dänemarks Zierde, dieses Denkmal.

Die Grabhügel könnten zur gleichen Zeit aufgeschüttet worden sein.

ZEITTAFEL

um 936–958
Regentschaft von Gorm dem Älteren

958–985/6
Regentschaft von Harald Blauzahn

um 960
Harald führt das Christentum in Dänemark ein; Bau einer Holzkirche in Jelling.

um1630
Gorms Stein, früherer Standort unbekannt, wird neben Haralds Stein aufgestellt.

1820
Erste Grabungen zur Erforschung der Grabhügel

1994
Grabhügel, Steine und Kirche werden UNESCO-Welterbe.

2008–2010
Überlegungen der Kirchenverwaltung Jelling, die Steine durch Glaskästen vor zunehmender Verwitterung zu schützen.

Gegenüber: Der pyramidenförmige Stein links ist der größte erhaltene Runenstein in Skandinavien, er steht noch immer an seinem ursprünglichen Standort.

Rechts: Die Kreuzigungsszene auf Harald Blauzahns Stein ist die früheste Christusdarstellung im nordischen Raum. Vermutlich war sie ursprünglich bunt bemalt.

Auf Gorms Sohn, Harald Blauzahn, geht der zweite Stein zurück, der mit seinen bildlichen Darstellungen wesentlich ausgefallener ist. Er erinnert an Harald selbst und seine Eltern: „König Harald gebot, dass dieses Denkmal seinem Vater Gorm und seiner Mutter Thyra gemacht werde; der Harald, der sich ganz Dänemark und Norwegen untertan machte und die Dänen zu Christen machte."

Ende des Heidentums Runensteine sind die einzigen aus der Wikingerzeit erhaltenen schriftlich fixierten Texte. Haralds dreiseitiger Stein gilt als Schlüssel zu Dänemarks früher Geschichte. Er steht an seinem ursprünglichen Platz, mitten zwischen den beiden Grabhügeln. Gorms Stein wurde später hierher versetzt. Die beiden Bildseiten beschreiben den Übergang von heidnischen zu christlichen Vorstellungen im 10. Jahrhundert. Beide sind im selben verschlungen-ornamentalen Stil ausgeführt. Die eine Fläche zeigt das „große Tier von Jelling", einen von einer Schlange umschlungenen Löwen. Die andere zeigt die Kreuzigung und ist die älteste Christusdarstellung in Skandinavien.

Oben: Haralds Stein steht mitten zwischen den beiden oben abgeflachten Grabhügeln, die aus Torf aufgeschichtet wurden.

Rechts: Die Kirche aus dem 12. Jahrhundert steht dort, wo zuvor Harald Blauzahns Holzkirche stand, unter der er seinen Vater beisetzte.

KOPENHAGEN, DÄNEMARK

Die Kleine Meerjungfrau

SIE IST TATSÄCHLICH KLEIN: VIELE KOPENHAGENBESUCHER SIND ZUNÄCHST ETWAS ENTTÄUSCHT, WENN SIE DIE STATUE ZUM ERSTEN MAL SEHEN. DIE MEERJUNGFRAU BLICKT WEHMÜTIG VON IHREM FELSPODEST, WÄHREND AUF IHREN SCHMALEN SCHULTERN DAS SCHWERE GEWICHT DER SYMBOLIK LASTET.

Die Statue, heute das offizielle Symbol Kopenhagens, verkörpert zwei Aspekte, die für Ruhm und Schicksal der Stadt wichtig sind: das Meer und Hans Christian Andersen. Kopenhagen war immer vom Meer geprägt: Der Name, der sich von *købmannæhafn* (Kaufmannshafen) ableitet, spiegelt die Bedeutung des Hafens am Zugang zur Ostsee wider. Im 12. und 13. Jahrhundert entwickelte er sich zu Dänemarks wichtigsten Handelshafen und Fischereizentrum. Im 17. Jahrhundert machte Christian IV. Kopenhagen zu seiner Hauptstadt und zu Dänemarks größtem Marinestützpunkt.

Das Märchen Hans Christian Andersen wird in Kopenhagen sehr verehrt. Wie viele der Figuren seiner Geschichten war er rastlos, immer erfüllt von der Sehnsucht nach unerreichbaren Orten und Menschen. Die ersten Geschichten seiner gesammelten Märchen schrieb er, als er am Hafen wohnte und die Boote vor seinem Fenster schaukeln sah.

In der ergreifenden Geschichte hört die kleine Meerjungfrau ihre ältere Schwester von ihren Ausflügen an die Küste erzählen, wo sie die erleuchteten Häuser sieht und die Geräusche der Stadt hört. Und sie sehnt sich danach, das selbst zu erleben. Die von dem Märchen inspirierte Statue steht am Ufer in Hörweite der nahen Stadt.

ZEITTAFEL

1805
Hans Christian Andersen wird geboren.

1837
Veröffentlichung des ersten Bandes der *Gesammelten Märchen* mit der Geschichte der Kleinen Meerjungfrau

1875
Andersen stirbt.

1909
Das Königlich Dänische Ballett führt *Die Kleine Meerjungfrau* auf; Musik von Fini Henriques, Choreografie von Hans Beck.

1913
Aufstellung der Statue im Hafen von Kopenhagen

2010
Statue reist zur Expo 2010 nach Shanghai; Videoinstallation *Mermaid Exchange* von Ai Weiwei.

Gegenüber: Eriksens Statue trägt nur angedeutete Flossen an den Füßen, nicht einen Fischschwanz wie im Märchen.

Rechts: Die Ballerina Ellen Price lieferte den Anstoß für die wehmütige Meerjungfrau, die sich nach Sterblichkeit sehnt.

Das Modell Die Statue verdankt ihre Entstehung einer Bühnen-Adaptation der *Kleinen Meerjungfrau*. 1909 sah Carl Jacobsen, ein großer Kunstmäzen, die dänische Ballerina Ellen Price in der Hauptrolle der Ballettversion des Märchens von Fini Henriques und war äußerst angetan. Er überredete sie, dem Bildhauer Edvard Eriksen Modell zu sitzen. Als sie erfuhr, dass die nackte Figur öffentlich ausgestellt werden sollte, lehnte sie ab. Für den Leib sprang die Frau des Künstlers als Modell ein.

Das Symbol Am 23. August 1913 wurde die Statue im Hafen aufgestellt. Seither haben sie Millionen Touristen besucht. Zweimal verlor sie ihren Kopf: Beim ersten Mal musste er neu angefertigt werden, beim zweiten Mal konnte man ihn wieder ansetzen. Man hat ihr die Haare rot angestrichen oder Unterwäsche angezogen. 2000 kam etwas weiter oben am Langeliniekai die *Genetically Modified Little Mermaid* (Genetisch veränderte Kleine Meerjungfrau) des Künstlers Bjørn Nørgaard zur Aufstellung. Das Werk nutzt den ikonenhaften Status des Originals, um auf die Problematik der Gentechnik hinzuweisen.

2010 verließ die *Kleine Meerjungfrau* erstmals ihren angestammten Platz, um in Shanghai im dänischen Pavillon bei der Expo 2010 dessen Mittelpunkt zu bilden. Während ihrer Abwesenheit stellte man eine Originalkopie von Eriksen, die der Familie des Künstlers gehört, im Vergnügungspark Tivoli auf. Jeweils an ihrem Geburtstag hüpfen in Bikinis gekleidete dänische „Meerjungfrauen" neben der Statue ins Wasser – für jedes Lebensjahr eine. Ihren 97. Geburtstag feierte man in Kopenhagen drei Tage lang mit Synchronschwimmen und Musikdarbietungen.

Unten: Die Statue war das Glanzstück des futuristischen dänischen Pavillons bei der Expo 2010.

MALMÖ, SCHWEDEN

Turning Torso

DIESER VERDREHTE WOLKENKRATZER, DER SICH IN MALMÖ AUS EINEM MEER NIEDRIGER GEBÄUDE ERHEBT, FÄLLT JEDEM BESUCHER INS AUGE, DER SICH ÜBER DIE ÖRESUNDBRÜCKE DER STADT NÄHERT. DAS HOCHHAUS ERWARB SICH RASCH DEN STATUS EINER IKONE ALS BERÜHMTESTES BAUWERK MALMÖS.

Der spanische Architekt Santiago Calatrava, der den Turning Torso entwarf, bezieht sich bei seinen Projekten auf natürliche Formen. Das Hochhaus in Malmö hat seinen Ursprung in Calatravas Skulpturen *Twisting Torso*, die eine sich drehende menschliche Figur darstellen. Er erklärte: „Sie zeigen die Wirbelsäule oder wie unser Körper aufrecht steht. Das Rückgrat besteht aus Wirbeln, die in den Skulpturen sehr elementar als eine Reihe von Würfeln dargestellt sind. (...) Und genauso wichtig ist, wie unser Rückgrat sich dreht, wie es sich um eine Achse dreht, wie es sich beugt und streckt."

Neues Wahrzeichen Calatravas geschwungener Turm, der sich auf seiner Gesamthöhe um 90 Grad um seine Achse verdreht, steht in einem neuen Wohngebiet in Malmö, das bei der Sanierung des alten Industrieviertels im Westhafen anlegt wurde. Das gesamte Quartier war ein Schaustück der Ausstellung „Bo01", bei der Wohngebäude vorgestellt wurden, die ökologische Nachhaltigkeit mit qualitätsvoller Architektur und öffentlichen Räumen verbanden. Der Turning Torso wurde zum Highlight des Projekts.

Der Turm entwickelte eine Eigendynamik: Ursprünglich war er nur halb so hoch und halb so teuer geplant. Mit der Beauftragung von Calatrava aber bekam Malmö eines der höchsten Wohngebäude Europas.

FAKTEN

Gebäudehöhe
190 m

Fläche pro Etage
400 m²

Wohnfläche, gesamt
14 600 m²; 147 Apartments

Bürofläche, gesamt
4200 m²

Rechts: Der Turm ist mit gewölbten Aluminiumplatten verkleidet, die der Drehung des Gebäudes folgen. Die Fenster sind hingegen plan.

Links: Der Turm erhebt sich fremdartig, aber spektakulär über die niedrigen Wohnhäuser ringsum, die für Malmö typischer sind.

Unten: Beim Anstrich der riesigen Stahlröhren, die Stützstruktur und Baukörper verbinden, sind die Maler starkem Wind ausgesetzt.

Als lokales Wahrzeichen hat der Bau den Krockumskranen, einen riesigen Portalkran abgelöst, der rund 30 Jahre auf der benachbarten Schiffswerft stand und zuletzt die Fundamente der Öresundbrücke verladen half. Er wurde demontiert, als die Arbeiten für den Turning Torso begannen – ein unmissverständliches Zeichen für die Umwandlung des Industriegebiets in ein Wohnquartier.

Leben im Winkel Der Grundriss des Turms ist ein unregelmäßiges Fünfeck. Wie bei den Skulpturen, die als Vorlage dienten, ist er in jeweils fünf Stockwerke hohe Segmente unterteilt. Sein „Rücken" wird von einem außenliegenden Rückgrat aus Stahl gestützt. Das Profil des Turms verändert sich in Abhängigkeit vom Blickpunkt: Es scheint sich zu neigen, schmäler oder breiter zu werden. Einige Winkel erscheinen sehr extrem, speziell direkt von unten betrachtet. Auch die Bewohner müssen sich mit ungewohnten Winkeln arrangieren. Um dem verdrehten Baukörper zu folgen, sind die Fenster leicht gekippt, auf der Westseite nach innen und auf der Ostseite nach außen. Zusätzlich sind sie seitlich um sechs Grad aus dem Lot verschwenkt.

Doch die Unannehmlichkeiten, in einem „schiefen Turm" zu leben, schrecken die Menschen nicht ab: Das Gebäude mit Hochgeschwindigkeitsaufzügen, Fitnessraum, Sauna und mietbaren Abteilen im Weinkeller gilt als renommierte Wohnadresse.

URNES, NORWEGEN

Stabkirche Urnes

VON DER ANLEGESTELLE DER FÄHRE AUS SOLVORN ÜBER DEN LUSTERFJORD FÜHRT EIN KURZER STEILER WEG ZU DIESER KIRCHE INMITTEN EINER IDYLLISCHEN UMGEBUNG. DIE AUSGEFALLENEN SCHNITZEREIEN DORT STEHEN FÜR EINE BESONDERE FORM DER TIERDARSTELLUNG DER WIKINGER, DEN URNES-STIL.

Das Alter der Kirche lässt sich anhand des Holzes bestimmen, wonach die Stämme zwischen 1129 und 1131 gefällt wurden. Seit das Christentum im 10. Jahrhundert nach Norwegen vorgedrungen war, gab es hier bereits zwei Kirchen. Für den Bau und die Ausstattung der neuen Kirche beauftragte die mächtige Familie, der das Land gehörte, herausragende Handwerker.

Stabkirchen Diese schmalen Holzkirchen sind Norwegens einzigartiger Beitrag zur Architektur des Mittelalters. Die Gemeinden dort waren klein und weit verstreut, aber sehr gläubig, weshalb jede ihre eigene Kirche hatte. Bis der Kirchenbau wegen des Ausbruchs der Pest 1349 für zwei Jahrhunderte stockte, entstanden über Tausend dieser Kirchen. Nur 28 Stabkirchen haben überlebt, die in Urnes ist die älteste und am aufwendigsten dekorierte. Die Bezeichnung verweist auf die Konstruktionsform mit einem tragenden Rahmen aus Stäben, senkrechten Holzständern, die zum Schutz vor dem Verrotten auf Steinfundamenten ruhen.

Die Norweger waren Spezialisten in der Holzverarbeitung und wussten, wie man Techniken aus dem Schiffsbau beim Hausbau einsetzen konnte. Die Kirchen sind ohne Nägel gebaut, und ihr flexibler Rahmen konnte fast tausend Jahre den heftigen Winden aus den Fjorden

ZEITTAFEL

10. Jahrhundert
Christianisierung

1000–1050
Bau der ersten Kirche; erste christliche Bestattungen

1050–1070
Bau der zweiten Kirche; aufwendig geschnitztes Portal

um 1130
Bau der Stabkirche

1323
Erste schriftliche Erwähnung von Urnes

17. Jahrhundert
Umbau des Innenraums

1880
Der Verein für den Erhalt kulturhistorischer Denkmale erwirbt die Kirche.

1900
Restaurierung in der Originalfassung

Unten: Die Säulen mit Polsterkapitellen orientieren sich am romanischen Stil, sind aber in Holz und nicht in Stein ausgeführt.

Unten rechts: Die Kirche ist sehr klein und bietet nur rund 40 Personen Platz.

Gegenüber: Die Kirche von Urnes hat eine spektakuläre Lage. Die steil zum Fjord abfallenden, bewaldeten Berge formen eine typische norwegische Landschaft.

Rechts: Dieses Tier galt in der christlichen Ikonografie als ein von Drachen besessener Löwe, doch es entstammt eigentlich der mythischen Tierwelt der Wikinger.

standhalten. Die steilen, mit schuppenartigen Schindeln gedeckten Dächer sorgen dafür, dass der Schnee abgleitet. Die Baumeister kannten den zeitgenössischen Architekturstil, setzten ihn aber in Holz und nicht in Stein um. Die romanischen Bögen wurden aus natürlich gekrümmten Balken konstruiert.

Urnes-Stil Urnes ist berühmt für seine Schnitzereien, die zum Teil aus der früheren Kirche übernommen wurden. Das Portal der Nordseite könnte das Haupttor der älteren Kirche gewesen sein. Es ist mit stilisierten, schlangenartigen Kreaturen verziert, die sich durch Blattwerk winden. Und es gibt ein rätselhaftes Tier mit dem schlanken Körper eines Windhunds.

Weitere verschlungene Tiere schmücken den Innenraum. Zunächst drang nur durch kleine Luken Licht ins Innere, bis man ein größeres Fenster einbaute, damit der Priester die Heilige Schrift lesen konnte. Die Kirche ist ein Relikt einer Zeit, in der sich das Christentum mit heidnischen Traditionen vermischte und sich die Mysterien in Ritualen bei Kerzenschein und Weihrauch offenbarten.

MOSKAU, RUSSLAND

Roter Platz

DER ROTE PLATZ, DAS HERZ MOSKAUS, IST EIN BEEINDRUCKENDER PLATZ VOLLER SYMBOLIK. SEIN PFLASTER HAT VIELE GESCHICHTSTRÄCHTIGE MOMENTE ERLEBT, UND DIE GEBÄUDE RINGSUM SIND SPIEGELBILD DER RELIGIÖSEN UND POLITISCHEN VERÄNDERUNGEN IN DIESEM GROSSEN LAND.

Der Platz ist eine riesige, mit grauem Kopfsteinpflaster bedeckte Fläche. Auf der einen Seite wird er von der Kremlmauer mit der Nekropole und dem Lenin-Mausoleum begrenzt, auf der anderen vom Kaufhaus GUM im Stil eines pseudovenezianischen Palastes. Diese seltsame Mischung aus ideologischem Symbolismus und Kommerz wird durch die exquisite Architektur und Spiritualität der Basilius-Kathedrale am Südende abgemildert. Den Roten Platz verbindet man meist mit politischen Demonstrationen und der jährlichen Parade am 9. Mai zum Tag des Sieges. Aber hier kann man auch Konzerte besuchen, Schlittschuh laufen, Silvester feiern, Touristen beobachten und den Moskowitern beim Eisessen im Schnee zuschauen.

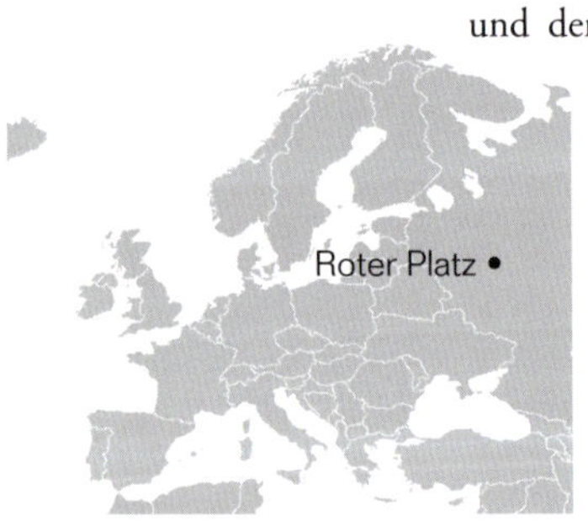

Wechselnde Namen Der leicht abfallende Platz mit rund 23100 m² Fläche wurde 1493 von Iwan III. per Verordnung geschaffen, die an der Kremlmauer stehenden maroden und brandanfälligen Holzhäuschen mussten dafür weichen. Die Moskowiter nannten ihn im Mittelalter auch Poschar („verbrannter Platz") oder Dreifaltigkeitsplatz nach der Kirche, die später durch die Basilius-Kathedrale ersetzt wurde. Der russische Name *Krasnaja Ploschtschad* bedeutet eigentlich „schöner Platz". Durch einen Übersetzungsfehler kam irgendwann der Name „Roter Platz" auf.

Links: Hinter der Basilius-Kathedrale umschließen die hohen, mit 20 Türmen bestückten Kremlmauern vier Paläste und vier Kirchengebäude. Der Kreml ist Sitz der Regierung und Residenz des Präsidenten.

Rechts: Das einzige Denkmal mit Statuen erinnert an Minin und Poscharski, die 1612 polnische Invasoren vertrieben. Weil es die Paraden behinderte, wurde es 1936 aus der Platzmitte versetzt.

Unten: Der Eingang zum Lenin-Mausoleum wird jeden Morgen vor Ankunft der ersten Besucher gereinigt. Man sagt, es bedürfe der täglichen Beachtung durch Besucher, um Lenins einbalsamierten Leichnam zu erhalten, der hier seit 1924 liegt. Über eine Beerdigung wird immer wieder diskutiert.

Heute verbindet man damit die blutigen Ereignisse der Revolution; Rot als symbolträchtige Farbe des Kommunismus und wegen der roten Ziegelmauern des Kreml.

Kreml und Lenins Grab Eine Mauer des Kreml, der ehemaligen Moskauer Zitadelle, bildet die westliche Begrenzung des Platzes. Der Erlöser-Turm über dem Haupteingang vom Roten Platz zum Kreml stammt von 1491. Die Kreml-Uhr am Turm ist gewissermaßen ein Pendant zu Big Ben in London, auch hier feiert die Bevölkerung an Silvester den Anbruch des neuen Jahres.

Zwischen Erlöser-Turm und Nikolaus-Turm, beide tragen seit den 1930er Jahren einen roten Sowjetstern, liegt die Nekropole mit Mauernischen, in denen die Urnen von Revolutionshelden und Sowjetführern beigesetzt sind. Diese Beisetzungen gab es seit der Oktoberrevolution 1917, als dort fast 240 probolschewikische Soldaten, die bei der Erstürmung des Kreml getötet worden waren, in einem Massengrab begraben wurden. Als letzter wurde hier Konstantin Tschernenko 1985 beigesetzt.

Links: Die Fassade des GUM ist für Weihnachten und Neujahr illuminiert. Auf dem Platz vor dem Kaufhaus wird eine große Eislauffläche installiert.

Unten links: Lenins Granitmausoleum, ein Entwurf des Konstruktivisten Alexei Schtschussew, wurde 1930 direkt an der Kremlmauer errichtet.

Den prominentesten Platz beansprucht das berühmte Lenin-Mausoleum, eine Stufenpyramide aus Granit und Labradorit. Es wurde 1930 gebaut und ersetzte einen Holzbau, vor dem sich damals schon lange Schlangen von Pilgern bildeten, die alle Lenins einbalsamierten Leichnam sehen wollten. Heute sind die Schlangen verschwunden, doch noch immer besuchen Menschen den Toten in seinem kugelsicheren Glassarg.

Basilius-Kathedrale Die Basilika des Heiligen Basilius ist das malerischste Bauwerk des Platzes. Iwan der Schreckliche ließ die Kirche 1552 bauen. Der Architekt Iwan Barma, als Postnik bekannt, soll angeblich geblendet worden sein, um ihn am Bau weiterer großartiger Kirchen zu hindern. Das ist aber nur eine Legende, wie sie sich auch um andere spektakuläre Bauten rankt. Tatsächlich hat Postnik später noch eine andere Kathedrale erbaut. Das Innere ist ein Gewirr aus dunklen Stufen und Passagen, die acht kleine Kapellen miteinander verbinden. Die dazugehörenden acht individuell gestalteten Zwiebeltürme gruppieren sich sternförmig um den zentralen, mit einer Spitze gekrönten Kirchenbau.

ZEITTAFEL

1156
Bau von Befestigungen auf dem Borowizki-Hügel

1328
Moskau wird Sitz des Metropoliten von Rus.

1485–1495
Bau neuer Kremlmauern mit Türmen

1493
Zarenerlass verbietet Bauwerke zwischen Kreml und Handelsquartier.

1560
Einsegnung der Basilius-Kathedrale

1703
Verlegung der Hauptstadt von Moskau nach Sankt Petersburg

1918
Kreml wird Sitz der Sowjetregierung.

1941
Sowjettruppen paradieren über den Roten Platz, bevor sie Moskau gegen die Wehrmacht verteidigen.

2010
Soldaten aus den USA, Großbritannien und Frankreich nehmen an der Siegesparade teil.

Unten: Die farbenprächtig verzierte Basilius-Kathedrale, im Osten von der palastartigen Front des GUM und im Westen vom Kreml flankiert, bildet das Zentrum der Stadt Moskau.

Rechts: Das Staatliche Historische Museum im pseudorussischen Stil greift Elemente der Kremlmauern und -türme auf. Es wurde 1872 gegründet und besitzt eine riesige Sammlung.

Stalin ordnete 1936 die Entfernung aller Kirchen vom Roten Platz an. Die Basilius-Kathedrale entkam der Zerstörung, nicht jedoch die Kasan-Kathedrale an der gegenüberliegenden Seite des Platzes beim Staatlichen Historischen Museum. In den 1990er-Jahren wurde sie wieder aufgebaut.

GUM Das GUM, heute eine glitzernde Einkaufswelt, wurde 1893 in palastartiger Größe im pseudorussischen Stil erbaut. Das ursprünglich als „Obere Handelsreihen" bekannte Gebäude bekam in der Sowjetära die Abkürzung GUM für *Gosudarstwennyi Uniwersalny Magasin* (Staatliches Kaufhaus). Nach der neuen privatwirtschaftlichen Ausrichtung Russlands änderte man den Namen diskret in *Glawny Uniwersalny Magasin* (Hauptkaufhaus) – die berühmte Abkürzung bleibt so erhalten.

Die eleganten Arkaden im Inneren unter dem gewölbten Glasdach erstrecken sich über drei Ebenen und werden durch Brücken verbunden. Für die meisten Besucher sind die Waren des Kaufhauses eher eine Ausstellung unbezahlbar teurer Luxusgüter und weniger eine realistische Einkaufsmöglichkeit.

PRAG, TSCHECHISCHE REPUBLIK

Astronomische Uhr

DER SCHÖPFER DIESER GROSSARTIGEN UHR SOLL NACH IHRER VOLLENDUNG GEBLENDET WORDEN SEIN, UM IN KEINER ANDEREN STADT EIN VERGLEICHBARES MEISTERWERK BAUEN ZU KÖNNEN. DIE 600 JAHRE ALTE UHR IST NOCH IMMER EIN MATHEMATISCHES WUNDER UND INZWISCHEN SOGAR ALS IPHONE-APP VERFÜGBAR.

Zur Feier des 600. Geburtstags der Prager Uhr projizierte man 2010 eine 3D-Lightshow mit Ereignissen aus der Geschichte auf den Turm und die Zifferblätter. Mit modernster Technik des 21. Jahrhunderts wurde die Spitzentechnik des frühen 15. Jahrhunderts geehrt. Doch diese prächtige astronomische Uhr hat solche Kinkerlitzchen nicht nötig, um Beachtung zu finden. Sie ist noch immer die beliebteste Touristenattraktion am Altstädter Ring in Prag.

Obwohl die Uhr aus einer politisch unruhigen Zeit stammt, ist sie ein wunderbares Erbe aus der Blütezeit der Stadt, als Kaiser Karl IV. Prag zu seiner Hauptstadt machte. Prag wurde zum ökonomischen und kulturellen Zentrum des Heiligen Römischen Reichs; die Gründung der Karls-Universität 1348 machte sie zum Mittelpunkt der europäischen Gelehrsamkeit. Die Uhr findet sich im ältesten Stadtbereich an der Wand des Altstädter Rathauses, das Karls Vater, Johann von Luxemburg, am Marktplatz aus dem 10. Jahrhundert erbaut hatte.

Weltsicht des Mittelalters Die Uhr und das astronomische Zifferblatt sind eigentlich ein Astrolabium, entstanden 1410. Sie waren das Werk des Uhrmachers Mikuláš z Kadaně nach Plänen von Jan Šindel, Professor für Mathematik und Astronomie. Sonne und Mond

ZEITTAFEL

1410
Einbau von Uhr und astronomischem Zifferblatt im Alten Rathaus

1490
Kalendarium und gotische Figuren hinzugefügt

17. Jahrhundert
Bewegliche Figuren neben der Uhr eingebaut

1866
Nach Generalüberholung Einbau der Apostelprozession

8. Mai 1945
Prager Aufstand: Wehrmacht schießt das Altstädter Rathaus in Brand.

1948
Nach Restaurierung der Figuren wird die Uhr wieder in Gang gesetzt.

Gegenüber: Drei Räder im Uhrwerk kontrollieren den Sonnenzeiger, den Mondzeiger, der auch die Mondphasen anzeigt, und das exzentrische Tierkreisrad.

Rechts: Die Uhr steht am Altstädter Ring, einem alten Platz mit einer bunten Architekturmischung, der von der gotischen Kirche der „Jungfrau Maria vor dem Teyn" dominiert wird.

kreisen um die Erde im Zentrum des Zifferblatts. Die Sonne bewegt sich gleichzeitig durch den Tierkreis, der Mond zeigt seine Phasen an. Die Sonne und die goldene Hand zeigen die Zeit in verschiedenen Varianten an: auf einem 24-Stunden-Zifferblatt als „böhmische" oder „italienische" Zeit (Zählung ab dem Sonnenuntergang) und als die 12 „temporalen" Stunden des lichten Tags (im Sommer länger, im Winter kürzer).

Automaten Unterhalb der Uhr befindet sich ein Kalendarium, das von vier Figuren flankiert wird: Chronist, Engel, Astronom und Philosoph. Aber die Besucher versammeln sich hier zur vollen Stunde, um die beweglichen Figuren zu bestaunen.

Vier allegorische Figuren aus dem 17. Jahrhundert werden sichtbar: die Eitelkeit, die sich im Spiegel bewundert, die Habsucht mit einem Sack voll Gold, ein Türke als Symbol der Wollust und der Tod als Sensenmann. Darüber erscheinen die zwölf Apostel in zwei Fenstern (in den 1860er-Jahren hinzugefügt). Zum Abschluss der Darbietung kräht ein goldener Hahn.

Rechts: Die Apostel ziehen hinter kleinen Fenstern über der Uhr vorüber.

Unten: Das Kalendarium zeigt die Monate und für jeden Tag die Heiligen an.

WIEN, ÖSTERREICH

Schloss Schönbrunn

DIE UNESCO BESCHREIBT SCHLOSS SCHÖNBRUNN ALS „EIN BEMERKENSWERTES BAROCK-ENSEMBLE UND PERFEKTES BEISPIEL EINES GESAMTKUNSTWERKS". BAROCKARCHITEKTUR IST DRAMATISCH UND ÜBERSCHWÄNGLICH. ALS GESAMTKUNSTWERK BEZEICHNET MAN DIE VERBINDUNG VIELER KUNSTFORMEN ZU EINEM STIMMIGEN GANZEN.

Die Extravaganz dieser Schlossanlage setzte Mitte des 18. Jahrhunderts Maßstäbe im aristokratischen Europa und präsentiert ein barockes Gesamtkunstwerk aus Gebäuden und Gärten. Das Innere des Schlosses ist eine glitzernde Orgie aus Gold und Kristall, polierten Walnussvertäfelungen, Goldstuck, weißem Marmor, bunten Tapeten, rotem Samt und feinster Spitze. Dieser künstlerische Eklektizismus setzt sich bei Stickereien, Kronleuchtern, Tafelsilber, Teppichen, Porzellan und antiken Möbeln fort. Die Fresken, Öl- und Wandgemälde würden jedes Museum schmücken.

Genuss und Gemälde Diese Opulenz überrascht nicht, denn Schönbrunn war die Sommerresidenz der Habsburger-Dynastie bis zu deren Zusammenbruch 1918. Das Herzstück dieses Labyrinths aus Treppen, Gewölbesälen und offiziellen Hofräumen ist die 40 m lange Große Galerie. Über großen Fenstern mit gegenüberliegenden Kristallspiegeln wölbt sich ein Deckengemälde mit eindeutiger Aussage: Kaiserin Maria Theresia wird umgeben von Allegorien ihrer Tugenden, Bildern ihrer Länder und deren Reichtümer gezeigt.

Park und Macht Die Anlagen des Schlosses sind nicht weniger luxuriös und aufwendig gestaltet. Es gibt dort ein bezauberndes Labyrinth, den ersten Tiergarten

ZEITTAFEL

1683
Osmanische Soldaten zerstören das Schloss Schönbrunn.

1688–1700
Architekt Johann Bernhard Fischer von Erlach baut den Haupttrakt des Schlosses.

1743–1749
Architekt Nikolaus von Pacassi komplettiert die Wohnräume.

1805–1809
Von Napoleon besetzt

1817–1904
Renovierung nach dem Wiener Kongress; 1904 Bau des Sonnenuhrhauses für die größte Orchideensammlung der Welt

1996
Anerkennung als Welterbe durch die UNESCO

Oben rechts: Das Palmenhaus entstand 1881 als Teil eines im englischen Stil angelegten Gartens.

Rechts: Das Vieux-Laque-Zimmer brachte Mitte des 18. Jahrhunderts in Europa die Chinoiserien in Mode.

Oben: Blick vom Schönbrunner Berg über das Große Parterre auf das Schloss. Den Hintergrund für Park und Schloss bildet das Stadtbild Wiens.

Rechts: Von der Stadtseite erschließt der Blick zum Berg hinauf die Symmetrie der Anlage. Hinter den beiden Freitreppen liegt die Große Galerie.

der Welt, die weltgrößte Orangerie, ein Palmenhaus, ein Theater, Nachbauten römischer Ruinen, Springbrunnen, Teiche, Statuen und Torbögen – all das geschaffen als Demonstration der Stabilität und Macht der Kaiserfamilie. Die Habsburger wurden gestürzt, doch ihr großes Bauwerk blieb als kaiserlicher „Themenpark" erhalten, der für dynastischen Reichtum, Geschmack und Macht steht.

Geschichte und Mozart Schönbrunn ist auch ein Schmelztiegel der europäischen Geschichte. Am Standort der heutigen Touristenattraktion gab es im 14. Jahrhundert zunächst ein Kloster, dann ein kaiserliches Jagdrevier und einen Habsburgerpalast. Nach dem Zweiten Weltkrieg war hier kurz das britische Hauptquartier, dann trafen sich 1961, mitten im Kalten Krieg, John F. Kennedy und Nikita Chruschtschow in der Großen Galerie. Heute ist das Schloss ein Kulturdenkmal mit vielfältiger Nutzung als Drehort für Filme oder als Veranstaltungsort von Mozartkonzerten.

WIEN, ÖSTERREICH

Wiener Riesenrad

DAS WIENER RIESENRAD, DURCH CAROL REEDS FILM „DER DRITTE MANN" WELTWEIT BEKANNT, STEHT SEIT MEHR ALS EINEM JAHRHUNDERT IM VERGNÜGUNGSPARK PRATER. ES WURDE ZU EINEM WAHRZEICHEN DER STADT, EIN PASSENDES SYMBOL FÜR EINEN ORT, AN DEM MAN DIE FREUDEN DES LEBENS ZU GENIESSEN WEISS.

Das von George Ferris 1893 für die Weltausstellung in Chicago gebaute Ferris Wheel sollte eine Antwort auf das technische Wunder sein, das man zuvor in Paris mit dem Eiffelturm präsentiert hatte. Ferris' ehrgeiziger Entwurf wurde zunächst als unmöglich abgelehnt, doch er funktionierte und setzte einen weltweit kopierten Trend.

Ein Riesenrad war in vielerlei Hinsicht attraktiv: Es zeigte den aktuellsten Stand der Technik, war ein eindeutiges Statement, bot einen einzigartigen Blick auf die Umgebung und lockte die Menschen an. Nur vier Jahre nach dem Triumph in Chicago beschlossen die Organisatoren einer Ausstellung, die 1898 anlässlich des Goldenen Thronjubiläums von Kaiser Franz Joseph I. in Wien geplant war, ebenfalls ein Riesenrad zu bauen.

Jubiläumsfeier Das Wiener Riesenrad wurde nicht von Ferris, sondern von dem englischen Ingenieur Walter B. Basset konstruiert, der zuvor schon Riesenräder in Blackpool und London gebaut hatte. Die Stahlkomponenten wurden in Glasgow gefertigt. Das fast 65 m hohe Rad war mit 30 geschlossenen Gondeln bestückt. Es wurde 1897 im Prater, dem historischen Wiener Vergnügungspark errichtet. Zu den Attraktionen der Jubiläumsausstellung gehörten auch „Venedig in Wien"

ZEITTAFEL

1897–1898
Bau des Riesenrads für die Wiener Jubiläumsausstellung

1914
Mme Solange d'Atalide absolviert, im Sattel eines auf dem Gondeldach stehenden Pferdes sitzend, eine volle Runde.

1916
Abrissgenehmigung erteilt, aber nicht ausgeführt

1944
Riesenrad brennt ab.

1947
Inbetriebnahme des erneuerten Riesenrades

1949
Uraufführung von *Der dritte Mann*; Regie: Carol Reed; Drehbuch: Graham Greene

Rechts: Sechs Kabinen sind für romantische Rendezvous und Partys luxuriös ausgestattet.

Unten: Das Riesenrad steht am Eingang des Praters und ist ein prägendes Element der Wiener Skyline.

Gegenüber: Nach der Restaurierung wurde 1947 nur jede zweite Kabine montiert. Seit 2002 wird das Riesenrad nachts beleuchtet.

Rechts: Die Kabinen wurden 1947 neu angefertigt. Jede ist oben an einer Achse aufgehängt und kann 20 stehende Passagiere aufnehmen.

inklusive Kanälen und eine frühe Form der Achterbahn mit einer imitierten Bergpassage.

Davon gekommen Das Riesenrad hatte sofort Erfolg: Bereits in den ersten Saisons verkaufte man eine viertel Million Tickets. Anders als seine Vorgänger entging es der Demontage nach Ende der Messe. 1916 gab es zwar eine Abrissgenehmigung, doch das Geld dafür fehlte. Das Rad überlebte, es wurde zu einem bedeutenden Merkmal der Wiener Skyline und beliebten Ziel für Besucher der Stadt. Wiener Kinder wurden anlässlich ihrer Erstkommunion traditionell mit Kutschen zum Prater chauffiert und durften als Krönung des Besuchs dort mit dem Riesenrad fahren.

Filmruhm Im Zweiten Weltkrieg brannte das Riesenrad ab, wurde aber wieder aufgebaut und mit neuen Kabinen ausgestattet. Heute hat es 15 statt der ursprünglich 30 Gondeln. Noch immer kann man einsteigen und sich bei der Fahrt an den größten Auftritt des Riesenrads erinnern, als Schauplatz des Zusammentreffens von Orson Welles und Joseph Cotten in *Der dritte Mann*.

GENF, SCHWEIZ

Jet d'Eau

DIE AUFFÄLLIGE WASSERFAHNE DES JET D'EAU IM GENFER SEE SAGT AUCH ETWAS ÜBER DIE SCHWEIZ AUS, DER ES GELUNGEN IST, EINE FONTÄNE ZU EINEM WELTWEIT BEKANNTEN WAHRZEICHEN ZU MACHEN. EIGENTLICH ENTSPRICHT DIES NICHT DEN VORSTELLUNGEN VON EINER BEDÄCHTIGEN, ALPINEN NATION.

Der Jet d'Eau wird mit Elektrizität betrieben. Die Fontäne ist protzig, extravagant und verschwenderisch – drei Attribute, die man Schweizern normalerweise nicht zuschreibt. Warum ist diese Fontäne nun so berühmt?

Hydraulisch Vielleicht ist sie ja ein Gegenmittel, ein Sicherheitsventil des Spaßes um des Spaßes willen, errichtet von einem Volk, das es mit seiner Beherrschtheit selbst in der rauen Gebirgswelt zu Wohlstand gebracht hat. Tatsächlich schoss die Fontäne früher aus einem Überdruckventil. Denn Ende des 19. Jahrhunderts musste das Wasserkraftwerk Usine de la Coulouvrenière Druck von den Turbinen nehmen, wenn die Genfer Fabriken und Betriebe abends ihre Druckleitungen absperrten. 1886 installierte ein einfallsreicher Ingenieur als Übergangslösung bis zum Bau eines Reservoirs ein Auslassventil in der Rhone. Die 30 m hohe Fontäne lockte Einwohner und Touristen gleichermaßen an.

Elektrisch Anlässlich der Feiern zum 600. Gründungstag der Eidgenossenschaft verlegte man die Fontäne nach fünf Jahren flussaufwärts in den Genfer See. Diese zweite Fontäne brachte es auf 90 m Höhe. Ein halbes Jahrhundert später entstand aus der Aufbruchstimmung nach dem Krieg und dem Hang zu Fontänen

FAKTEN

Höhe
140 m

Volumen
500 l Wasserausstoß pro Sekunde; jeweils 7000 l Wasser sind gleichzeitig in der Luft.

Geschwindigkeit
Das Wasser schießt mit 200 km/h in die Höhe.

Zeit
An einem windstillen Tag schweben die Tropfen 16 Sekunden lang in der Luft.

Leistung
Zwei Pumpen mit jeweils 500 kW Leistung werden von einem 2400-V-Anschluss gespeist.

Gegenüber: Der Jet d'Eau teilt den Blick auf die Stadt in zwei Hälften und erscheint sogar höher als die Alpen dahinter.

Rechts: Die beleuchtete Fontäne bleibt bis spät in die Nacht in Betrieb und gehört zum Stadtbild von Genf.

heraus der Jet d'Eau. Nach dem Einschalten der Elektropumpen mit mehr als 1000 kW Leistung schoss das Wasser nun bis auf eine Höhe von 140 m – Genf hatte damit die höchste Fontäne der Welt.

Fantastisch Beim Blick von der Steinmole, die neben der Fontäne in den See hinaus führt, erinnert der Wasserstrahl mit seiner Kraft an alpine Wasserfälle. Auch die Perspektive vom Aussichtspunkt, wo der See in die Rhone fließt, ist beeindruckend.

In den letzten sechs Dekaden gab es immer neue Höhenrekorde. Heute führt die King Fahd's Fountain (1985) in Dschidda, Saudi-Arabien, mit 260 m die Rekordliste an, gefolgt von der World Cup Fountain (2002) in Seoul, Korea; der Port Fountain (2006) in Karatschi, Pakistan; dem Fountain Park (1970) in Fountain Hills, Arizona, USA; der Dubai Fountain (2008) und dem Captain Cook Memorial Jet (1970) in Canberra, Australien. Der Jet d'Eau rangiert erst hinter all diesen Fontänen, in Sachen Berühmtheit übertrifft er sie aber alle – Größe ist eben nicht alles.

Unten: Dieser Blick auf den Genfer See und die berühmte Fontäne bietet sich vom Kirchturm der Kathedrale St. Peter.

BILBAO, SPANIEN

Guggenheim-Museum Bilbao

DAS GUGGENHEIM LIEGT WIE EIN FREMDARTIGES, SILBERNES RIESENSCHIFF AM UFER DES NERVIÓN IN BILBAO. SEINE ERÖFFNUNG 1997 VERÄNDERTE DIE SICHT DER WELT AUF DIESE STADT UND KUNSTMUSEEN GENERELL. AUCH WENN DIE MEINUNG DAZU GETEILT IST, WIRD ES DOCH ALLGEMEIN ALS ARCHITEKTUR-IKONE ANERKANNT.

Bilbao ist eine elegante Stadt mit einer faszinierenden Altstadt, breiten Straßen und Plätzen, die Gebäude aus dem 19. und 20. Jahrhundert säumen. Die Stadt kann auf eine lange Geschichte als Industrie-, Handels- und Bankenzentrum verweisen. Vor einem Jahrhundert war Bilbao die reichste Stadt Spaniens mit einem bedeutenden Hafen, mit Bergbau-, Stahl- und Schiffsbauunternehmen. Doch in den 1980er-Jahren war die Schwerindustrie am Ende, die Arbeitslosigkeit lag bei 25 Prozent und die Straßen waren geprägt von Zerfall, Schmutz und Gewaltausbrüchen.

Stadterneuerung Die Stadt leitete ein Programm zur Erneuerung der Infrastruktur ein, baute neue Verkehrsmittel, Wohnungen und Büros, erneuerte die Kanalisation und bekämpfte den Schmutz, der die Touristen abgeschreckt hatte. Im Zentrum des Plans stand der Bau eines aufwendigen Museums für moderne Kunst – für viele ein äußerst gewagtes, unverantwortliches Vorhaben. Tatsächlich veränderte das Museum die Zukunft Bilbaos: Von Anfang an zog es mehr als 800 000 Besucher jährlich an. Inzwischen versuchen andere Städte diesen „Guggenheim-" oder „Bilbao-Effekt" nachzuahmen.

Architektur-Ikone Der kanadisch-amerikanische Architekt Frank Gehry schuf ein dekonstruktivistisches

ZEITTAFEL

1991
Die Guggenheim Foundation unterzeichnet den Vorvertrag zum Bau eines Museums in Bilbao.

1993
Beginn der Bauarbeiten

19. Oktober 1997
Museumseröffnung mit einer Ausstellung über die Guggenheim-Museen, die Kunst des 20. Jahrhunderts und aktuelle europäische Kunst

1998
Mehr als 1,3 Millionen Besucher in einem Jahr

2007
Zum 10. Geburtstag des Museums wird das neue Kunstwerk *Arcos Rojos* von Daniel Buren auf der benachbarten La-Salve-Brücke enthüllt.

Rechts: Die Konturen im Inneren sind ebenso fließend wie die der Außenwände. Über dem zentralen Atrium verbinden „schwebende" Laufgänge die Galerieräume.

Links: Vom gegenüberliegenden Flussufer betrachtet wirkt der Bau wie ein riesiges Schiff mit windgeblähten Segeln.

Rechts: Den 10. Geburtstag des Museums feierte man 2007 mit einem Feuerwerk.

Design, das von Bilbaos maritimer Geschichte und dem Standort am Flussufer inspiriert ist. Der aus Kalkstein, Glas und Titan errichtete Bau erinnert an die geblähten Segel eines Schiffs, und seine Titanverkleidungen glänzen wie Fischschuppen. Auch die Innenwände sind gewölbt. Im 50 m hohen Glasatrium führen stählerne Aufgänge zu den auf drei Ebenen angeordneten 19 Ausstellungsräumen. Neben der Dauerausstellung präsentiert man wechselnde Ausstellungen zeitgenössischer Kunst.

Kritiker bemängeln, das Gebäude sei zu dominant, füge sich nicht in das Stadtbild ein und sei als öffentlicher Raum eher unfreundlich. Optisch hinterlässt es einen bleibenden Eindruck, ob es nun als Teilansicht am Ende einer engen Straße auftaucht oder sich am Flussufer mit seinen glänzenden Titanschuppen präsentiert, die sich im Wasser spiegeln.

Rechts: Vor dem Eingang sitzt Jeff Koons riesige Skulptur *Puppy* (1992), heute ein Maskottchen der Stadt.

BARCELONA, SPANIEN

Basilika Sagrada Familia

BARCELONAS BERÜHMTESTES BAUWERK, 1882 BEGONNEN, GILT ALS ARCHITEKTONISCHES SCHMUCKSTÜCK, OBWOHL ES NOCH IMMER UNVOLLENDET IST. VON BIZARRER SCHÖNHEIT UND ÜBERFRACHTET MIT SYMBOLIK WAR DIE KATHEDRALE DIE LEBENSAUFGABE IHRES EIGENWILLIGEN SCHÖPFERS ANTONIO GAUDÍ.

Ende des 19. Jahrhunderts stiegen die Preise für Bauland in Barcelona, wegen ihrer Industrie auch „Klein-Manchester" genannt, doch der „Geistliche Verein der Verehrer des Hl. Josef" fand 1881 einen Platz für seine neue Sühnekirche. Er lag in einem von Arbeitern bewohnten Außenbezirk. Der Verein hoffte, die Frömmigkeit der Bewohner zu fördern und wohlhabende Bürger zu Spenden zu veranlassen.

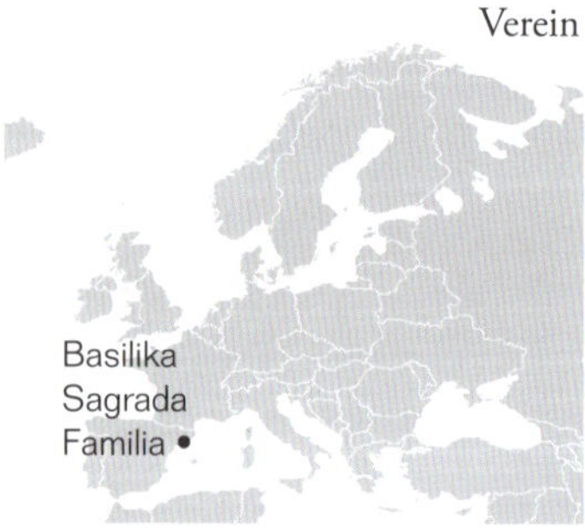

Francisco de Paula del Villar wurde als Architekt verpflichtet und entwarf Pläne für eine schlichte neugotische Kirche. Nach Auseinandersetzungen mit dem Verein trat er, noch bevor die Krypta fertig war, bereits 1882 zurück. Gaudí, der den konservativen Vorstellungen des Vereins mehr zugetan war, übernahm den Auftrag und vollendete die Krypta. Eine großzügige Spende sicherte die Finanzierung des Vorhabens in den 1890er-Jahren, und Gaudí begann die Neukonzipierung der Kirche, die ihn für den Rest seines Lebens beschäftigen sollte. Permanent erweiterte er seine Pläne, und am Tag seines Todes fand man eine Skizze einer der Fassaden in seiner Jackentasche.

Katalanische Moderne Gaudís frühe Architektur war geprägt von einer um katalanische Stilelemente bereicherten Wiederbelebung der Gotik. Seine Liebe zur Natur kam in der Zeit des Jugendstils und des Symbolis-

Links: Jede der drei Monumentalfassaden wird einmal vier Türme haben, welche die zwölf Apostel repräsentieren.

Rechts: Das zentrale Motiv oberhalb der Geburtsfassade ist der „Baum des Lebens“ mit einem Schwarm weißer Tauben.

Unten: Die Glockentürme werden durch schmale Laufgänge verbunden. So ist ein Blick auf die Mosaikverzierungen und über die Stadt Barcelona möglich.

mus zur ihrem Recht. Seine organisch, dynamischen Formen, die von Bäumen, Farnwedeln, Knochen, Muscheln und Früchten inspiriert waren, wurden durch den Einsatz moderner Baustoffe wie Stahlverstärkungen möglich. Der gläubige Katholik sah seine Arbeit als Huldigung an die göttliche Schöpfung mit der Sagrada Familia als schönster Entsprechung.

Gegensätzliche Fassaden Als seine Pläne immer ehrgeiziger wurden, beschloss Gaudí, zunächst eine Seite der Kirche komplett zu errichten, um so eine Vorstellung seiner gesamten Vision zu vermitteln. Anhand dieser Vorgabe konnten dann andere nach seinem Tod das Werk vollenden. Er wählte dafür die nach Osten, der Richtung des Sonnenaufgangs, ausgerichtete Fassade mit der Darstellung der Geburt Christi als vertrautem Thema. Die üppigen Reliefdarstellungen von sich kräuselndem, wucherndem Blattwerk, sie erinnern mehr an Wachs als an Stein, bilden den Hintergrund für Figuren aus der Geschichte von Christi Geburt.

Links: Grün schimmernde Kacheln sollen die Illusion eines Laubdachs erzeugen. Aus Hunderten von Fenstern strömt Licht ins Kircheninnere. Die nach und nach eingebauten Farbscheiben erzeugen besondere Farbeffekte.

Die 1954–1976 errichtete Passionsfassade nach Westen (der Richtung des Todes) steht im harten Gegensatz dazu. Sie ist wesentlich schlichter gehalten, mit starken Licht-Schatten-Kontrasten und stilisierten kantigen Figuren des katalanischen Bildhauers Josep Maria Subirachs. Die bedrückenden Szenen stellen, ganz im Sinne Gaudís, den Leidensweg bis zur Kreuzigung dar.

Die Fassade der Herrlichkeit, die größte der drei Fassaden, wurde 2002 begonnen und ist noch nicht fertig. Sie zeigt die Auferstehung der Seelen beim Jüngsten Gericht. Ihre Säulen werden auf den sieben Todsünden ruhen und von den sieben Tugenden gekrönt sein.

Schulden und Krieg Der Baufortschritt hing immer von dem Zufluss privater Spenden ab. Bei Gaudís Tod 1926 stand erst einer der insgesamt geplanten 18 Türme, und die Geburtsfassade brauchte noch zehn Jahre bis zur Vollendung. Weil Gaudí lieber dreidimensional als auf Papier plante, schuf er in seinen letzten Lebensjahren ein maßstabsgetreues Gipsmodell, das in seinem Atelier neben der Baustelle stand. Durch den Ausbruch des Bürgerkriegs kamen die Arbeiten zum Erliegen und die Zukunft der

Oben: Unter Anleitung Gaudís schufen verschiedene Künstler die Skulpturen der Geburtsfassade.

Rechts: Momentan sind Kräne die höchsten Konstruktionen der Kirche, doch eines Tages wird der Hauptturm alles überragen.

ZEITTAFEL

1882
Grundsteinlegung

1883
Gaudí übernimmt das Projekt.

1892
Geburtsfassade begonnen

1923
Gaudí vollendet die Modelle von Schiff und Dach.

1926
Tod Gaudís

1936
Kirche und Atelier im Bürgerkrieg beschädigt

1954
Passionsfassade begonnen

2001
Erste Farbfenster eingebaut

2010
Weihe des Bauwerks als Basilica minor durch Papst Bendikt XVI.

Links: Bibeltexte an den Portalen sollen die Gedanken der Gläubigen beim Betreten der Kirche sammeln.

Kirche schien gefährdet. 1936 zerstörten katalanische Anarchisten Gaudís Atelier und zerschlugen die Gipsmodelle. Die Bruchstücke wurden gerettet und nach dem Krieg sorgfältig wieder zusammengesetzt. Mit Hilfe erhaltener Zeichnungen und Fotografien der Modelle sowie von Computermodellen konnte weitergebaut werden.

Einsegnung Als 2010 das Dach fertiggestellt war, konnte die Basilika geweiht werden. Anstelle der stilisierten Säulen und Fächergewölbe der alten gotischen Kathedralen, die an das Laubdach heiliger Haine der Antike erinnerten, findet man hier verzweigte Stämme mit üppigem Blattwerk, dazu an der Decke zahlreiche Früchte und Blumen.

Die geplanten 18 Türme der Kirche repräsentieren die Apostel, die Evangelisten, die Jungfrau Maria und in Form des größten Turms Jesus Christus. Dann wird die Sagrada Familia die höchste Kirche der Welt sein, aber nicht den über Barcelona aufragenden Montjuïc übertreffen: Gaudí wollte das „letzte große Heiligtum der Christenheit" schaffen, aber nicht Gottes Werk überbieten.

SEGOVIA, SPANIEN

Aquädukt von Segovia

RÖMISCHE INGENIEURE ERRICHTETEN DEN AQUÄDUKT IN SEGOVIA NACH DEN VORGABEN DES ARCHITEKTEN VITRUV. DIE GEMAUERTE BRÜCKE HAT DIE ZEIT FAST UNBESCHÄDIGT ÜBERSTANDEN UND BEZEUGT ALS BLEIBENDES MONUMENT DIE TECHNISCHEN FÄHIGKEITEN DER RÖMISCHEN BAUMEISTER.

Der römische Architekt Marcus Vitruvius setzte Standards, die in Europa bis zur Entwicklung der modernen Baumaterialien galten. In seinem Werk *De Architectura* definiert er die Vorgaben für Bauwerke: *firmitas, utilitas, venustas* – Festigkeit, Nützlichkeit, Schönheit. Besser lässt sich der Aquädukt von Segovia nicht beschreiben.

Festigkeit Auch ohne die Verwendung von Mörtel oder Zement hielt das filigrane Bauwerk fast 2000 Jahre allein durch die Präzision, mit der die 20 400 Granitblöcke eingepasst wurden. Der Aquädukt ist so stabil, dass er sogar die Zerstörung einiger zentraler Bögen beim Einfall der Mauren im 11. Jahrhundert überstand. Im 15. Jahrhundert bauten Handwerker die beschädigten Teile nach den römischen Vorgaben wieder auf. Im 16. Jahrhundert fügte man auf der oberen Ebene zwei Schmucknischen ein: In der nach Norden zeigenden Nische stand eine Statue des Herkules, des legendären Gründers der Stadt, in der anderen stehen bis heute Statuen der Jungfrau von Fuencisla (Stadtpatronin) und des Hl. Stephan.

Nützlichkeit Bis auf diese Statuen ist alles an diesem Aquädukt auf Nützlichkeit ausgelegt. Er versorgte die Einwohner Segovias mit Wasser aus dem rund 16 km entfernten Fuenfría. Über einen Kanal gelangte das Wasser

FAKTEN

Schutzherren
Die Kaiser Domitian und Trajan

Alter
Ausgrabungen an den Fundamenten verweisen auf 50 n. Chr.

Dimensionen
Der Aquädukt besteht aus 166 Bögen und 120 Säulen, die in zwei Ebenen angeordnet sind. Er ist 813 m lang und aus 20 400 Granitblöcken erbaut.

Zerstörung und Wiederaufbau
1072 von den Mauren teilweise zerstört; nach 1484 auf Anweisung von König Ferdinand und Königin Isabella repariert; 1930 ersetzte ein Betonkanal den Steinkanal aus dem 16. Jahrhundert.

Status
Seit 1985 als UNESCO-Welterbe anerkannt

Oben: Seit fast 2000 Jahren blicken die Einwohner von Segovia auf den weit geschwungenen Aquädukt, der ihnen lange Zeit das lebensnotwendige Wasser lieferte.

Rechts: In der Nische im Mittelteil (hier der Blick von der anderen Seite) stehen Statuen der Jungfrau von Fuencisla und des Hl. Stephan aus dem 16. Jahrhundert.

an den südöstlichen Stadtrand und floss dann über das 813 m breite technische Bauwerk. Bis in jüngere Zeit versorgte er das Altstadtviertel Alcázar mit Wasser. Es gibt ein regionales Sprichwort: „El acueducto da título a Segovia" – „Der Aquädukt ist Segovia." Ohne den Aquädukt gäbe es die Stadt nicht, ein eindeutiger Beleg für dessen anhaltende Nützlichkeit.

Schönheit Technische Bauwerke sind meist nicht sehr ästhetisch, doch dieser Aquädukt ist eine bemerkenswerte Ausnahme. Schon die Spannweite des Bauwerks beeindruckt, sein Erhaltungszustand und Alter erhöhen den ästhetischen Reiz zusätzlich. Die eigentliche Schönheit liegt darin, wie filigran die Stabilität dieser Granitbrücke erzielt wurde. Das ist der Bogenkonstruktion zu verdanken: Die Römer kannten die Statik von Bögen und wie diese Kräfte nach unten und seitwärts weiterleiten. Die Proportionen des Aquädukts mit mehreren Ebenen und sich verjüngenden Säulen demonstrieren, wie aus Effizienz und Nützlichkeit Schönheit resultieren kann.

GRANADA, SPANIEN

Alhambra

DIE ALHAMBRA, EINE BEFESTIGTE PALASTANLAGE IM SÜDEN SPANIENS, PRÄSENTIERT SICH ALS SCHMELZTIEGEL ARABISCH-EUROPÄISCHER UND ISLAMISCH-CHRISTLICHER BAUSTILE UND TRADITIONEN. DIE FASZINIERENDEN HÖFE UND GEBÄUDE ZEIGEN, DASS EIN PARADIES AUF ERDEN KEIN WIDERSPRUCH SEIN MUSS.

Die Handwerker der Nasridenherrscher wollten im 14. Jahrhundert ein irdisches Paradies schaffen, als sie diesen Gebäudekomplex in einem System von Befestigungsanlagen einschlossen. Die Türme wachten über das maurische Spanien und blickten nach innen auf ein wachsendes Labyrinth von Gebäuden, die sich um unterschiedlich große Höfe gruppierten und mit Gängen und Zwischenhöfen verbunden waren. Überall schmücken Bäume und Blumen das Steindekor aus stilisiertem Blattwerk.

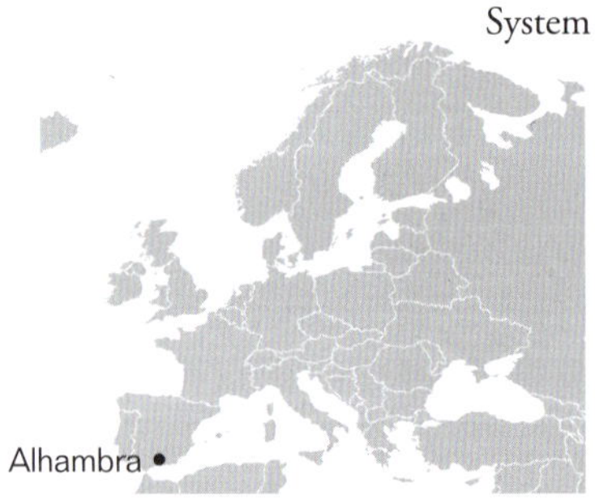

Göttliche Geometrie Bögen, Säulen, Kuppeln und Decken, die mit an Stalaktiten erinnernden Muqarnas verziert sind, vermitteln einen besonderen, nicht europäischen Eindruck. Wände und Böden sind mit bemalten Fliesen bedeckt, deren verflochtene Muster die Komplexität der Architektur aufgreifen und Unendlichkeit andeuten. Hinter der geometrischen Ikonografie der Alhambra steht ein islamisches Konzept der göttlichen Ordnung. Unter dem Einfluss westlicher Ideen entwickelten arabische Handwerker hier fern ab der restlichen islamischen Welt den Mudéjarstil.

Nach acht Jahrhunderten endete 1492 die islamische Herrschaft über Granada. Mit dem 1527 von Karl V. erbauten Renaissancepalast begann eine Zeit der italienisch geprägten Neubauten, die bis zum Tod Philipps V. 1746

ZEITTAFEL

9. Jahrhundert
Erste Erwähnung der Zitadelle Qal'at al-Hamra

1241–1492
Sultane der Nasridendynastie lassen die Zitadelle bauen und erweitern.

2. Januar 1492
Ferdinand V. erobert die Stadt, die Mauren werden aus Spanien vertrieben.

16. Jahrhundert
Karl V. baut einen Palast im europäischen Stil.

18. Jahrhundert
Ausbau unter Philipp V.

1870
Nach langer Vernachlässigung zum nationalen Monument erklärt

1984
Zum UNESCO-Welterbe erklärt

Oben rechts: Ein maurisches Stalaktitengewölbe schmückt die Sala de los Abencerrajes.

Rechts: Die glatte Wasseroberfläche reflektiert die Fassade von El Partal.

Oben: Die Alhambra bietet ein Wechselspiel von Farbe und Licht und wurde als „eine in Smaragd gefasste Perle" beschrieben.

Rechts: Der Blick in den Löwenhof eröffnet ein kleines Reich mit exquisiter Architektur und Dekoration.

andauerte. Das spanische Reich zerfiel, und die Alhambra wurde bis ins 19. Jahrhundert vernachlässigt.

Patio de los Leones Ein Highlight der Anlage ist der Löwenhof, ein quadratischer Platz mit einem Springbrunnen, dessen Alabasterbecken auf den Rücken von zwölf Marmorlöwen ruht. Galerien und Pavillons mit insgesamt 124 Säulen rahmen den Hof ein. An den Wänden glänzen blau und goldgelb glasierte Fliesen.

Farbe und Licht prägen die Alhambra. Ein arabischer Dichter beschrieb die äußeren Mauern und das umgebende Waldland als „eine in Smaragd gefasste Perle". Das Erscheinungsbild der Burganlage ist vielfältig und ihr arabischer Name bedeutet „Die Rote".

Paradies Aus dem arabischen Al-Hamrā entwickelte sich das weltweit bekannte Alhambra. Inzwischen tragen Theater, Kinos, Hotels und Nachtklubs diesen Namen, ebenso ein Auto, ein Bier und eine Filmgesellschaft. Und in Kalifornien gibt es die Stadt Alhambra. Allen gemeinsam ist das Streben nach einem Stückchen vom Paradies.

LISSABON, PORTUGAL

Torre de Belém

IM FRÜHEN 16. JAHRHUNDERT BLICKTE PORTUGAL AUFS MEER HINAUS. KARAVELLEN GINGEN VON LISSABON AUS AUF GROSSE FAHRT; GLEICHZEITIG KAMEN BESUCHER – NICHT IMMER IN FREUNDLICHER ABSICHT. DER TORRE DE BÉLEM, ZUR BEGRÜSSUNG ODER ZUM SCHUTZ ERBAUT, GILT BIS HEUTE ALS ARCHITEKTONISCHES JUWEL.

Der gedrungene kleine Turm mit seiner in den Fluss vorspringenden Bastion markiert die Stelle, von der Vasco da Gama 1497 zur ersten europäischen Schiffsexpedition nach Indien aufbrach. Der Turm, der auf Anordnung von König Manuel I. zwischen 1515 und 1521 erbaut wurde, steht 6 km westlich von Lissabon am Nordufer des Tejo kurz vor dessen Mündung in den Atlantik. Der Torre de Belém besaß immer schon eine große Symbolkraft.

Dekoratives Kaleidoskop Der Entwurf mit Türmchen, gerippten Kuppeln, Bogenfenstern und Zinnen ist eine Mischung aus Gotik und maurischem Stil. Die Skulpturen aus Lioz-Kalkstein sind christlich, europäisch und teilweise typisch portugiesisch inspiriert. An der Brüstung taucht mehrfach das Kreuz des Christusordens auf, dem auch König Manuel I. und Vasco da Gama angehörten. Der einst fanatische Kreuzfahrerorden förderte nun die Entdeckungsfahrten und die Kolonisation.

Neben religiösen Motiven finden sich solche von Eroberungen. Es gibt Löwen, ein Rhinozeros und eine Statue der Jungfrau von Belém, die in der einen Hand ein Kind, in der anderen ein Traubenbündel hält. Reliefs von Seilen und Knoten bezeugen die Tapferkeit von Portugals Seefahrern und Entdeckern.

ZEITTAFEL

1515–1521
Bau des Turms auf einer Insel im Tejo

1580
Die spanische Invasion kann nicht verhindert werden.

1755
Das Erdbeben von Lissabon lässt den Tejo versanden; das Ufer verlagert sich zum Turm hin.

1907
Der Torre de Belém wird zum nationalen Monument; zuvor war er Leuchtturm, Zollhaus, Telegrafenstation und Gefängnis.

1983
Aufnahme in die Liste des UNESCO-Welterbes

Gegenüber: Die Struktur des Turms von Belém ist vorwiegend europäisch-gotisch, die Details zeigen maurische Einflüsse.

Rechts: Die Melonenkuppeln der Wachhäuschen sind marokkanisch, die Brüstungsschilde mit dem Kreuz des Christusordens christlich, die Seilverzierungen typisch portugiesisch.

Unten: Der Turm zeigt Tiere aus den Kolonien. 1513 sank in der Nähe ein Schiff mit einem Nashorn an Bord. Das Tier diente als Vorlage für diese Skulptur und einen Holzschnitt von Albrecht Dürer.

Defensive Aufgabe Der Turm mag wie ein Fantasieschloss wirken, erfüllte aber eine militärische Aufgabe. Die Bastion, die auf einer Basaltinsel erbaut wurde, die heute durch Aufschüttung nahe ans Ufer gerückt ist, bildete mit der Festung Cascais am rechten Ufer und St. Sebastiao da Caparica am linken Ufer das Verteidigungssystem der Tejomündung. Der Pier besaß 16 Geschützstellungen. Im Turm führt eine Wendeltreppe über vier Etagen auf die Plattform, wo man nach Schiffen Ausschau hielt und Leuchtzeichen gab. Oben gibt es sechs Wachtürme, darunter einen Gewölbekeller, der als Arsenal, später als Gefängnis genutzt wurde.

Der Saal des Gouverneurs öffnet sich zur Terrasse der Bastion mit den Kanonen. Die übrigen Räume hatten weniger militärische Funktionen. Zum prächtigen Königssaal im zweiten Stock gehört ein eleganter, auf den Fluss ausgerichteter Renaissancebalkon mit sieben Bögen. Der Audienzsaal im dritten Stock bietet einen Rundumblick, im vierten Stock befindet sich eine Kapelle.

GIBRALTAR

Felsen von Gibraltar

DER FELSEN VON GIBRALTAR BEEINDRUCKT DURCH SEINE GRÖSSE, DOCH SEINE EIGENTLICHE BEDEUTUNG LIEGT WOANDERS. DURCH SEINE STRATEGISCHE LAGE AN DER NAHTSTELLE ZWISCHEN EUROPA UND AFRIKA BILDET GIBRALTAR EINE ZITADELLE, VON DER AUS DER ZUGANG ZUM MITTELMEER KONTROLLIERT WERDEN KANN.

Das Mittelmeer würde ganz allmählich durch Verdunstung austrocknen, gäbe es nicht die Straße von Gibraltar. Einst markierte der mächtige Felsen dort das Ende der bekannten Welt. Jenseits im wilden, unheimlichen Atlantik lauerten unbekannte Gefahren und hatte der Tod sein Zuhause. Durch die Meerenge zu segeln, wie die tollkühnen Phönizier, hieß eine mystische Pforte zu durchschreiten.

Säulen des Herkules Die antiken Dichter erzählen von den Arbeiten des Herkules, zu denen auch die Überquerung des Atlasgebirges am Westende des Mittelmeers gehörte. Der ungeduldige Held zerschmetterte einfach den Berg und schuf so die Passage und die Säulen des Herkules. Die nördliche Säule war als Mons Calpe bekannt. Nach der Besetzung Spaniens durch die Mauren 711 unter Tariq ibn-Ziyad hieß der Fels Jabal al Tariq (Berg des Tariq), woraus später der heutige Name Gibraltar entstand.

Strategische Bedeutung Die Mauren stationierten ihre Flotte in Gibraltar und bauten zu deren Schutz eine Festung auf dem Felsen. Von Gibraltar aus sicherten sie sich bis 1462 die Vorherrschaft im Mittelmeer. Alle europäischen Seemächte erkannten die strategische Bedeutung des Felsens. Nach dem Ende des Spanischen

ZEITTAFEL

950 v. Chr.
Herrschaft der Phönizier

711 n. Chr.
Maurische Herrschaft

1462
Spanische Herrschaft

1704
Britische Herrschaft (1713 bestätigt im Vertrag von Utrecht)

1779–1783
Französische und spanische Truppen belagern Gibraltar.

1969
Spanien erschwert den Zugang nach Gibraltar; Großbritannien betont, Gibraltar nicht gegen den Willen der Bevölkerung an Spanien zurückzugeben.

2002
Ein Referendum lehnt eine geteilte Souveränität mit Spanien ab.

2006
Erste Landung einer Maschine von Iberia Airlines in Gibraltar

2009
Wiedereröffnung der 1969 eingestellten Fährverbindung Gibraltar–Algeciras

Gegenüber: Gibraltar ist eines der am dichtesten besiedelten Gebiete der Welt, und die Meerenge eine der verkehrsreichsten Wasserstraßen.

Rechts: Der Europa Point ist die südlichste Spitze des Felsens. Der dort 1838 errichtete Leuchtturm sollte die Schiffspassage sicherer machen.

Erbfolgekrieges musste Spanien 1713 Gibraltar an Großbritannien abtreten. Bis heute fordert Spanien die Rückgabe des Territoriums.

Einwohner und Reisende Von den 30 000 Einwohnern des Territoriums sind 27 Prozent britischer, 26 Prozent spanischer und der Rest sonstiger Herkunft. Auf dem Fels leben Berberaffen, die einzigen wilden Affen Europas, und Felsenhühner. Das subtropische Klima begünstigt eine reiche Flora mit einzigartigen Pflanzen. Zugvögel nutzen den Fels für Zwischenstopps. Auch die Menschen haben die Vorteile des Standorts erkannt: Gibraltar lag für sie immer zentral und peripher zugleich. Noch immer führt ein reger Verkehr an diesem Eckpfeiler Europas vorbei.

Rechts: Die 14,3 km breite Straße von Gibraltar ist eine strategische Nahtstelle zwischen Europa und Afrika.

Unten: Gibraltars Territorium umfasst 6,85 km², der Felsen erreicht eine Höhe von 426 m.

VENEDIG, ITALIEN

Markusplatz

NAPOLEON SOLL DIESEN PLATZ DEN „SCHÖNSTEN SALON EUROPAS" GENANNT HABEN. ALLERDINGS WIRD VENEDIGS BEDEUTENDSTE FREIFLÄCHE IMMER ÖFTER ÜBERSCHWEMMT, DENN DER STEIGENDE MEERESSPIEGEL BEDROHT DIE FRAGILE STADT. DER SALON DROHT ZU EINEM PLANSCHBECKEN ZU WERDEN.

Seit rund tausend Jahren ist die Piazza San Marco das Zentrum der Stadt. Der Platz, der von Markuskirche und Dogenpalast eingerahmt wird, bildet das Herz Venedigs; hier konzentriert sich das politische, religiöse, kommerzielle und gesellschaftliche Leben. Meist spricht man einfach von der Piazza, denn alle anderen Plätze werden als *campo* bezeichnet. Hier drängen sich keine Autos, dafür aber Menschen und Tauben, untermalt von der Musik der Caféorchester.

Markuskirche Die dominante Kirche am Ostende der Piazza wurde zur Aufbewahrung der Gebeine des Hl. Markus errichtet, die venezianische Kaufleute in Alexandria gestohlen hatten, und diente als Privatkapelle des Dogen. Das Gebäude im byzantinischen Stil stammt aus dem 11. Jahrhundert, wurde in den folgenden Jahrhunderten aber stark verändert. Jedes nach Venedig zurückkehrende Kaufmannsschiff brachte Schätze, teilweise älter als die Kirche selbst, zur Ausschmückung der Basilika mit. Die Ziegelsteinfassade verschwand so allmählich hinter Marmor, Reliefs und glitzernden Mosaiken.

Festplatz Der Platz in seinen heutigen Dimensionen wurde geschaffen, als der Machtkampf zwischen Kaiser Friedrich I. Barbarossa und Papst Alexander III., den der Vatikan gewann, hier 1177 mit dem Frieden von Venedig

ZEITTAFEL

832
Grundsteinlegung der Markuskirche

1177
Friede von Venedig

12. Jahrhundert
Bau der Procuratie Vecchie; nach Zerstörung Wiederaufbau im 16. Jahrhundert

1513
Campanile in heutiger Form vollendet

1586
Bau der Procuratie Nuove

1720
Caffè Florian eröffnet

1807
Markuskirche als Kathedrale geweiht

1810
Napoleonischer Flügel komplettiert den Platz im Westen

1902
Einsturz des Campanile, 1912 restauriert

Links: Seit 1723 ist der Platz mit dunklem Trachyt gepflastert, der mit dem weißen Travertin ein elegantes Muster bildet.

Rechts: Die aus Byzanz herbeigeschafften Schätze verhalfen der Markuskirche im 13. Jahrhundert zu ihrer Prachtfassade mit Marmor und Mosaiken.

Ganz rechts: Über dem mittleren Bogen thronend, blickt der Hl. Markus über den Platz. Sein geflügelter Löwe wurde zum Wappentier der Republik Venedig.

Rechts: Das zarte gotische Maßwerk am Dogenpalast wird von der Dachlinie der Kathedrale aufgegriffen.

Unten rechts: Besucher des berühmten Karnevals richten ihre Kostüme in den vergoldeten Spiegeln des Caffè Florian.

beendet wurde. Friedrichs Niederlage wurde mit allem erdenklichen Pomp in der Markuskirche besiegelt. Den Vorplatz erweiterte man dafür durch Verfüllen eines Kanals und dem Bau einer Anlegestelle neben dem Palast.

Gesellschaftsleben In den Gebäuden mit Arkaden rings um den Platz aus dem 16. Jahrhundert residierten die Prokuratoren, die wichtigsten Beamten der Lagunenrepublik. Heute befinden sich hier Museen, Geschäfte und die traditionsreichen Caféhäuser Florian, Lavena und Quadri. Wenn man an einem der Tische an der Piazza Platz nimmt, bekommt man den wohl teuersten Kaffee seines Lebens serviert, genießt dafür aber einen unbezahlbaren Blick auf die Leute. Für einen Blick von oben empfiehlt sich der Campanile, das höchste Gebäude Venedigs.

Nasse Füße Die Piazza ist der niedrigst gelegene Bereich der Stadt und wird als erstes überflutet. Die Einheimischen achten auf die Sirenen, die vor *acqua alta* (Hochwasser) warnen: Straßenhändler bieten dann Gummistiefel an, und die Touristen marschieren über erhöhte Laufwege zur Markuskirche.

VENEDIG, ITALIEN

Seufzerbrücke

DIE SEUFZER SOLLEN DIE VERURTEILTEN GEFANGENEN AUSGESTOSSEN HABEN, ALS SIE AUF DEM WEG ZUR EXEKUTION EINEN LETZTEN BLICK AUF VENEDIG ERHASCHTEN. DIESE ERKLÄRUNG IST SO ROMANTISCH WIE FALSCH: ALLERDINGS VERHALF SIE DER HÜBSCHEN BRÜCKE DAMIT ZU WELTRUHM UND ZAHLLOSEN BESUCHERN.

In der Republik Venedig war der Dogenpalast Residenz des Dogen und Justizgebäude, in seinen Kerkern hausten Gefangene, spezielle Häftlinge in den berüchtigten Bleikammern unter dem Dach. Nach dem Bau eines neuen Gefängnisses auf der anderen Seite des Rio di Palazzo, brauchte man eine Fußgängerbrücke als Zugang zum Justizgebäude.

Barocker Entwurf Die Ponte dei Sospiri, die einzige gänzlich überdachte Brücke Venedigs, die aus weißem Kalkstein gebaut wurde, war das Werk von Antonio Contino, der seinem Onkel beim Bau der Rialtobrücke assistiert hatte. Der 11 m breite Brückenbogen ist aufwendig mit Voluten, Pilastern und grotesken Köpfen verziert, die in Richtung Kanal Grimassen schneiden. Das Innere, schlicht und funktional, wird von einer Mauer in zwei schmale Gänge geteilt, damit Gefangene nicht miteinander kommunizieren konnten.

Die „Grand Tour“ Als die Brücke 1602 gebaut wurde, war die schreckliche Zeit der Inquisition mit Massenverhaftungen und Exekutionen in Venedig vorüber. In den neuen Zellen saßen gewöhnliche Kriminelle und keine Glaubenshäftlinge mehr. Zur Zeit der „Grand Tour“, der Kavaliersreise adeliger Sprösslinge, regte die Diskrepanz zwischen architektonischer Schönheit und düsterer Bestimmung die romantischen Fantasien an. Als

ZEITTAFEL

1589–1616
Bau des neuen Gefängnisses

1602
Seufzerbrücke vollendet

1757
Giacomo Casanova als Spion inhaftiert; angeblich entflohen

1797
Ende der Republik Venedig

1818
Veröffentlichung des Canto IV von Byrons *Childe Harold's Pilgrimage*

2010
Umstrittene Verhüllung der Seufzerbrücke mit einer Reklamewand während der Renovierung des Dogenpalastes

Gegenüber: Die Brücke wurde im Barockstil erbaut, auch wenn der Umbau des Palastes kurz zuvor dessen gotische Erscheinung bewahrt hatte.

Rechts: Ein Gondoliere rudert seine Passagiere unter der Brücke hindurch, wo sie sich ewiger Liebe versichern können.

Unten: Das durchbrochene Mauerwerk der niedrigen Fenster gestattete den Gefangenen nur einen eingeschränkten Ausblick.

erster führte Lord Byron den englischen Namen „Bridge of Sighs" (Seufzerbrücke) in seinem Werk *Childe Harold's Pilgrimage* ein:

> I stood in Venice, on the Bridge of Sighs,
> A palace and a prison on each hand ...

Das Versepos machte Byron berühmt und schuf die Figur des „Byronic Hero", eines zynischen und weltverdrossenen, aber höchst attraktiven Außenseiters – genau der Typ, der mit dem Gesetz in Konflikt geraten ist und den schicksalhaften Gang über die Brücke antreten muss.

Brücke der Liebenden Der beste Blick auf die Seufzerbrücke bietet sich von der Ponte della Paglia. Ein echter Venedigtourist wird aber in einer Gondel unter der Brücke hindurchfahren. Die Venezianer sagen, ein Paar, das sich bei Sonnenuntergang unter der Brücke küsst, bleibe für ewig zusammen – ein gutes Geschäft für die Gondoliere.

FLORENZ, ITALIEN

Baptisterium San Giovanni

MICHELANGELO SOLL DAS OSTPORTAL DES BAPTISTERIUMS ALS „PFORTE DES PARADIESES" BEZEICHNET HABEN. DIE BEISPIELLOSE AUSSCHMÜCKUNG DIESES BAUWERKS IM 11. BIS 15. JAHRHUNDERT IST AUSDRUCK DER ZENTRALEN BEDEUTUNG, DIE DAS CHRISTENTUM DEM SAKRAMENT DER TAUFE BEIMISST.

Dass hier einst ein römischer Tempel stand, ist eine Legende, doch es gab hier bereits im frühen 5. Jahrhundert ein oktogonales Baptisterium als erste christliche Einrichtung der Stadt. Der aktuelle, deutlich größere romanische Bau stammt aus dem 11. Jahrhundert, als Florenz an Macht und Wohlstand gewann.

Romanisch Beim Neubau des Battistero di San Giovanni wurde nicht an der Ausschmückung gespart. Die Fassaden bedeckt weißer Carrara- und dunkelgrüner Prato-Marmor. Im Inneren wurde ein prächtiger Marmorboden verlegt, während die Decke mit einer glitzernden Mosaikdarstellung des Jüngsten Gerichts im byzantinischen Stil geschmückt wurde. Dante Alighieri, der hier um 1265 getauft wurde, könnten die kraftvollen Szenen der Verdammten, die monströsen Ungeheuern zum Fraß vorgeworfen oder am Spieß geröstet werden, zu seinem *Inferno* inspiriert haben. Damals, Ende des 13. Jahrhunderts, fügte man an den äußeren Ecken auch die gestreiften Pfeiler hinzu. Die alte Kathedrale, die gegenüber lag, war einer aufstrebenden Stadt wie Florenz nicht mehr angemessen, und so legte man 1296 den Grundstein für einen neuen Kirchenbau, der mit dem Glanz des Baptisteriums mithalten konnte.

ZEITTAFEL

Spätes 6. Jahrhundert
Theudelinde, Königin der Langobarden, widmet Johannes dem Täufer eine oktogonale Kirche.

1059–1128
Neubau des Baptisteriums im romanischen Stil

12.–13. Jahrhundert
Marmorfußboden und Deckenmosaik geschaffen

1330–1336
Südportal von Andrea Pisano gestaltet

1403–1424
Nordportal von Lorenzo Ghiberti gestaltet

1425–1452
Ostportal von Ghiberti

Unten: Viele italienische Baptisterien übernahmen die oktogonale Form vom Baptisterium des Lateran in Rom.

Unten rechts: Das Ostportal Ghibertis wurde durch eine Kopie ersetzt, das Original steht heute im Dommuseum.

Gegenüber: Die Piazza del Duomo in Florenz bietet ein Arrangement herausragender Kirchenbauwerke, die von den Meistern der Frührenaissance entworfen und ausgeschmückt wurden.

Rechts: Ghibertis Bronzetafeln zeigen Episoden aus dem Alten Testament wie Adam und Eva im Garten Eden (oben) oder die Geschichte von Joseph (unten).

Die Portale Die Verschönerung des Baptisteriums lag in der Verantwortung der Arte di Calimala, einer Florentiner Gilde, die vor dem Aufstieg der Medici die Geschicke der Stadt bestimmte. 1330 erteilte man, auf Empfehlung Giottos, Andrea Pisano den Auftrag, zwei vergoldete Bronzetüren mit 28 Tafeln zu schaffen, die Szenen aus dem Leben Johannes des Täufers zeigen.

1401 startete die Calimala einen Wettbewerb für ein weiteres Portal, an dem sich Filippo Brunelleschi und Lorenzo Ghiberti beteiligten. Brunelleschi wandte sich aber von der Metallgestaltung ab und entwarf die Kuppel des Doms, sein Meisterwerk. Für den Gewinner Ghiberti wurde das Portal zur Lebensaufgabe. Er arbeitete 21 Jahre an den 28 Tafeln mit neutestamentarischen Szenen.

Pforten des Paradieses Für das Ostportal wählte Ghiberti einen völlig neuen, naturalistischen Stil. Die zehn großen Tafeln mit Szenen des Alten Testaments sind voller Aktion, Dramatik und Tiefe. Wegen der neu entdeckten Prinzipien der Perspektive gelten sie vielen als Ursprung der Renaissance.

PISA, ITALIEN

Schiefer Turm von Pisa

PISA IST WELTWEIT DURCH EIN ARCHITEKTONISCHES MISSGESCHICK BEKANNT, OBWOHL DIE STADT MEHR ZU BIETEN HAT ALS SEINEN CAMPANILE. DIE PIAZZA DEL DUOMO IST WEGEN IHRER HERAUSRAGENDEN ROMANISCHEN BAUTEN AUCH ALS „PLATZ DER WUNDER" BEKANNT.

Im Mittelalter war Pisa eine mächtige und reiche Seerepublik mit Handelsniederlassungen rund um das Mittelmeer. Das änderte sich, als im 13. Jahrhundert der Arno versandete: Pisa verlor seinen Zugang zum Meer und damit an Macht, schließlich wurde es von Florenz erobert. Die großartigen Kirchenbauten an der Piazza del Duomo stammen noch aus seiner Blütezeit.

Unsicherer Baugrund Das Land am Zusammenfluss zweier Flüsse war sumpfig und nicht sehr stabil, trotzdem baute man dort neben den viel älteren etruskischen und römischen Tempeln eine frühe christliche Kathedrale. Der prächtige *duomo* wurde 1064 begonnen und im 13. Jahrhundert vollendet. Auch er ist nicht perfekt waagerecht: Der große Bronzeleuchter im Hauptschiff zeigt wie ein überdimensionales Senklot deutlich die Abweichung an.

Schieflage Der höhere und schlankere Turm war wesentlich anfälliger. Der Entwurf im romanischen Stil der Kathedrale sah sechs Säulengalerien auf einer Basis mit Blendbögen und eine kleine Glockenstube an der Spitze vor. Doch die 1173 gelegten Fundamente waren zu schwach: Nach dem Bau der ersten drei Etagen begann der Turm sich zu neigen. Damals befand sich Pisa fast permanent im Krieg, sodass die Arbeiten rund hundert

FAKTEN

Höhe
55,86 m auf der niedrigen Seite, 56,7 m auf der hohen Seite

Winkel
3,99 Grad (seit der Stabilisierung); Überhang an der Spitze 3,9 m

Stabilisierung
Das 2003 installierte Drainagesystem hat das Problem des wechselnden Grundwasserspiegels behoben und den Turm stabilisiert.

Architekten
Die Originalpläne schreibt man heute Diotisalvi zu, der das Baptisterium entwarf; spätere Ergänzungen durch Nicola und Giovanni Pisano.

Gegenüber: Der Campanile steht frei hinter der Kathedrale, deren senkrechte Wände eine gute Vergleichsmöglichkeit bieten.

Rechts: Passend zur Fassade der Kathedrale ist die weiße Marmorverkleidung des Turms zur Betonung der Architekturdetails mit dunkelgrauen Steinen verziert.

Unten: Der Turm sollte nicht nur die Glocken tragen, sondern den Bürgern Pisas von seinen Galerien den Ausblick auf Veranstaltungen auf dem Platz bieten.

Jahre ruhten. Bei der Wiederaufnahme 1272 versuchte man, die Neigung durch die oberen Etagen zu kompensieren. 1370 kam die Glockenstube dazu. In den zwei Jahrhunderten hatte sich der instabile Untergrund unter dem Gewicht des Turms verdichtet, ansonsten wäre der Turm sicherlich umgekippt.

Im 19. Jahrhundert nahm die Schieflage zu. In Pisa sagte man, nur Gott halte den Turm noch aufrecht. Mussolini versuchte, ihn durch Betoneinspritzungen in die Fundamente aufzurichten, doch das verschlimmerte das Problem nur. 1990 bekamen die Mauern Risse und der Turm wurde gesperrt.

Rettung des Turms Mit Stahlreifen, Bleigewichten und Verankerungskabeln konnte ein Kollaps verhindert werden. Durch vorsichtiges Abtragen von Erde unter der höheren Seite verlagerte sich der Turm zurück. So stand er sicher und behielt seine charakteristische Neigung bei. Nun soll er stabiler stehen als je zuvor. Seit 2001 können die Besucher wieder seine schmalen Stufen erklimmen.

ROM, ITALIEN

Kolosseum

DAS KOLOSSEUM IST EIN WELTBERÜHMTES WAHRZEICHEN ROMS. MANCHMAL SCHEINEN SICH HIER HEUTE GENAUSO VIELE BESUCHER ZU DRÄNGEN WIE ZUR ANTIKEN BLÜTEZEIT, ALS ÜBER 50000 SCHAULUSTIGE DIE GLADIATOREN ANFEUERTEN UND DEM GRAUSAMEN ENDE VON KRIMINELLEN BEIWOHNTEN.

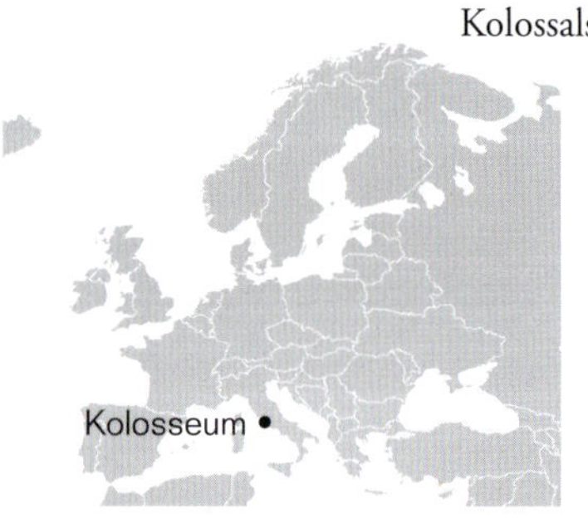

Das riesige Amphitheatrum Flavium, 80 n. Chr. der neueste Veranstaltungsort in Rom, verdankt seinen bekannteren Namen Kolosseum einer Kolossalstatue in der Nähe. Es war eine kluge und populäre Entscheidung von Vespasian und Titus, auf dem Grundstück des extravaganten Palastes ihres Vorgängers Nero ein Theater zu bauen. Neros Domus Aurea wurde eingeebnet, nur seine 30 m hohe Statue blieb, zum Sonnengott umgestaltet, stehen. Später wurde sie Namensgeber für das Amphitheater der Flavier.

Architektur Das elliptische Amphitheater besaß auf drei Etagen Arkadenreihen mit jeweils 80 Bögen und ganz oben eine Etage mit kleineren Fenstern. Alle Bögen im Erdgeschoss waren zur besseren Orientierung durchnummeriert und die Zuschauer kamen von dort über Treppenhäuser hinter den Rängen zu ihren Plätzen. Der Kaiser saß in seiner Loge am Nordende, die Loge im Süden war für die Vestalinnen reserviert. Dazwischen belegten die Senatoren die besten Plätze, gerade so weit über der Arena, dass sie nicht mit Blut bespritzt wurden. Die Sicht war überall gut, doch das einfache Volk (Arbeiter, Arme und Frauen) saß ganz oben fast 100 m vom Geschehen entfernt.

Spektakel Für die 100-tägigen Spiele zur Eröffnung wurden Wasserleitungen installiert, um in der gefluteten

FAKTEN

Bau
72 n. Chr. von Kaiser Vespasian begonnen; 80 n. Chr. von seinem Sohn Titus vollendet

Dimensionen
Länge: 189 m
Breite: 156 m
Äußere Mauer: 48 m hoch
Arena: 87 m lang und 55 m breit

Kapazität
Sitzplätze für 50 000 Zuschauer (5 Prozent der Einwohner Roms im 1. Jahrhundert)

Gegenüber: Die Hälfte der Außenmauer wurde von einem Erdbeben zerstört; die Ruinen verstärkte man im 19. Jahrhundert mit Ziegelsteinen.

Rechts: Die Beleuchtung wird symbolisch von Weiß auf Gold geändert, wenn irgendwo auf der Welt ein Todesurteil abgemildert wird.

Arena Seeschlachten simulieren zu können. Die Menge bevorzugte aber Gladiatorenwettkämpfe und Darbietungen mit wilden Tieren, von denen manchmal Tausende am Tag getötet wurden. Kaiser Domitian ließ unter der Arena Keller bauen, in denen Tiere und Gladiatoren auf ihren Auftritt warteten. Mit Winden zog man Löwen und Tiger hoch, um sie durch Klapptüren spektakulär mitten ins Geschehen zu schicken.

Niedergang und Abbruch Nach dem Ende der Spiele im 6. Jahrhundert erbaute man im Amphitheater eine Kirche, die Arena wurde ein Friedhof, in den Arkaden wohnten und arbeiteten Menschen. 1349 zerstörte ein Erdbeben die südliche Mauer, die Steine waren als Baumaterial begehrt. Mit der Zeit wurden auch die übrige Travertinfassade und die Bronzebeschläge demontiert. 1749 erklärte Papst Benedikt XIV. die Arena zu einer geheiligten Stätte des frühen christlichen Märtyrertums. Dafür gab es zwar wenige Belege, doch so rettete er das Kolosseum für die Nachwelt. Heute gilt es als das Symbol für das Römische Imperium.

Rechts: Gladiatoren, Straftäter und wilde Tiere waren in den engen Gängen unter der Arena eingesperrt.

Unten: Die Ruinen vermitteln einen Eindruck von den Dimensionen und der Technik des Amphitheaters, das bis heute als Vorbild für Stadien dienen kann.

ROM, ITALIEN

Petersdom

DIE GRÖSSTE KIRCHE DER CHRISTENHEIT SOLLTE AUCH MIT DER GRÖSSTEN KUPPEL GEKRÖNT WERDEN, UND SO PLANTE MAN FÜR DEN PETERSDOM DIE HÖCHSTE BIS DAHIN BEKANNTE KUPPEL. 400 JAHRE SPÄTER IST DIE KIRCHE NOCH IMMER DAS HÖCHSTE BAUWERK ROMS UND EIN BLICKFANG IM STADTBILD.

Der Petersdom übertrifft hinsichtlich der umbauten Fläche alle anderen christlichen Kirchen. Als Papst Julius II. beschloss, die an dieser Stelle seit dem 4. Jahrhundert existierende Kirche neu aufzubauen, wollte er die größte Kirche der Christenheit schaffen. Einige der größten Künstler jener Zeit wirkten am Bau mit, der nach 120 Jahren endlich vollendet war.

Alt St. Peter Bereits die alte Basilika war prächtig mit Marmor und Mosaiken ausgeschmückt. Konstantin, der erste christliche Kaiser Roms, hatte sie am Standort von Neros Circus errichten lassen, wo der Hl. Petrus als Märtyrer gestorben und begraben sein soll. Karl der Große wurde hier 800 zum Kaiser des Heiligen Römischen Reichs gekrönt, wie später 22 seiner Nachfolger. St. Peter diente als letzte Ruhestätte für Heilige sowie Päpste und ist eine der bedeutendsten Pilgerstätten des Christentums. Die Menschen glaubten, der goldene Hahn auf der Turmspitze werde krähen, um das Ende der Welt anzukündigen. Allerdings war der Bau marode und die Renaissancemeister standen bereit, ein neues Bauwerk zu entwerfen.

Michelangelos Dom Zunächst bekam Donato Bramante den Auftrag und plante den Grundriss als ein griechisches Kreuz mit einer vom Pantheon inspirierten Kuppel. Auch Raphael und Antonio da Sangallo steuerten

ZEITTAFEL

64 n. Chr.
Märtyrertod des Hl. Petrus

330 n. Chr.
Unter Konstantin wird die erste Basilika erbaut.

1505–1506
Teilabbruch der alten Basilika und Bau neuer Fundamente

1547
Michelangelo wird zum Architekten des Petersdoms; Neuentwurf der Kuppel.

1590
Kuppel vollendet.

1624–1633
Lorenzo Bernini erschafft den Baldachin.

1626
Weihe der neuen Basilika

1656–1667
Bernini entwirft die Piazza.

Links: Die Pilger überquerten den Tiber in Richtung Petersdom auf der Ponte Sant' Angelo, die unter Hadrian errichtet wurde. Die imposante Kuppel der Basilika beherrscht die Silhouette Roms.

Rechts: Über der Grabstätte des Hl. Petrus steht der Papstaltar unter Berninis prächtigem Bronzebaldachin, direkt darüber wölbt sich die Kuppel. Die Mosaikbuchstaben der Inschrift an der Kuppelbasis sind 2 m hoch.

Rechts: Bis zu 300 000 Menschen finden auf Berninis riesiger Piazza Platz.

Unten rechts: Eine Perspektive vom Aventin: Beim Blick durch die Hecke der Prioratskirche des Malteserordens sieht man den Petersdom eingerahmt.

verschiedene Entwürfe bei, doch schließlich schuf Michelangelo aus ihren Ideen ein Gesamtkonzept. Er entwarf auch die große parabolische Kuppel, die innerhalb weniger Jahre von 800 Bauhandwerkern errichtet wurde. Sie ist noch immer die größte aus Ziegelsteinen gemauerte Kuppel der Welt. Wie die wegweisende Konstruktion von Brunelleschi in Florenz, die Michelangelo zum Vorbild nahm, hat sie eine doppelte Schale. Zwischen innerer und äußerer Kuppel führen Treppen zur 120 m über dem Altar gelegenen Laterne an der Spitze.

Planänderungen Der Entwurf von Bramante und Michelangelo wurde durch die Entscheidung von Papst Paul V. kompromittiert, das Schiff nach Osten zu verlängern, um dem Grundriss der alten Basilika zu entsprechen. Damals, 1607, hatte ein griechisches Kreuz den Makel des Heidnischen, während ein lateinisches Kreuz als Grundriss als christlicher erachtet wurde. Deshalb versperren die von Carlo Maderno gestaltete Barockfassade und das Schiff heute die Sicht vom Petersplatz auf Michelangelos Kuppel.

ROM, ITALIEN

Trevi-Brunnen

DIE IN DAS BRUNNENBECKEN GEWORFENEN MÜNZEN SUMMIEREN SICH PRO TAG AUF RUND 1500 EURO: JEDER BESUCHER MÖCHTE SICH SO DIE RÜCKKEHR NACH ROM SICHERN. DIE FONTANA DI TREVI IST DER GRÖSSTE BAROCKBRUNNEN ROMS UND DANK SEINER TRADITION AUCH DER AM MEISTEN BESUCHTE.

Die alten Römer errichteten ausgeklügelte Aquädukte zur Versorgung ihrer Städte mit frischem Wasser. Allein in Rom entstanden im Verlauf von 500 Jahren elf davon, die in verschiedene Stadtteile führten. Eine der wichtigsten Wasserleitungen war die Aqua Virgo, die Wasser aus einer Quelle herbeileitete, die 19 v. Chr. angeblich durch Hilfe einer Jungfrau, daher der Name, entdeckt wurde.

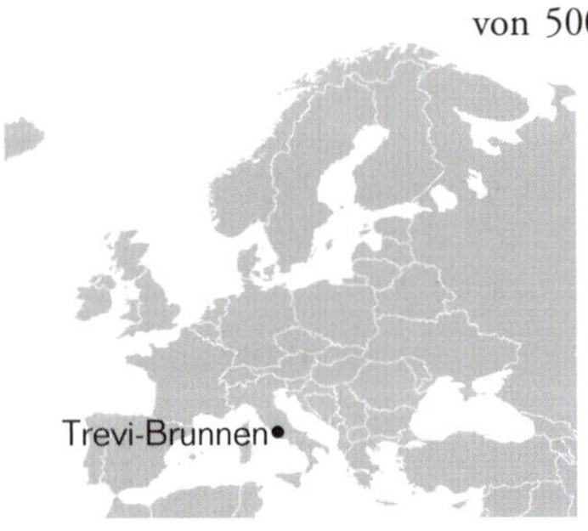

Die Goten zerstörten bei ihrer Belagerung im 6. Jahrhundert alle Aquädukte, doch acht wurden in der Renaissance wieder repariert. Jedes mündete nach antikem Vorbild in einem eleganten Brunnen (der *mostra* oder Schaustück). Als erstes setzte man 1453 die Aqua Virgo (heute Acqua Vergine) wieder instand. Papst Nikolaus V. beauftragte Leo Battista Alberti mit dem Projekt, der ein einfaches Becken als *mostra* vorsah.

Spätere Päpste wünschten eine pompösere Anlage. Der Brunnen wurde nun zum Quirinalspalast, der damaligen Papstresidenz, ausgerichtet und von Niccolò Salvi bis 1762 komplett neu gestaltet.

Barocker Pomp Vor einem Triumphbogen, der an die klassische Fassade des Palazzo Poli gesetzt wurde, entfaltet sich eine beeindruckende Szenerie aus Natur und Architektur. Gott Oceanus und zwei Tritonen bändigen

ZEITTAFEL

1. Jahrhundert
Bau der Aqua Virgo zur Versorgung der Agrippa-Thermen

1453
Aquädukt von Papst Nikolaus V. restauriert

1629
Papst Urban VIII. lässt von Bernini ein großes Becken bauen.

1730–1762
Papst Clemens XII. lässt den Brunnen bauen, der von Niccolò Salvi entworfen und von Giuseppe Pannini vollendet wird.

1996
Brunnen wird anlässlich des Todes von Marcello Mastroianni, des Stars aus *La Dolce Vita*, abgedreht.

Rechts: Die täglich eingesammelten Münzen kommen karitativen Zwecken zugute.

Unten: Besonders dramatisch wirkt der Brunnen nachts mit seiner Beleuchtung.

Gegenüber: Das Brunnenensemble mit seinen klassischen Säulen, den allegorischen Figuren und dem großen Becken beansprucht fast die gesamte Fläche des Platzes.

Rechts: Die mythischen Hippokampen, geflügelte Seepferde, stellen die Macht des Wassers dar, die hier allerdings von der noch größeren Macht der Götter gebändigt wird.

inmitten wilder Felsen sich aufbäumende, geflügelte Seepferde. Ein Relief darüber zeigt die Jungfrau des Aquädukts. Hinter einer Vase auf der rechten Seite verbarg Salvi das störende Schild eines Barbiergeschäfts, das der griesgrämige Besitzer nicht entfernen wollte.

Großer Brunnen, kleiner Platz Anders als andere römische Brunnen bildet die Fontana di Trevi nicht den Mittelpunkt eines belebten Platzes, sondern liegt etwas abseits auf einem kleinen Platz. Der Name leitet sich von den *tre vie*, drei Sträßchen ab, die sich dort treffen. Bereits von fern hört man das Wasserrauschen und die Stimmen der Besucher. Diese drängen sich um den Brunnen, um mit der rechten Hand eine Münze über die linke Schulter ins Becken zu werfen.

In der berühmten Szene mit Anita Ekberg als „Nixe" in Fellinis Film *La Dolce Vita* war der kleine Platz menschenleer. Heute ist das Plantschen im Brunnen verboten. Doch bei Nacht oder am frühen Morgen, bevor Touristen und Souvenirhändler einfallen, spürt man noch die verführerische Atmosphäre von Roms legendärem Brunnen.

ATHEN, GRIECHENLAND

Parthenon

IN IHRER KOMBINATION STELLEN DER PARTHENON UND SEINE SKULPTUREN EINEN ZENTRALEN REFERENZPUNKT FÜR DIE EUROPÄISCHE ARCHITEKTUR UND ÄSTHETIK DAR. SIE VERKÖRPERN DIE KLASSISCHE BALANCE UND HARMONIE, DIE VON DER GRIECHISCHEN ANTIKE BIS IN DIE GEGENWARTSKULTUR AUSSTRAHLT.

Ohne den Parthenon gäbe es die am meisten bewunderten Bauwerke des Westens nicht in ihren aktuellen Proportionen. Zwar stammen nicht alle wichtigen architektonischen Werke direkt von ihm ab, doch gotische, wie auch modernistische Ansätze waren Reaktionen auf die griechische Klassik. Am Anfang standen der Parthenon und seine Skulpturen, die schon damals die Menschen in Erstaunen versetzten und seither Maßstäbe für Schönheit und Vitalität sind.

Klassik „Klassisch" steht für gut und auf Dauer ausgelegt – speziell mit Bezug auf die griechische und römische Antike. Der Parthenon wird beiden Aspekten gerecht. Er wurde im 5. Jahrhundert v. Chr. als Schatzhaus und Tempel der Göttin Athene auf einem Felsplateau erbaut, das 150 m über Athen aufragt. Auf dem eingeebneten Felsrücken entstand die Akropolis, die festungsartige „Oberstadt". Heute sind dort noch der Parthenon, die Propyläen, ein gewaltiger Torbau, das Erechtaion und der Niketempel erhalten. Alle sollten in klassischer Form zum Ausdruck bringen, wie es Denken und Kunst gelingt, Monumente in eine perfekte Balance mit der Landschaft zu bringen.

Griechische Einflüsse Warum aber sind der Parthenon und seine angeschlagenen Statuen bis heute so

Links: Der 2500 Jahre alte Parthenon ist ein bleibendes Symbol des antiken Griechenlands und seines reichen künstlerischen und geistigen Erbes, zugleich aber auch ein Symbol der westlichen Zivilisation.

Rechts: Einen Kontrapunkt zur Symmetrie der 46 äußeren Säulen setzen die Reliefplatten (Metopen) mit Darstellungen von Kämpfen zwischen Menschen, Göttern, Giganten und mythischen Kreaturen.

Unten: Die Marmorreliefs schmückten ursprünglich den Fries des Kultraums im Parthenon. Die Bilder zeigen vermutlich eine religiöse Prozession zu Ehren der Athene, einschließlich der Vorbereitung der Teilnehmer.

bedeutsam? Die Antwort ist, dass es sich hierbei um wichtige konkrete Materialisierungen der griechischen Philosophie und Mathematik handelt, die zunächst die Renaissance beflügelten, später die Wissenschaften der Aufklärung bis hin zu moderner Technik. Platon und Aristoteles sind bis heute relevant. Die spezifisch architektonische Bedeutung des Parthenon liegt auch in seiner Vorbildfunktion für die Neoklassik des 18. Jahrhunderts, die sich vor allem auf dieses Bauwerk bezog.

Gerade Linien Der Parthenon ist das herausragende Beispiel für dorische Architektur, das später von Staaten und Städten neu aufgegriffen wurde, die von der Aufklärung beeinflusst wurden. Die kannelierten, ursprünglich 46 dorischen Säulen des Parthenon von 13 m Höhe tragen Kapitelle und das Gebälk mit den Dachbalken.

Der streng-präzise Eindruck täuscht, denn es gibt nur wenige rechte Winkel oder gerade Linien. Die Plattenbasis ist in der Mitte (vorrangig wegen der Drainage) leicht nach oben gewölbt, während die Säulen fast

Links: Das ultramoderne Akropolismuseum ist ein zeitgenössisches Athener Renommierprojekt. In der Archaischen Galerie können von allen Seiten Skulpturenfragmente vom Westgiebel betrachtet werden.

Unten links: Die Parthenon Galerie des Museums präsentiert die Panathenäen-Prozession als Montage aus Originalteilen und Abgüssen der im Britischen Museum und im Louvre aufbewahrten Fragmente.

unmerklich nach innen geneigt sind. Um in perspektivischer Betrachtung optisch perfekt gerade zu erscheinen, sind die Säulen selbst leicht bauchig.

Kurven Die berühmten Reliefs und Skulpturen des Parthenon waren an Gebälk und Giebeln der beiden Stirnseiten angebracht. Auch sie belegen die Präzision der künstlerischen Ausführung. Die akkurat modellierten Figuren wirken nicht statisch, sondern sind Teil dynamischer, teils gewalttätiger Szenen. Die in wehende Gewänder gehüllten Akteure werden etwa im Kampf mit mythischen und historischen Gegnern gezeigt. Die Harmonie von Architektur und Plastiken bringt den menschlichen Körper künstlerisch vollendet zur Geltung.

Politik Diese Kreativität war Ausdruck der höchsten Machtentfaltung Athens, denn wie jedes teure Prestigeobjekt, war der Parthenon auch ein Statement politischer Macht. Als diese kurz darauf schwand, prägten Besetzung und Plünderung das Schicksal des Parthenons. Die 12 m hohe Statue der Athene aus Gold und Elfenbein wurde im 4. Jahrhundert nach Konstantinopel gebracht und beim 4. Kreuzzug 1204 zerstört. Vom 6. bis 15. Jahr-

ZEITTAFEL

447–432 v. Chr.
Bau des Parthenon

1460er-Jahre
Osmanen nutzen den Bau als Moschee und fügen ein Minarett an.

1687
Beschuss durch Venezianer

1806
Earl of Elgin entfernt Skulpturen und verkauft sie ans Britische Museum.

1822
Übergabe der Akropolis an die Griechen; Abriss der Moschee

1983
Griechenland bemüht sich um die Rückgabe der „Elgin Marbles" an das neue Akropolismuseum.

1987
Aufnahme in die Liste des UNESCO-Welterbes

Rechts: Die Karyatiden, als Mädchenfiguren gestaltete Säulen, tragen das Dach der Vorhalle am Erechtheion, einem weiteren Athenetempel, der nördlich des Parthenon steht.

hundert war der Parthenon eine Kirche, danach unter den Osmanen eine Moschee. Als 1687 venezianische Truppen die Türken in Athen angriffen, kam es nach einem Treffer zu einer Explosion der dort gelagerten Munition, die das Dach wegriss, die südlichen Säulen umwarf und viele Statuen zerstörte.

1806 erwarb der Earl of Elgin, der britische Botschafter im Osmanischen Reich, zu dem Griechenland damals gehörte, 40 Prozent der verbliebenen Statuen und Friesfragmente und verkaufte sie an das Britische Museum. Die Eigentumsverhältnisse der „Elgin Marbles" sind bis heute strittig. Die griechische Regierung verlangt ihre Rückgabe, während das Museum meint, sie gehörten nach London als Teil einer Sammlung zur Geschichte der Weltkulturen.

Die Kultstatue der Athene im Parthenon ist heute ebenso verschwunden wie die religiöse Verehrung, die sie einst erfuhr. Athene war die Göttin des Kampfes, der Strategie, der Weisheit und Künste, des Handwerks sowie der Gerechtigkeit – bis heute wichtige Aspekte unserer Zivilisation.

Unten: Die Akropolis thront über Athen. Links unterhalb der Westfront des Parthenon sind die Propyläen zu sehen.

EPIDAUROS, GRIECHENLAND

Theater von Epidauros

BESUCHER SIND IMMER WIEDER FASZINIERT, WENN SIE AUF DEN OBEREN RÄNGEN SITZEND KLAR UND DEUTLICH HÖREN KÖNNEN, WIE JEMAND UNTEN AUF DER BÜHNENFLÄCHE EINE MÜNZE ZU BODEN FALLEN LÄSST. DAS ANTIKE THEATER ÜBERRASCHT JEDEN MIT SEINER PERFEKTEN AKUSTIK.

Ist es Zufall oder Berechnung? Heute geht man davon aus, dass die alten Griechen gezielt ans Werk gingen, als sie die schüsselförmige Zuschauertribüne mit 34 Rängen aus Kalksteinblöcken in den Hang bauten. Polyklet der Jüngere konstruierte ein Theater, dessen unregelmäßige Oberflächen die diffusen Zuschauergeräusche schlucken und die höheren Töne der Darsteller verstärken. Mit der Skene als Hintergrund und dem Proszenium, einem fassadeartigen Vorbau, begründete Epidauros einen bis heute gültigen Bühnenaufbau.

Guter Standort Für die Griechen waren Drama und Musik von größter Bedeutung: Aristoteles sprach den Darbietungen heilende Kräfte zu. Tatsächlich gab es hier vor dem Theater schon ein Heilzentrum. Epidauros galt als Geburtsstätte von Asklepios, dem Heilgott und Sohn des Zeus, und war um 600 v. Chr. die bedeutendste griechische Kultstätte für Heilungsuchende. Eine gute Theatervorstellung gehörte mit zur Behandlung, weshalb ein Theater entstand. Die natürliche Lage an einem Hang ist jenseits aller Zweckmäßigkeit auch äußerst ästhetisch: Epidauros ist ganz einfach eines der schönsten und harmonischsten Bauwerke der Welt.

Glück Dass uns dieses antike griechische Monument so gut erhalten blieb, ist eher dem Zufall zu verdanken.

ZEITTAFEL

6. Jahrhundert v. Chr.
Um den Äsklepios-Tempel in Epidaures entsteht ein Heilzentrum.

5. Jahrhundert v. Chr.
Polyklet der Jüngere entwirft das Theater.

87–67 v. Chr.
Erst überfallen Römer, dann kilikische Seeräuber Epidauros; das Theater wird verschont.

50 n. Chr.
Die Römer bauen zusätzliche 21 Ränge.

150 n. Chr.
Der Schriftsteller und Geograf Pausanias beschreibt das Theater.

1881
Beginn der Ausgrabungen

1954
Aufführung des Dramas *Hippolytos* von Euripides; heute findet jährlich im Juli und August ein Theaterfestival statt.

1988
Anerkennung als Stätte des UNESCO-Welterbes

Gegenüber und unten: Blick auf die Bühne des ältesten erhaltenen Theaters der Welt. Sollte die Handlung zu langweilig werden, kann man immer noch die Aussicht auf die Berge des Peloponnes genießen.

Rechts und unten rechts: Die exzellente Akustik des schüsselförmigen Theaters ist der besonderen Formgebung der Steine zu verdanken: Man kann jeden Atemzug einer Person auf der Bühne hören.

Römische Soldaten plünderten 87 v. Chr. das Heiligtum, ließen das Theater aber unberührt. Nach der Eingliederung Griechenlands ins Römische Reich wurde das Theater auch wieder benutzt. Und zum Glück behielten die Römer, entgegen ihrer sonstigen Gewohnheit, den steilen Aufbau von Polyklet bei und erweiterten ihn sogar um 21 Ränge. Das Theater fasste nun 15 000 Besucher und bewahrte seine wunderbare Akustik. Nach dem Abzug der Römer wurde das Theater verschüttet und erst Ende der 19. Jahrhunderts wieder ausgegraben.

Alte Traditionen Seit den 1950er-Jahre lockt Epidauros wieder das Publikum an: Wie in der Antike werden Stücke von Sophokles, Euripides und Aischylos aufgeführt. Nachdem die Touristen sich von der perfekten Akustik im Theater überzeugt haben, können sie ein Museum besuchen, das antike chirurgische Instrumente, Reliefdarstellungen von Schlangen und in Stein gemeißelte Rezepturen für Heiltränke und Pillen präsentiert. Die medizinische Praxis hat sich seit der Antike deutlich verändert, doch das klassische Erbe des Theaters in Epidauros wirkt bis heute fort.

DELOS, GRIECHENLAND

Löwenterrasse

DIE LÖWENTERRASSE AUF DER GRIECHISCHEN INSEL DELOS WIRKT WIE EINE EHRENWACHE DER ANTIKEN GLAUBENSVORSTELLUNGEN, DIE SICH UM DIESE LANDSCHAFT RANKEN. DIE VERWITTERTEN, AUGENLOSEN BESTIEN MIT GESPANNTEM KÖRPER UND GEÖFFNETEM RACHEN BEWACHEN DIE STRASSE ZUM HEILIGTUM DES APOLLO.

Die einstmals furchterregende Erscheinung der Löwen von Delos ist heute nur noch schwer zu erahnen, ihre beeindruckende Wirkung aber durchaus erklärbar. Löwen standen für Macht und Monarchie, sie symbolisierten Tapferkeit und Stärke. Die Löwen in Delos entstanden vor rund 2600 Jahren, als die 3,4 km² große Insel ein heiliger Ort war, mit Tempeln des Apollo, des Dionysos und der Artemis. Die Löwenterrasse verteidigte Apollo, den Gott der Musik, Dichtkunst, Sonne, Medizin, des Lichts und des Wissens. Der Gott hat seine Bedeutung verloren, doch die Aspekte, für die er stand, werden immer noch geschätzt – und daran erinnern uns die Löwen.

Zeit der Löwen Delos war und ist ein seltsamer Ort. Heute ist die Insel bis auf einige Archäologen und Fremdenführer unbewohnt. Ganz ähnlich war das im 2. Jahrhundert n. Chr., als Pausanias schrieb, die Tempelwächter wären die einzigen Bewohner. Bereits zur Zeit der Löwen war man hier fernab des normalen Lebens.

Das unter dem Schutz des Apollo stehende Orakel von Delphi ordnete die spirituelle Reinhaltung der Insel an: Leichen mussten weggeschafft werden, niemand durfte auf der Insel sterben oder gebären. Frauen, die kurz vor der Niederkunft standen, oder Personen, die im Sterben

ZEITTAFEL

600 v. Chr.
Bau der Löwenterrasse zum Schutz des Tors zum Apolloheiligtum

88 v. Chr.
König Mithridates metzelt die Bevölkerung von Delos nieder; Plünderung durch Piraten.

2. Jahrhundert n. Chr.
Pausanas beschreibt eine verlassene Insel.

17. Jahrhundert
Ein Delos-Löwe kommt ins Arsenal von Venedig.

1886–1906
Ausgrabung der verbliebenen Löwen

1990
Aufnahme in die Liste des UNESCO-Welterbes

1999
Verlegung der Löwen in das örtliche Museum, Aufstellung von Kopien vor Ort

Unten: Der geheiligte Boden von Delos wurde durch die drei umliegenden Kykladeninseln geschützt.

Gegenüber: Die Löwen stehen heute auf einer Terrasse oberhalb des heiligen Sees. Vermutlich säumten sie eine Prozessionsallee.

Rechts: Das Maul fauchend geöffnet und bereit zum Sprung, sollten die Löwen die an ihnen vorbeiziehenden Gläubigen wohl in Angst versetzen.

lagen, brachte man auf die Nachbarinsel Rinia. Die Löwen als Wächter der Geburtsstätte von Apollo und Artemis hätten ein solch schicksalhaftes Vergehen nicht geduldet.

Wiederentdeckung Ursprünglich gab es 16 in einer Allee angeordnete Löwen. Nach dem Niedergang des klassischen Griechenlands verwitterten die Statuen, wurden zerstört oder gestohlen – heute sind nur noch fünf übrig. Delos verfiel, nachdem der König von Pontus 88 v. Chr. die Bevölkerung getötet oder versklavt hatte. Die Löwen wurden von Gestrüpp überdeckt. Im 17. Jahrhundert brachte man eine kopflose Löwenstatue nach Venedig.

Schatten der Vergangenheit Die übrigen Löwen kamen erst 1872 bei Ausgrabungen wieder ans Licht. 1999 brachte man die Originale in das Archäologische Museum von Delos und stellte vor Ort Kopien der Löwen auf. Die schlanken Tierstatuen halten hier die Erinnerung an die Vergangenheit wach, wirken dabei aber mit ihrer fast abstrakten Darstellung einer archetypischen Gestalt sehr modern.

ISTANBUL, TÜRKEI

Hagia Sophia

IN ISTANBUL, EINST ALS BYZANZ ODER KONSTANTINOPEL BEKANNT, TREFFEN SICH OSTEN UND WESTEN. DER VIELLEICHT BEDEUTENDSTE TREFFPUNKT IST DIE HAGIA SOPHIA, DIE ORTHODOXE KIRCHE, KATHOLISCHE KATHEDRALE ODER ISLAMISCHE HAUPTMOSCHEE WAR UND 1935 ZUM MUSEUM WURDE.

Die Vielzahl der Bezeichnungen des Bauwerks, das auch als Sancta Sapienti, Aya Sofya und Magna Ecclesia bekannt ist, resultiert aus einem kulturellen und architektonischen Durcheinander, das teils beabsichtigt war, teils von neuen Herren auferlegt wurde. Der Erbauer, Kaiser Justinian, plünderte im gesamten byzantinischen Reich Baumaterialien: Hellenistische Säulen kamen aus dem Tempel der Artemis in der Nähe, korinthische Säulen transportierte man aus dem Libanon herbei, grünen Marmor aus Makedonien, schwarze Steine aus Bulgarien, gelbe aus Syrien und Porphyr aus Ägypten.

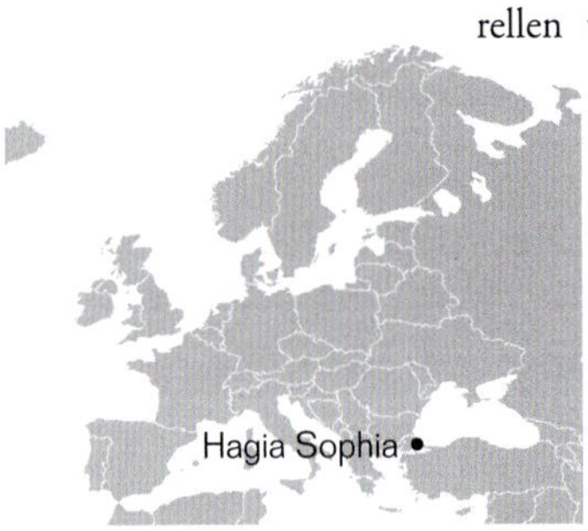

Salomon übertreffen Wände und Decken waren mit Goldmosaiken bedeckt, die an das göttliche Feuer erinnerten und Männer, Frauen, Fischschwärme, Musikanten und Sänger, ernste Heilige und schwebende Engel zeigten. Justinian verkündete stolz: „Salomon, ich habe dich übertroffen." Bis zur Vollendung der Kathedrale in Sevilla 1520 blieb die Hagia Sophia das größte Gotteshaus. Zu dieser Zeit war das Gebäude bereits eine Moschee, und viele der Mosaiken hatte man gemäß dem islamischen Verbot figurativer Darstellungen mit Putz überdeckt.

Im unteren Bereich sieht der Besucher heute überwiegend islamische Kunst, weiter oben wurde die christlich-orthodoxe Ikonografie wieder freigelegt. Eine

Gegenüber: Die Kuppeln und Minarette der Hagia Sophia, hoch über dem Bosporus, sind seit nun fast 1500 Jahren das wichtigste Wahrzeichen Istanbuls.

ZEITTAFEL

562
Bauwerk fertiggestellt

1204–1261
Kreuzfahrer machen es zur katholischen Kathedrale.

1261–1453
Rückkehr zur Orthodoxie

1453–1923
Moschee unter der Herrschaft der Osmanen

1935
Säkulares, staatliches Museum

1985
Als Teil der Historischen Region Istanbul zum UNESCO-Welterbe erklärt

Oben: Das Mosaik der Jungfrau mit dem Kind in der Apsis entstand im 9. Jahrhundert und ist das älteste erhaltene Mosaik.

Rechts: Durch das Sonnenlicht, das ins Innere flutet, wirkt die Kuppel noch höher, als sie mit 55,6 m sowieso schon ist.

Balance zwischen religiösen, restaurativen und konservierenden Interessen ist bei der Kuppel besonders schwierig, wo islamische Kalligrafien ein orthodoxes Bild von Christus als Weltenherrscher überlagern.

Kunst des Schwebens Die im 6. Jahrhundert errichtete Kuppel der Hagia Sophia mit einem Durchmesser von 30 m ist unverändert erhalten und bis heute ein höchst beeindruckendes Zeugnis von Können und Kreativität. Isidor von Milet, ein Physiker, und Anthemios von Tralleis, ein Mathematiker, schufen die erste Pedentifkuppel der Welt. Ihre Eleganz gewinnt noch durch eine Arkade mit 40 Fenstern an der Kuppelbasis. Das Licht durchflutet das gesamte Bauwerk und lässt die Kuppel scheinbar über dem Schiff schweben – eine, unabhängig von der Glaubensrichtung, tief spirituelle Stimmung.

Heute gehört die Hagia Sophia als Profanbau dem Staat und ist ein Museum. Irgendwie hat es dieses Monument geschafft, die Wechselfälle der Geschichte, Erdbeben und blutige Regimewechsel zu überstehen.

ISTANBUL, TÜRKEI

Leanderturm

AUF DER EINEN SEITE DES BOSPORUS LIEGT EUROPA, AUF DER ANDEREN ASIEN UND INMITTEN DER MEERENGE DER LEANDERTURM, EINE ARCHITEKTONISCHE MISCHUNG, DIE ALS SYMBOL FÜR DIE TÜRKEI GILT. DAS KIRCHENÄHNLICHE BAUWERK BEDECKT FAST DIE GESAMTE INSEL, DIE ZWISCHEN DEN KONTINENTEN LIEGT.

Der Turm, der von Land und See aus gut sichtbar ist und nachts hell beleuchtet wird, steht rund 200 m vor der Küste beim Istanbuler Stadtteil Üsküdar auf der kleinasiatischen Seite. Der quadratische Turm trägt einen Kuppelaufbau mit einem langen Mast, an dem die Flagge der Türkischen Republik weht. Ein Leuchtfeuer, das neben dem Turm auf einem dreieckigen Sockel montiert ist, ergänzt dessen moderne Funktion als Wahrzeichen.

Schutz der Meerenge Das erste bekannte Gebäude auf der Insel zwischen den damaligen Städten Byzantion und Chrysopolis entstand 408 v. Chr. Der Athener Feldherr Alkibiades erkannte die strategische Bedeutung der Insel für die Kontrolle des engen Zugangs zum Schwarzen Meer und baute dort ein Fort. 341 v. Chr. machte der griechische Feldherr Charis aus dem Fort ein Mausoleum für seine Gattin Damalys. 1110 erbaute dann Kaiser Alexios I. Komnenos eine neue, byzantinische Festung.

Erstmals Erwähnung findet der Mädchenturm, wie er auf Türkisch genannt wird, als Leuchtfeuer 1509, als nach einem Erdbeben eine Holzkonstruktion errichtet wurde. Der aktuelle Turm entstand in verschiedenen Phasen in spätosmanischer Zeit unter der Herrschaft von Ahmet III. (1719), Mustafa III. (1736) und Mahmud II. (1632).

Oben: Der Leanderturm nimmt einen strategischen Punkt im Bosporus ein, einer geschichtsträchtigen Meerenge zwischen zwei Kontinenten.

Rechts: Das türkische Wahrzeichen, früher als Festung und Gefängnis genutzt, hat heute eine zivile Verwendung als Restaurant und Museum gefunden.

ZEITTAFEL

Zeit der Mythen
Tod einer Jungfrau: entweder einer Sultanstochter oder der Hero, einer griechischen Sagengestalt

408 v. Chr.
Feldherr Alkibiades lässt ein Fort zur Überwachung der Meerenge bauen.

341 v. Chr.
Feldherr Charis macht ein Mausoleum für seine Frau daraus.

1110
Byzantinisches Fort ersetzt die griechischen Ruinen.

1719
Bau des aktuellen Turms

2000
Restaurierung

Wer war das Mädchen? Über die Identität des Mädchens, das dem Turm den Namen gab, weiß man wenig. Sagen über eine unglückliche Jungfrau sprechen mal von Europa, mal von Asien als ihre Herkunft. Die östliche Version handelt von einer Sultanstochter, die dort eingeschlossen war, um sie vor dem Tod zu bewahren, der für ihren 18. Geburtstag prophezeit war. An jenem Tag wurde ihr aber ein Korb mit Obst überbracht, in dem eine Giftschlange verborgen war. Auch die europäische Version endet mit dem Tod einer eingekerkerten jungen Frau. In der griechischen Sage von Hero und Leander stürzt sich die trauernde Hero von ihrem Turm mitten im Bosporus, nachdem ihr Liebhaber Leander in den Fluten ertrunken ist, als er wieder einmal nachts zu ihr schwimmen wollte.

Neue Identität 1995 verpachteten die türkischen Behörden den Turm an ein Privatunternehmen, das ihn restaurierte und für das Publikum öffnete. Nach Abschluss der Arbeiten dient der Leanderturm seit 2000 als Museum, Restaurant und Aussichtspunkt.

Der riesige Kontinent Afrika trägt viele Spuren all jener, die in der Vergangenheit kamen, um sich seiner Naturschätze und seiner Menschen zu bedienen. Doch es haben auch Monumente überlebt, die auf große Zivilisationen verweisen: die islamische Kultur der Westsahara, das Reich von Aksum im Osten und – älteste von allen – die Kultur des antiken Ägypten. Am Nil schufen die Menschen Wahrzeichen, die zu den spektakulärsten der Welt gehören.

AFRIKA

ÄGYPTEN

Großer Sphinx von Giseh

DIE MAJESTÄTISCHE KREATUR WACHT SEIT TAUSENDEN VON JAHREN ÜBER DIE NEKROPOLE GISEH. DIES IST DIE ÄLTESTE BEKANNTE MONUMENTALSKULPTUR. EINIGE ÄGYPTOLOGEN GLAUBEN, SIE SEI ÄLTER ALS DIE PYRAMIDEN, DIE SIE BESCHÜTZT. NIEMAND KENNT IHR ALTER, IHRE SCHÖPFER UND IHRE EIGENTLICHE BESTIMMUNG.

Das antike Ägypten war eine mächtige und dauerhafte Zivilisation, die fast drei Jahrtausende bestand. Die Pyramiden, das beständigste und bekannteste Symbol dieser Kultur, entstanden in einer relativ kurzen Periode. Diese begann um 2650 v. Chr. und erlebte ihren Höhepunkt mit den großen Pyramiden der Pharaonen Cheops, Chephren und Mykerinos aus der 4. Dynastie, die die Nekropole von Giseh am Westufer des Nils dominieren. Jede war Teil eines größeren Komplexes mit einem Totentempel, zu dem ein Damm von einem Tempel am Flussufer heraufführte.

Der Große Sphinx, der über die Gräber von Giseh zu wachen scheint, sitzt im Osten der Stätte und blickt zum Fluss. Ungewöhnlich für die ägyptische Ikonografie, die viele Gottheiten mit menschlichem Körper und Tierköpfen kennt, hat der Sphinx den Körper eines Löwen (einer Wächterfigur) und den Kopf eines Königs, erkenntlich am Kopfschmuck. Sein Gesicht soll ein Porträt von Chephren sein und ist fast perfekt auf Chephrens Totentempel ausgerichtet. Das Monument trägt keine Inschriften; über Alter und Ursprung ist man sich uneins.

Der Sphinx ist ein 73 m langer und 20 m hoher Monolith, der vor Ort aus einer Felskuppe gehauen wurde. Die Figur liegt in einer Senke, denn ihr Unterteil

Links: Der Sphinx ist eine mythische Kreatur mit dem Körper eines Löwen und dem Kopf eines Menschen. Anders als die griechische Sphinx galt der ägyptische nicht als boshaft, sondern als gütiger Wächter.

Rechts: Der Große Sphinx von Giseh sitzt wie ein Wachhund vor der Pyramide des Chephren, mit dem die Figur am häufigsten assoziiert wird. Chephren, der Sohn Cheops, regierte von 2558–2532 v. Chr.

Unten: Zwischen den riesigen Vorderpranken der Kreatur ließ Thutmosis IV. um 1401 v. Chr. die sogenannte Traumstele errichten. Sie erzählt vom Traum des Königs, wie er den Sphinx restauriert und Opfergaben darbringt. Vor der Stele steht ein Granitaltar aus römischer Zeit.

wurde durch Herausschlagen von Steinen aus dem Fels geformt. Die dabei anfallenden Steinblöcke dienten zum Bau der umliegenden Tempel. Im Bereich des Körpers ist der Kalkstein gelb und ziemlich instabil, weshalb die Statue mit Granitblöcken, ähnlich wie bei der Chephren-Pyramide, verkleidet wurde. Die obere Gesteinsschicht, aus der der Kopf geformt wurde, besteht aus härterem grauen Gestein. Pigmentpartikel auf der Steinoberfläche lassen eine frühere Bemalung vermuten.

Das Rätsel des Sphinx Trotz der Zuordnung zu Chephren legen einige archäologische und geologische Funde nahe, dass der Sphinx viel älter ist und im Alten Königreich lediglich restauriert wurde. Die sogenannte Inventarstele, die im 19. Jahrhundert gefunden wurde, beschreibt, dass Cheops einen Tempel neben dem (bereits existierenden) Sphinx bauen ließ. Lokale Legenden datieren das Monument auf eine Zeit lange vor dem Bau der Pyramiden. Der amerikanische Geologe Robert M. Schoch glaubt, die Erosion des Körpers könne nur durch

Links: Die nächtliche Präsentation mit Licht- und Toneffekten bietet eine kitschig-unterhaltsame Einführung zu den Pyramiden. Der Sphinx „spricht" in sechs Sprachen zum Publikum.

Wasser verursacht worden sein. Folglich muss es den Sphinx schon zu einer Zeit gegeben haben, als Ägypten heftige Regenfälle erlebte, also vor 5000 v. Chr. Der in Relation zum Korpus kleine Kopf mit Königsschmuck ist seiner Meinung nach später überarbeitet worden. Diese eigenwillige Theorie vermutet eine „verschollene" alte Kultur, für die Ägyptologen aber keine weiteren Hinweise gefunden haben.

Restaurierung Nach der Auflassung der Nekropole wurde der Körper des Sphinx unter Sand begraben. Die Menschen stiegen angeblich zu seinem Kopf hinauf und legten ihr Ohr an den Mund, um so Weisheit zu erlangen. Eine zwischen den Vorderpranken aufgestellte Granitstele erzählt den Traum von Thutmosis IV. (Regentschaft 1400–1390 v. Chr.), der hier bei der Jagd einschlief. Im Traum beklagte sich der Sphinx bei ihm über seinen ruinösen Zustand und versprach ihm den Thron, sollte er eine Restaurierung veranlassen. Als er König wurde, ließ er den Sand wegräumen und das Gesicht reparieren.

Als Napoleon Ende des 18. Jahrhunderts eine Expedition nach Ägypten anführte, war der Sphinx wieder bis

FAKTEN

2650–2575 v. Chr.
3. Dynastie
Beginn des Pyramidenbaus mit der Stufenpyramide des Djoser in Sakkara

2575–2467 v. Chr.
4. Dynastie
Bau der Großen Pyramide und des Tempelkomplexes in Giseh

Um 2150 v. Chr.
Ende der Dynastie und des Alten Königreichs; Plünderung der Gräber in Giseh

1419–1386 v. Chr.
Regentschaft von Thutmosis IV. (18. Dynastie, Neues Königreich), dessen Traum auf der Traumstele zwischen den Pranken des Sphinx aufgezeichnet ist

500 v. Chr.
Herodot besucht Giseh, lässt den Sphinx in seinem Bericht aber unerwähnt.

1798
Französische Besetzung Ägyptens; Erforschung der antiken Stätten

1979
Nekropole von Giseh in die Liste des UNESCO-Welterbes aufgenommen

Rechts: Die meisten der polierten Steinplatten, mit denen die Pyramiden ursprünglich verkleidet waren, sind abgefallen. So wird die gewaltige Dimension der Steinblöcke darunter sichtbar.

zu den Schultern unter Sand begraben. Es wird oft behauptet, Napoleons Soldaten hätten das Gesicht des Sphinx als Zielscheibe benutzt und die Nase zerstört. Das ist allerdings nur eine Legende, wie frühere Zeichnungen von Frederic Louis Norden belegen, die schon 1737 angefertigt wurden und auf denen die Nase bereits fehlt.

Im 19. Jahrhundert gab es verschiedene Versuche, den Sand beiseitezuräumen, doch alle scheiterten. Allerdings fand Giovanni Battista Caviglia dabei ein Stück des Zeremonialbarts, der vom Kinn abgefallen war. Die zwei Teile des Fundstücks werden heute im Britischen Museum bzw. in Kairo ausgestellt. Emile Braize gelang schließlich 1925–1936 die Freilegung der ganzen Figur.

Heute leidet der Stein unter dem Smog Kairos. In den 1980er-Jahren gab es eine umfassende Restaurierung, doch die neu angebrachten Steinblöcke blätterten ab und 1988 zerbröselte die linke Schulter.

Unten: Die Pyramidengruppe auf dem Plateau von Giseh war seit der klassischen Periode das herausragende Symbol des antiken Ägyptens. Die Große Pyramide galt als eines der Sieben Weltwunder der Antike.

LUXOR, ÄGYPTEN

Karnak

DER WEITLÄUFIGE, AM NILUFER GELEGENE TEMPELKOMPLEX IN KARNAK IST EINES DER LANGWIERIGSTEN BAUPROJEKTE ÜBERHAUPT: 30 PHARAONEN VERSUCHTEN NACHEINANDER HIER, JEWEILS IHRE VORGÄNGER ZU ÜBERTREFFEN, UND SCHUFEN SO EINE DER BEEINDRUCKENDSTEN RELIGIÖSEN ANLAGEN DER WELT.

Im Verlauf von mehr als 1300 Jahren wurde dieses Areal mit rund 30 Tempeln bebaut. Sie wurden durch gespenstische Alleen verbunden, die gesäumt wurden von Statuen geheimnisvoller Gottheiten: Katzen, Vögeln, Rehen, Sphingen und anderen Fabelwesen. Es gibt sogar Heiligtümer für die Barken, mit denen das Baumaterial für diese Phantasmagorie in Sandstein herangeschafft wurde. Und überall finden sich zahllose Hieroglyphen und Reliefdarstellungen mit schwierig zu deutenden Informationen.

Bezirk des Amun-Re Große Teile der Stätte sind nur für Archäologen zugänglich, die in den Bezirken des Month und der Mut sowie am Tempel des Amenhotep IV. Grabungen vornehmen. Nur der Bezirk des Amun ist für Besucher geöffnet. Amun-Re, einer der wichtigsten ägyptischen Gottheiten, wird ganz unterschiedlich dargestellt: als schnatternde Gans, Widder, Mann mit Froschkopf, Krokodil, Affe und als bärtiger Mann mit dem Körper eines Käfers und den Flügeln eines Falken.

Amun-Re bedeutet „der Verborgene“, doch sein großzügiger Tempelbezirk stellt seine Bauwerke offen zur Schau: verschiedene, ihm gewidmete riesige Statuen, wie die 10,5 m hohe Figur des Hohepriesters Pinudjem I., dazu eine Reihe von Obelisken, unter ihnen der 22 m

FAKTEN

Standort
Bei Luxor, 800 km südlich von Kairo

Fläche
100 ha

Daten
Bauzeit 1600–300 v. Chr.
1589 erste europäische Erwähnung der Monumente in Oberägypten und Nubien
1704 Veröffentlichung der ersten europäischen Zeichnungen von Karnak

Pop-Kultur
Verfilmung von Agatha Christies *Tod auf dem Nil* an Bord der *SS Karnak*; Lara Croft besucht Karnak in *Tomb Raider IV: Die letzte Offenbarung.*

Rechts: Der Große Säulensaal (Hypostyl) besteht aus 134 Säulen, die wie die meisten anderen Flächen in Karnak reich mit Reliefs und Hieroglyphen verziert sind.

Links: Moderne Lichteffekte verleihen der Großen Säulenhalle, dem spektakulärsten Bauwerk des Tempelkomplexes ein dramatisches Aussehen.

Rechts: Fast jede Oberfläche ist mit Reliefbildern bedeckt, wie diese Darstellung von Flora und Fauna.

Ganz rechts: Unter Ramses II. wurde im 13. Jahrhundert v. Chr. die Große Säulenhalle vollendet.

hohe Obelisk von Thutmosis I. Die Vielfalt der in Karnak versammelten Bildwerke und Personen macht es schwer, den Komplex in seiner Gesamtheit zu erfassen.

Die Große Säulenhalle Ein Gebäude aber bleibt wohl jedem Besucher im Gedächtnis: Die Große Säulenhalle, das Hypostyl, besteht aus 134 regelmäßig angeordnete Säulen in Form von Papyruspflanzen. 122 davon sind 12 m hoch, die 12 in den beiden mittleren Reihen 21 m, bei einem Durchmesser von über 3 m. Der von ihnen getragene Architrav wiegt rund 70 t. Wie man ihn an seinen Platz geschafft hat, bleibt ein technisches Rätsel. Teil des Rätsels ist auch, wer die Menschen waren, die hier über 13 Jahrhunderte hinweg am Tempel von Karnak arbeiteten und diese beeindruckend vielfältige religiöse Architektur schufen.

Rechts: Die Sphingenallee verband einst als 3 km lange „Heilige Allee" den Tempelkomplex in Karnak mit dem Tempel von Luxor.

ÄTHIOPIEN

Obelisk von Aksum

DER 1700 JAHRE ALTE OBELISK VON AKSUM IST EINES DER BEDEUTENDSTEN NATIONALEN SYMBOLE ÄTHIOPIENS. 1937 VERSCHLEPPTEN DIE ITALIENER IHN NACH ROM, WO ER FAST 70 JAHRE STAND. 2008 WURDE ER UNTER GROSSEM JUBEL WIEDER AN SEINEM URSPRÜNGLICHEN STANDORT AUFGERICHTET.

Die Spitze des Obelisken von Aksum wird von einem elegant geschwungenen Halbkreis aus Stein gekrönt. Dabei bleibt unklar, ob die Steinmetze im 4. Jahrhundert mit dieser Spitze den Himmel oder den Sonnenaufgang nachbilden wollten.

Der 24 m hohe Obelisk – genau genommen handelt es sich um eine Stele – ist nach Süden zur Sonne ausgerichtet, wie die anderen 120 Monumente im nördlichen Stelenfeld auch. Viele andere Stelen sind schon vor langer Zeit im Gewirr der unterirdischen Grabkammern dieser alten Grabstätte eingebrochen und umgestürzt. Einige vermuten hier die Überreste der Königin von Saba, die in der Genesis erwähnt wird. Tatsächlich weiß man über die hier Bestatteten ebenso wenig wie über die Gründe für die Errichtung dieses riesigen Grabsteins.

Täuschend echt Um die Zeitenwende war dieser Teil im Norden des heutigen Äthiopiens ein blühendes Zentrum, wo sich die Reichen und Mächtigen hohe Monumente bauten, um durch sie mit dem Himmel verbunden zu sein. Aus der Ferne glaubt man, der Obelisk von Aksum habe Etagen mit Fenstern, Stürzen, Rahmen und eine Türe, die sich gleich öffnen könnte. Doch Türen und Fenster sind nur Trompe-l'œil-Motive auf der harten

ZEITTAFEL

3000 v. Chr.
Aufstellung der ersten Stele im Königreich von Aksum

300 n. Chr.
Obelisk von Aksum aufgestellt

1529–1543
Krieg zwischen Äthiopien und Adal

1937
Obelisk von Aksum wird nach Rom gebracht.

1947
UN fordern Italien zur Rückgabe des Obelisken auf.

28. Mai 2002
Blitzschlag in den Obelisk

2008
Rücktransport nach Äthiopien

Gegenüber: Das nördliche Stelenfeld umfasst 120 Obelisken, darunter die Stele von Königin Ezana (Mitte) und der zurückgekehrte Obelisk von Aksum (ganz rechts).

Rechts: Der Obelisk von Aksum wurde vor rund 1700 Jahren errichtet. Er schaut nach Süden und markierte ein Grab. Vielleicht diente er auch für astronomische Beobachtungen.

Unten: Die 33 m hohe Große Stele, die aus einem einzelnen Block gehauen worden war, stürzte vermutlich beim ersten Aufrichten um und zerbrach.

Granitoberfläche. Durch die Härte des Steins blieb die 1700 Jahre alte Illusion bis heute erhalten.

Raubgut Zumindest kann man sagen, dass Monumente wie dieses das Streben nach oben gen Himmel zum Ausdruck bringen. Sie sind zudem Bezugspunkt für Erinnerung und Identität. Der Obelisk von Aksum hat auch eine postkoloniale Geschichte. Nach dem Überfall auf Äthiopien brachten ihn italienische Soldaten 1937 in mehreren Teilen per Schiff nach Neapel, von wo er nach Rom gebracht und zur Huldigung von Mussolinis neuem Imperium aufgestellt wurde. Nach dem Sturz Mussolinis stimmte die neue demokratische Regierung 1947 der Rückgabe aller Raubgüter zu. Es dauerte aber weitere 56 Jahre, bis die Stele an der Porta Capena in Rom abgebaut wurde. Politik und Logistik führten zu neuen Verzögerungen. Der Krieg zwischen Äthiopien und Eritrea machte eine Anlieferung per Schiff unmöglich. Die Landebahn in Aksum musste verlängert werden. Die amerikanischen Transportflugzeuge waren im Irak gebunden. Schließlich brachte eine russische Antonow An-124 den 160 t schweren Obelisken in drei Flügen nach Hause.

Zurück aus Rom Am 4. September 2008 wurde das Monument unter großer Anteilnahme der Bevölkerung an seinem ursprünglichen Standort feierlich enthüllt. Diese Reise mit dem Flugzeug war für die zum Himmel weisende Stele wohl der passendste Transportweg.

MALI

Große Moschee von Djenné

DIE GROSSE MOSCHEE VON DJENNÉ IST EIN SAKRALBAU, DEN DIE BEVÖLKERUNG AUS MALIS ERDE ERRICHTETE. SEINE ÄSTHETIK IST BODENSTÄNDIG, DENN ER WURDE AUS LEHMZIEGELN UND PALMHOLZ IN EINEM STIL KONSTRUIERT, DER ZU KLIMA SOWIE KULTUR IN WESTAFRIKA PASST.

Die Instandhaltung eines Gebäudes ist eigentlich eine ernste Angelegenheit, doch hier wird sie zu einem Fest für die ganze Familie. Jeder packt bei der Herstellung des Verputzes (*banco*) aus Lehm und Reisspelzen mit an. Für die Kinder ist es ein Spaß, barfuß den Lehm in Gruben zu einer geschmeidigen Masse zu vermischen. Nach einer durchfeierten Nacht beginnt ein Wettrennen, wer die erste Ladung Lehm zum Verputzen auf die Spitze der Moschee bringt.

Den ganzen Tag über schleppen Frauen und Mädchen Wasser herbei und bereiten das Essen zu, während die Männer über Leitern und Palmholzstämme nach oben klettern. Die Alten sitzen unten auf dem Platz, beobachten das Ganze und mokieren sich wahrscheinlich darüber, was die Jugend nur wieder für ein Durcheinander veranstaltet.

Außen Der alljährlich erneuerte Verputz verleiht den dicken Lehmziegelmauern, die das Innere gegen extreme Hitze und Kälte schützten und das Gewicht der hohen Türme tragen, eine schöne, glatte Oberfläche. Straußeneier schmücken als Zeichen der Reinheit und Fruchtbarkeit die Spitzen der Minarette. Aus den Mauern ragen sowohl Tonrohre zum Ableiten des Regenwassers als auch die Enden der Palmholzstämme, die als Kletterhilfe und dezenter Schmuck eingebaut sind. Die östliche Anmutung

ZEITTAFEL

1240
Sultan Koi Kanboro tritt zum Islam über und macht seinen Palast zur Moschee.

1830er-Jahre
Scheich Amadou baut eine schlichtere Lehmmoschee.

1907
Errichtung der heutigen Moschee mit alten Bautechniken

1988
Aufnahme der Altstadt von Djenné in die Liste des UNESCO-Welterbes

2009
Der südliche Turm der ostwärts ausgerichteten Qibla-Wand bricht nach heftigen Regenfällen ein. Der Aga Khan Trust for Culture hilft bei der Finanzierung des Wiederaufbaus.

Oben rechts: Mehr als 3000 Gläubige passen in die Gebetshalle.

Rechts: Das Klima in Mali ist heiß und trocken, dennoch wäscht der jährliche Regen die oberste Lehmschicht von den Wänden der Moschee.

Oben: Die symmetrische Anordnung der Haupttürme entspricht dem westafrikanischen Stil. Die Ausrichtung der Gebetswand nach Mekka folgt islamischen Grundsätzen.

Rechts: Die gesamte Bevölkerung engagiert sich beim jährlichen Crépissage-Fest, wenn die Wände neu mit Lehm verputzt werden, um Regen- und Hitzeschäden zu reparieren.

der Moschee ergibt sich aus der Eleganz der Proportionen in Verbindung mit den regelmäßig angeordneten, weich gerundeten Zinnen und Vorsprüngen, die der fensterlosen Fassade eine aufwärts strebende Leichtigkeit verleihen.

Innen Fenster und Türen befinden sich an der Nord- sowie Südseite des Bauwerks, dessen Grundriss leicht trapezförmig ist. Es steht über dem Marktplatz auf einem quadratischen Sockel mit 75 m Kantenlänge und ist über sechs Treppenaufgänge zugänglich. In der Gebetshalle stützen neun, von hohen Bögen durchbrochene Mauern das Dach.

Abgrenzung Nur Gläubigen ist der Zutritt zur Gebetshalle gestattet. Nichtmuslimen wird der Besuch der Moschee von der Verwaltung seit 1996 verwehrt, weil ein Modemagazin damals das Gebetshaus als Hintergrund für Fotoaufnahmen nutzte, ein respektloses Verhalten. Die Große Moschee von Djenné ist ein enger Bestandteil der Gemeinschaft und lokaler Mittelpunkt, der mit den eigenen Händen gepflegt wird und Respekt verlangt.

SÜDAFRIKA

Tafelberg

DER TAFELBERG IST EINE NATÜRLICHE LANDMARKE, DIE MIT IHREM FLACHEN GIPFEL DIE SEELEUTE VOR DEM NAHEN KAP WARNT, WO SICH ATLANTISCHER UND INDISCHER OZEAN TREFFEN. AUCH FÜR LANDRATTEN IST ER EIN WICHTIGER ORIENTIERUNGSPUNKT, DENN DAS BERGMASSIV IST ÜBERALL IN KAPSTADT ZU SEHEN.

Der Name des Bergs, im Englischen Table Mountain, hat zu weiteren Bezeichnungen aus dem häuslichen Bereich inspiriert, wie das Wolkenphänomen Tablecloth (Tischtuch), wenn Meereswinde auf kältere Luftmassen am Berg treffen. Die Einheimischen interpretieren es als Rauchwettbewerb zwischen dem Teufel und dem Piraten Van Hunk.

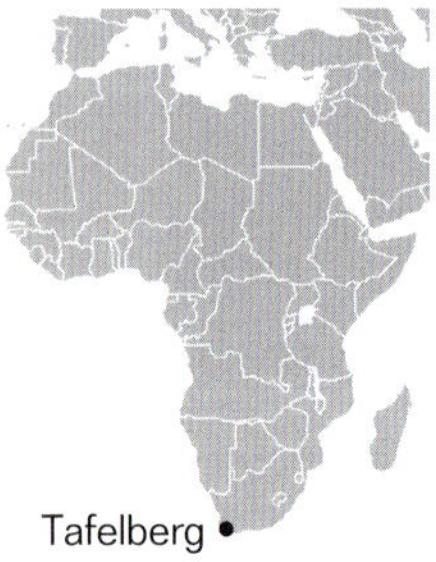

Kontinentale Aussicht Die Belohnung für den Aufstieg zum Gipfel ist, wenn es die Wolken zulassen, ein wunderbares Panorama auf Land und Meer. Auch die ehemalige Gefängnisinsel Robben Island ist gut erkennbar.

Unten erstreckt sich Kapstadt mit seinen Weinbergen entlang der steilen Flanke des Tafelbergs. Direkt unterhalb sieht man die prägnanten südlichen Felsspitzen, die mit ihren blanken Wänden aus hartem Sandstein fast überall den Weg nach oben versperren.

Aufstiegswege Der bequemste Weg zum Gipfel ist die Fahrt mit der Seilbahn, deren Gondeln sich während der Fahrt drehen, sodass man noch nicht einmal den Kopf bewegen muss, um einen Rundblick zu genießen. Die Wanderroute von Kapstadt hinauf ist der anstrengende Klettersteig durch die Schlucht Platteklip Gorge, eine gigantische Treppe aus weißem Sandstein mitten durch einen kargen Riss in der geologischen Tafelformation.

Oben: Die klassische Aussicht vom Blouberg-Strand zeigt das markante Profil des Tafelbergs. Links wird er vom Devil's Peak und rechts von Lion's Head sowie Signal Hill flankiert.

Oben rechts: An den östlichen Berghängen erstreckt sich der Botanische Garten Kirstenbosch, der 1913 zum Schutz der einzigartigen Kap-Flora gegründet wurde.

Rechts: Ein Kaphonigfresser, der sich vorrangig von Nektar ernährt, sitzt im Kirstenbosch-Park auf einer Protea- oder Zuckerbuschblüte.

FAKTEN

Höhe
1086 m

Erstbesteigung durch Europäer
1503 António de Saldanha

Zugang per Seilbahn
1929 Eröffnung des Table Mountain Cableway; 1997 modernisiert; die Kabinen befördern die Besucher von der Talstation über 704 Höhenmeter nach oben.

Flora
Am Tafelberg und auf der Kaphalbinsel wachsen fast 2300 Pflanzenarten.

Fauna
Stachelschweine, Mungos, Schlangen, Schildkröten, Karakal und Paviane

Kap-Flora Von den anderen Bergseiten gibt es längere und einfachere Routen mit weniger extremen Gelände- und Windbedingungen und abwechslungsreicherer Flora. Am Tafelberg findet man mehr als 1500 Pflanzenarten, darunter verschiedene Proteen. Der *fynbos* ist eine artenreiche Heidelandschaft, die für das Kap typisch ist.

Kap-Fauna Heute ist der Tafelberg eine urbane Region und die großen Wildkatzen, die einst hier umherstreiften, sind verschwunden: Der letzte Löwe wurde Anfang des 19. Jahrhunderts erlegt, der letzte Leopard in den 1920er-Jahren gesichtet. Einfach zu beobachten sind dagegen die Klippschliefer, die überall herumtollen und sich furchtlos von den Touristen füttern lassen. Weniger zutrauliche Vertreter der regionalen Fauna sind Schildkröten, Stachelschweine und Mungos.

Rechts: Den Tafelberg besteigt man in zwei bis drei Stunden zu Fuß oder man fährt mit der Seilbahn, die eine großartige Aussicht auf das Kap und Robben Island bietet.

SÜDAFRIKA

Robben Island

ROBBEN ISLAND, DIE INSEL, DIE SÜDLICH VOR KAPSTADT IN DER TAFELBUCHT VON BRANDUNG UMTOST LIEGT, IST SO TROSTLOS, DASS SIE EIGENTLICH KAUM ALS WAHRZEICHEN EINZUSTUFEN WÄRE. ABER SIE WURDE WELTWEIT DURCH EINEN MANN BEKANNT, DER DORT LANGE INHAFTIERT WAR.

Nelson Mandela saß mit anderen Anführern der Anti-Apartheid-Bewegung, wie Südafrikas gegenwärtigen Präsidenten Jacob Zuma, im Gefängnis Robben Island. Nach seiner Inhaftierung 1962 weigerte sich Mandela, dem bewaffneten Kampf abzuschwören. Er wurde 1990 entlassen und 1994 zum ersten schwarzen Präsidenten der Republik Südafrika gewählt. Er blieb bis 1999 im Amt.

Unmenschlich Mandela verbrachte 18 seiner insgesamt 27 Haftjahre auf der Insel. Er lebte in einer quadratischen Zelle, die kaum groß genug für die Schlafmatte und nur mit einem Eimer für die Notdurft ausgestattet war. Die Touristen, die heute das Gefängnis nach einer windigen, 45 Minuten dauernden Überfahrt von Kapstadt besuchen, verstummen, wenn sie durch das Gitter blicken, das fast die gesamte Breite der winzigen Zelle einnimmt.

Flucht – unmöglich Politische Gefangene durften, wenn sie nicht in Isolationshaft saßen, alle sechs Monate einen Brief schreiben und einen Besucher empfangen. Bei ihrer Arbeit im Steinbruch konnten sie in der Ferne den Tafelberg über Kapstadt sehen, doch eine Flucht von der Insel war unmöglich. Das wusste man von früheren Insassen, wie dem Xhosa-Führer Makanda Nxele, den die britische Kolonialverwaltung 1819 zu lebenslanger Haft

ZEITTAFEL

1498
Ein Schiff aus Vasco da Gamas Flotte legt an; die Insel wird zur Gefangenen- und Leprakolonie.

1939
Militärisches Trainingscamp

1960
Einrichtung eines Hochsicherheitsgefängnisses

1962
Nelson Mandela auf der Insel in Haft

1990–1996
Mandelas Freilassung; 1991 verlassen die letzten politischen Häftlinge die Insel. 1996 folgen die normalen Straftäter.

1997
Das Gefängnis wird zum Museum, die Insel 1999 zum UNESCO-Welterbe.

Gegenüber: Mandela bei seiner Freilassung am 11. Februar 1990.

Unten: Das spartanische Hochsicherheitsgefängnis wurde 1961 gebaut.

Gegenüber: Zwischen der ehemaligen Gefängnisinsel und Kapstadt liegt ein breiter Meeresstreifen mit tückischen Strömungen.

Rechts: Nelson Mandelas winzige Zelle ist zur Erinnerung an die langen Jahre der Haft des Politikers unverändert erhalten.

verurteilt hatte und der bei einem Fluchtversuch in der Tafelbucht ertrank.

Unbeugsam Robben Island ist ein Relikt der Apartheid, das die Hoffnung auf den Sieg der Gerechtigkeit symbolisiert. Die Touristen kommen hierher, weil sie eine Idee feiern möchten, die trotz härtester Prüfungen nicht unterdrückt werden konnte. Am Tag seiner Freilassung am 11. Februar 1990 beendete Nelson Mandela seine Rede in Kapstadt mit folgenden Worten: „Als Zusammenfassung möchte ich meine eigenen Worte aus meinem Prozess 1964 zitieren. Sie sind heute so gültig wie damals: Ich habe gegen die weiße Vorherrschaft gekämpft und ich habe gegen die schwarze Vorherrschaft gekämpft. Ich habe das Ideal einer demokratischen und freien Gesellschaft hochgehalten, in der alle in Harmonie und mit gleichen Chancen zusammenleben. Dies ist ein Ideal, für das ich zu leben und das ich zu erreichen hoffe. Doch wenn es nötig ist, bin ich auch bereit, für dieses Ideal zu sterben.“ Die Macht dieser Worte hat Robben Island zu einem Wahrzeichen gemacht.

Viele der Wahrzeichen Asiens blicken auf eine Geschichte von oft mehr als Tausend Jahren zurück. In ihrer spirituellen Bedeutung spiegelt sich die Entwicklung und Begegnung verschiedener Kulturen und Glaubenswelten. Die jüngeren Monumente sind Symbole politischer Macht oder Statements von Nationen, die es zu Wohlstand gebracht haben und nun selbstbewusst die Weltbühne betreten.

ASIEN

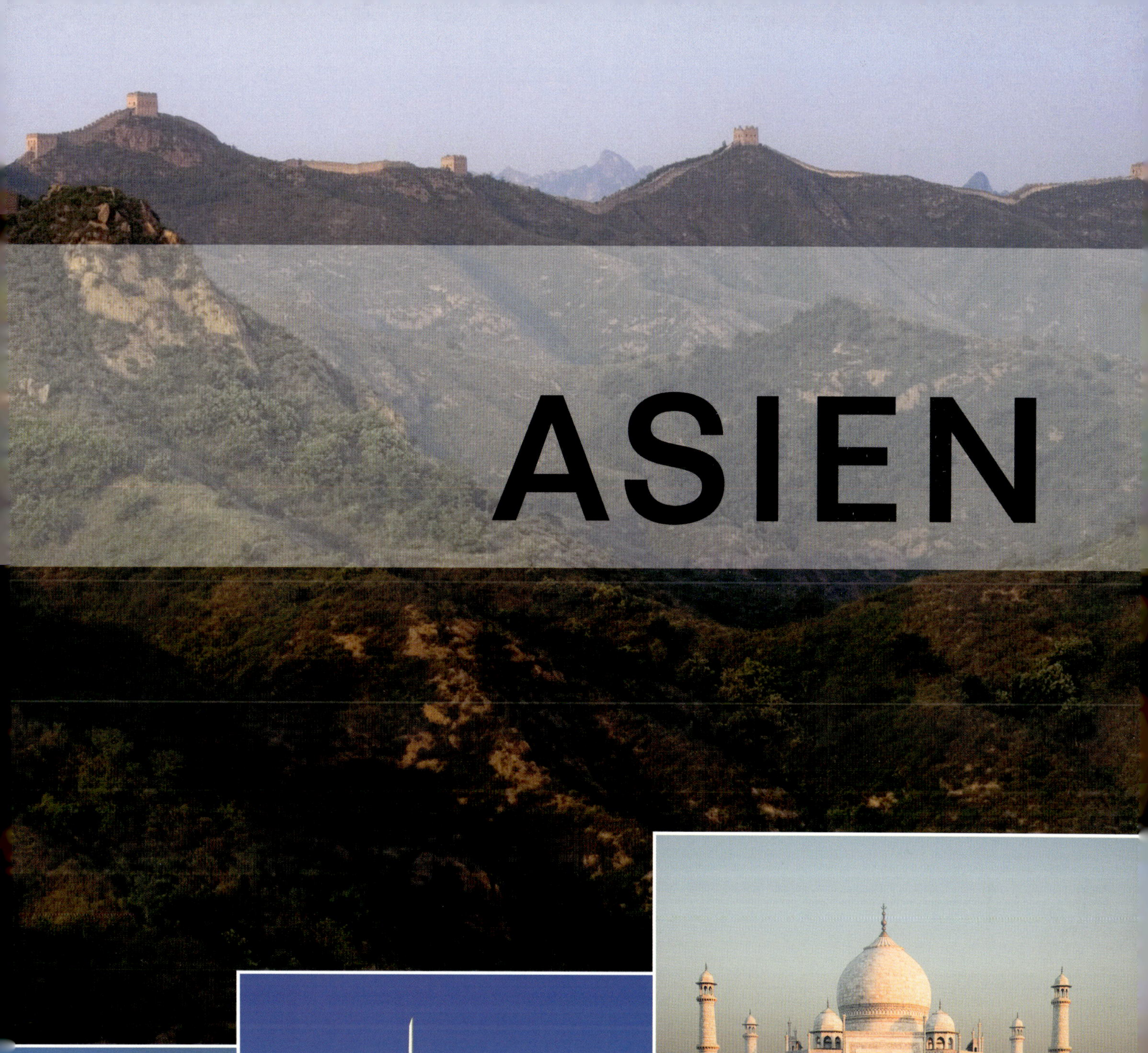

JAPAN

Fuji

DIE SCHNEEGEKRÖNTE, OFT WOLKENGESCHMÜCKTE SYMMETRIE VON JAPANS HÖCHSTEM BERG HAT DIESES STÜCK NATUR ZU EINEM KULTURELLEN KLASSIKER GEMACHT. DER VON TOKIO AUS SICHTBARE FUJI NIMMT EINE WICHTIGE ROLLE IN DER JAPANISCHEN MYTHOLOGIE, GESCHICHTE UND IDENTITÄT EIN.

Die markanten Linien des Fuji wurden Mitte des 19. Jahrhunderts durch die Veröffentlichung der *36 Ansichten des Berges Fuji*, einer Serie von Farbholzschnitten von Katsushika Hokusai, weltweit bekannt.

Schon lange zuvor spielte der Vulkan Fujisan eine zentrale Rolle in der japanischen Kultur: Die zahlreichen Wege zum Gipfel werden von alten buddhistischen Tempeln und Shinto-Schreinen gesäumt.

Mythologie Die Fujiko-Sekte glaubt sogar, der heilige Berg habe eine Seele. Auch den Ainu, den Ureinwohnern Japans, war er heilig. Für sie war Fuchi, die Göttin des Herdfeuers, die Namenspatronin des Bergs. Buddhisten verehren ihn als Tor zu einer anderen Welt. Nach ihrer Überzeugung erhob er sich 286 v. Chr. nach einem Erdbeben aus der Erde. Geologen datieren seine Entstehung auf das Pleistozän, rund 600 000 Jahre früher.

Die Shinto-Göttin dieses Berges, Sengen-Sama, symbolisiert als Blütenprinzessin das zerbrechliche irdische Leben und besitzt einen Schrein auf dem Gipfel. Ihre Anhänger glauben, dass sie den Vulkan am Ausbrechen hindert. Der letzte Ausbruch war 1707.

Weg zum Gipfel Der heilige Berg ist auch ein anspruchsvolles Kletterrevier, sodass sich heute Pilger und Touristen an den steilen Hängen des Fuji begegnen. Der

FAKTEN

Höhe
3776 m

Durchmesser
50 km an der Basis

Vulkanische Aktivität
Am Fuji treffen drei tektonische Platten aufeinander. Der letzte Ausbruch begann im November 1707; seit 2000 zunehmende seismische Aktivität.

Temperatur
Bis auf den Sommer liegt die Durchschnittstemperatur am Gipfel unter dem Gefrierpunkt. Niedrigste gemessene Temperatur: –38 °C; höchste: 17,8 °C

Gegenüber: In dieser klassischen Ansicht des alten Japan treffen Natur und Nahrung aufeinander – eine Teeplantage vor dem Berg Fuji.

Rechts: Dichte Wälder und tiefe Seen umgeben den Fuji, hier von der Präfektur Yamanashi aus gesehen.

Unten: *Die große Welle von Kanagawa*, das vielleicht berühmteste Bild Hokusais vom Fuji, hat den Berg weltweit berühmt gemacht.

aus der Distanz friedliche Berg, bekannt durch zahllose Gemälde, Zeichnungen und Fotografien, erweist sich in der Nähe als steile Felslandschaft, die von Lava bedeckt ist und von gefährlichen Steinschlägen heimgesucht wird. In der kurzen Klettersaison vom 1. Juli bis zum 26. August, wenn der Schnee weitgehend abgeschmolzen ist, begegnen sich traditionelle und moderne Bergfreunde. Busse bringen die Wanderer bis zur 5. Station auf etwa der halben Strecke zum Gipfel, Traktoren versorgen die Cafés mit Nachschub und Mountainbiker rasen zum Verdruss der Behörden vom Gipfel ins Tal.

Jedes Jahr wagen rund 300 000 Menschen den Aufstieg. Viele Japaner klettern in der Nacht hoch, um den Sonnenaufgang auf dem Gipfel zu erleben, teilweise tragen sie traditionelle weiße Gewänder. Wer, aus welchen Gründen auch immer, die Tour gemacht hat, bekommt den gängigen Spruch zu hören, dass jeder, der nie den Fuji erklommen hat, ein Narr sei, wer ihn aber öfter besteigt, ein doppelter Narr sein müsse.

HIROSHIMA, JAPAN

Friedensdenkmal in Hiroshima

DIE ATOMBOMBENKUPPEL (GENBAKU DOME) BEEINDRUCKT WENIGER DURCH ORIGINALITÄT ODER SCHÖNHEIT DES BAUWERKS, SONDERN ALS MAHNMAL DER ZERSTÖRUNG. WIE EIN WUNDER ÜBERSTAND DER KUPPELBAU IM EPIZENTRUM DEN ERSTEN ABWURF EINER ATOMBOMBE IM ZWEITEN WELTKRIEG.

Am 6. August 1945, morgens um 8.15 Uhr, explodierte über Hiroshima eine Atombombe. Die Druckwelle und Hitzestrahlung tötete augenblicklich 70000 Menschen, weitere 70000 erlitten tödliche Verstrahlungen. An dieses Massensterben erinnert der Genbaku Dome im Friedenspark von Hiroshima.

Die „Little Boy" genannte Bombe explodierte rund 600 m über der Industrie- und Handelskammer der Präfektur Hiroshima. Der Kern des Gebäudes hielt der enormen Druckwelle stand. Als sich an diesem schicksalhaften Augusttag der Staub legte, ragte nur noch das Stahlgerüst der Kuppel aus der vernichteten Stadt heraus. Sie steht bis heute als ein Überbleibsel aus Ziegelsteinen und Stahl von eigenwilliger Ästhetik, eine Erinnerung an das Inferno.

Vom Handelszentrum zum Schrein Die einst mit Kupfer verkleidete Kuppel krönte einen fünfstöckigen Turm, den der tschechische Architekt Jan Letzel 1910 als Kernstück eines Ausstellungszentrums entworfen hatte. Damals begann Japan, sich allmählich der Welt zu öffnen.

Keine 50 Jahre später musste Hiroshima rund um die Kuppel neu aufgebaut werden. Gegen einige Widerstände erklärte der Stadtrat 1966 seine Absicht, die Ruine für immer erhalten zu wollen. Was als eher banale kommer-

ZEITTAFEL

1915
Eröffnung der Industrie- und Handelskammer

1933
Umbenennung in Industrieausstellungshalle der Präfektur Hiroshima

6. August 1945, 8.15 Uhr
Abwurf der Atombombe; Ruine wird zum Genbaku Dome

1950–1964
Einrichtung des Friedensparks

1966
Stadtrat von Hiroshima beschließt, die Kuppel dauerhaft zu erhalten.

1996
Anerkennung durch die UNESCO als Welterbe

Gegenüber: Die Ruine des Genbaku Dome bezeugt die Zerstörungskraft des Nuklearangriffs und ist ein Symbol für die Hoffnung auf weltweiten Frieden.

Rechts: Jedes Jahr am 6. August werden zur Erinnerung Lampions angezündet und treiben dann den Fluss Motoyasu beim Friedenspark hinab.

zielle Architektur begann, wurde nun in ein dauerhaftes Mahnmal und weltweites Symbol für den Tod so vieler Menschen umgewidmet.

Erhaltung der Ruinen Bei der Konservierung folgt man der Devise, die Kuppel so zu belassen, wie sie ist – was nicht ganz einfach ist. Der Boden ist mit Ziegelsteinen übersät, der gesamte Bau blieb so, wie er direkt nach der Detonation war. Stahlstreben stützen das fragile Gebilde, dessen Mauern nun oben abgedeckt wurden. Der Bau ist anfällig, denn die alten Materialien sind der Witterung ausgesetzt und die Ziegel werden von Zement zusammengehalten, der unter der nuklearen Gluthitze gelitten hat.

1996 wurde die Kuppel in die Liste des UNESCO-Welterbes aufgenommen. Die USA lehnten diese Entscheidung ab, weil der historische Zusammenhang nicht genügend gewürdigt würde. Im August 2010 nahm erstmals ein Vertreter der US-Regierung an der Feier zum Jahrestag im Friedenspark teil. Botschafter John Ross sagte: „Um künftiger Generationen willen müssen wir gemeinsam daran arbeiten, eine Welt ohne Nuklearwaffen zu schaffen."

Unten: Durch das Ehrenmal im Friedenspark von Hiroshima, das an alle beim Nuklearangriff Getöteten erinnert, blickt man auf die Atombombenkuppel.

KYOTO, JAPAN

Zen-Garten, Ryoan-ji

INMITTEN DER GARTENANLAGE DES TEMPELS RYOAN-JI MIT WÄLDCHEN UND TEICHEN FINDET SICH EINE VON MENSCHEN GESCHAFFENE LANDSCHAFT. RYOAN-JI, DER TEMPEL DES FRIEDLICHEN DRACHENS, VERFÜGT MIT SEINEM STEINGARTEN ÜBER EINES DER SCHÖNSTEN KÜNSTLERISCHEN MEISTERWERKE JAPANS.

Der Garten in Form eines 10 x 30 m großen Rechtecks ist mit weißen Kieselsteinen bedeckt, zwischen denen 15 bemooste Felsbrocken in fünf Gruppen angeordnet sind. Bei der Betrachtung aus Bodennähe ist immer mindestens einer der Felsen verborgen. Die Mönche zeichnen mit Rechen präzise, täglich leicht variierende Rillenmuster in den Kies. Die Linien verlaufen im allgemeinen parallel zur Längsmauer und in konzentrischen Kreisen um die Felsgruppen. Gerade Linien und Kreise sollen mit höchster Präzision aufeinandertreffen, jeder falsch liegende Stein würde stören.

Minimalismus Der Zen-Garten ist mehr als ein dekorativer Schmuckgarten, doch das erschließt sich erst im Gesamtzusammenhang der Anlage. Der Ryōan-ji in Kyoto gehört zum Rinzai-Zweig des Zen-Buddhismus, der großen Wert auf paradoxe Rätsel und Fragestellungen legt. Zen bezeichnet im Japanischen einen Zustand der Versenkung. Der Garten südlich des Tempels lädt zur Meditation über die Widersprüche des Lebens ein.

Dieses minimalistische Wahrzeichen ist voller Leere. Es ist ein Ort, an dem selbst der feurigste Drache friedlich wird. Der Garten verweist auf ein Geheimnis innerhalb der Ordnung, auf Unregelmäßigkeit innerhalb der Symmetrie, Komplexität innerhalb der Einfachheit und

ZEITTAFEL

11. Jahrhundert Der ursprüngliche Tempel Ryoan-ji gehört zum Fujiwara-Anwesen.

Spätes 15. Jahrhundert Hosokawa Katsumoto residiert hier bis zum Onin-Krieg; er verfügt die Umwandlung des Anwesens in einen Zen-Tempel.

1488–1499 Hosokawas Sohn Masamoto baut den Tempel und legt den Garten an.

Mitte 17. Jahrhundert Erste schriftliche Erwähnung des Trockengartens mit damals neun Felsen

Spätes 18. Jahrhundert Garten in der heutigen Form angelegt

1994 Tempel und Garten werden zum UNESCO-Welterbe erklärt.

Gegenüber: Die ruhige Atmosphäre des Steingartens suggeriert Zeitlosigkeit und Unendlichkeit. Der Kirschbaum im Hintergrund erinnert in japanischer Sicht an die Vergänglichkeit.

Rechts: Jenseits des Seerosenteichs auf dem Gelände vom Ryoan-ji leben, studieren und meditieren in einem Untertempel vom Daishu-in ein Zen-Meister und einige Mönche.

Verharren innerhalb des Wechsels der Jahreszeiten. Hinter der Gartenmauer stehen Kirschbäume, die im Frühling blühen und im Herbst bunte Blätter tragen. Im Winter legt sich Schnee über die Moospolster.

Zen-Meditation Egal aus welchem Blickwinkel man den Garten betrachtet, nie sind alle 15 Felsen zu sehen. In der buddhistischen Zahlenmystik steht die 15 für Vollkommenheit. Nur durch intensive Meditation erlangt man die Erleuchtung, alle Steine auf einen Blick zu erfassen. Es gibt noch weitere Interpretationen der Gartenanlage: die Kieselsteine als Symbol des Meeres mit den Felsen als Inseln, oder als Darstellung einer Tigerin, die ihre Jungen über einen Fluss führt, oder als Abbild eines sich verzweigenden Baums. Weniger prosaisch betrachtet, kann man einen *karesansui*, einen „Trockengarten“, so würde es ein Zen-Meister ausdrücken, als „direkten Hinweis auf die Wirklichkeit“ in einer ruhigen Umgebung sehen, die den Betrachter zur inneren Einkehr ermutigt.

Hinter einem einfachen Tempel befindet sich ein *tsukubai*, ein Steinbecken, an dem sich die Besucher rituell reinigen können. Dort erinnert folgende Inschrift an den vom Buddhismus vertretenen Minimalismus: „Was man hat, ist alles, was man braucht.“ Ein Besucher fragte einst einen Mönch, was denn so besonderes an dem Garten sei? Der Mönch antwortetet: „Der Raum zwischen den Felsen.“

Unten: Zu den täglichen Pflichten im Kloster Ryoan-ji gehört das Rechen der Kiesel. Dieser Mönch vollendet gerade sein Werk und zieht Linien um einen der 15 Felsen.

CHINA

Chinesische Mauer

VIELE STELLEN SICH DIE GROSSE MAUER IN CHINA FAST WIE EIN LEBEWESEN VOR. WIE DER ENDLOS LANGE SCHWANZ EINES DRACHENS BEI EINEM CHINESISCHEN FEST SCHLÄNGELT SIE SICH VOM MEER IM OSTEN ÜBER DIE WEITEN EBENEN BIS ZU DEN GEBIRGSZÜGEN AM SÜDLICHEN RAND DER INNEREN MONGOLEI.

Was die Bauzeit und die Dimensionen betrifft, ist die nördliche Chinesische Mauer das längste Bauprojekt aller Zeiten. Der Bau begann vor mehr als 2500 Jahren mit aus Holz und gestampftem Lehm errichteten Schutzmauern. Als sich die chinesischen Staaten vereinigten, verband man die Mauerabschnitte und baute Wachtürme, die sich tags mit Rauch- und nachts mit Lichtsignalen verständigten.

Ming-Dynastie Unter der Ming-Dynastie (1368–1644) gab es permanente Erweiterungen sowie Reparaturen und die Mauer wuchs auf fast 6500 km Länge. Dieses Bauwerk bezeichnet man üblicherweise als Chinesische Mauer. Zählt man aber alle Verteidigungsanlagen der verschiedenen Dynastien dazu, kommt man auf eine Gesamtlänge von mehr als 48 000 km.

Die Abschnitte nahe der Ming-Hauptstadt Peking sind besonders stabil gebaut, konnten aber die Mandschu-Invasion nicht verhindern, die zur Gründung der Qing-Dynastie führte. Die Mauer ist dort 8 m hoch und 5 m breit. Der mit Zinnen besetzte Schutzwall prägt die Landschaft. Das großartige, mit Türmen bewehrte Gebilde scheint sich bis ins Unendliche zu erstrecken.

Mondmythos Die Behauptung, dass die Chinesische Mauer das einzige Gebäude von Menschenhand sei, dass

FAKTEN

Länge
Rund 6500 km

Typische Abmessungen
8 m hoch, 5 m breit

Bauzeit
Rund 2000 Jahre; ab der Zeit der streitenden Reiche (476–221 v. Chr.) bis zur Ming-Dynastie (1368–1644)

UNESCO-Status
1987 Aufnahme in die Welterbe-Liste

Die Mauer ist nicht ...
... vom Weltall aus zu sehen und auch kein durchgängiges Bauwerk.

Gegenüber: Bei Jinshanling windet sich die Chinesische Mauer, mit zahlreichen Wachtürmen bestückt, über einen Gebirgsrücken.

Rechts: Der restaurierte Badaling-Abschnitt bei Peking, hier aus einem Turmfenster betrachtet, ist der am häufigsten besuchte Teil der Mauer.

Unten: Die Festung Jiayuguan wurde im 14. Jahrhundert zum Schutz des ersten Passes westlich der Mauer errichtet.

man mit bloßem Auge aus dem Weltall erkennen könne, ist ein Mythos. Tatsächlich ist die Mauer kein einheitliches Gebilde, sondern eine Abfolge verschiedener Befestigungen, die zum Teil parallel verlaufen und im westlichen Abschnitt durch Sandstürme erodiert sind. Zudem kann man die Große Mauer nicht aus dem Weltraum sehen. In einer frühen Reverenz an diesen Mythos schrieb der englische Antiquar William Stukeley 1754: „Die Chinesische Mauer ist eine beachtliche Form auf der Erdoberfläche und könnte vom Mond aus wahrgenommen werden." Doch das ist unmöglich, denn vom Mond aus gesehen entspräche die Breite der Mauer einem menschlichen Haar, das man aus 3 km Entfernung betrachtet. Alan Bean, der 1969 tatsächlich auf dem Mond landete, bestätigt das: „Das einzige, was man vom Mond aus sehen kann, ist eine wunderschöne Kugel mit vielen weißen (Wolken), einigen blauen (Ozeane) und gelben Flecken (Wüsten) und etwas grüner Vegetation. Tatsächlich ist kein von Menschen geschaffenes Objekt mehr erkennbar, wenn man das Erdorbit verlässt und nur einige Tausend Meilen entfernt ist."

Trotzdem wird die Chinesische Mauer weiterhin im kollektiven Gedächtnis präsent sein, als Monument des menschlichen Bestrebens, ohne Rücksicht auf Kosten die Grenzen zu befestigen. Inzwischen ist das Bauwerk eine Attraktion für Touristen.

PEKING, CHINA

Tiananmen-Platz

DIESER PLATZ IST EIN SUPERLATIV: ER IST DER GRÖSSTE PLATZ DER WELT UND EINE DEMONSTRATION DER GEOGRAFISCHEN UND POLITISCHEN GRÖSSE CHINAS. DIESER AUSSERGEWÖHNLICHE PLATZ KÖNNTE MEHR ALS EINE HALBE MILLION MENSCHEN DER INSGESAMT RUND 1,3 MILLIARDEN CHINESISCHEN EINWOHNER AUFNEHMEN.

Der Tiananmen-Platz war ein gewaltiger Entwurf. Das „Tor des himmlischen Friedens", chinesisch Tiananmen, wurde 1417 als Demonstration dynastischer Macht erbaut und in seiner Wirkung durch den in späteren Jahrhunderten davor entstandenen prächtigen Platz unterstützt. Das änderte sich in den 1950er-Jahren, als der Platz als gigantischer Ausdruck des Staatssozialismus auf das Vierfache vergrößert wurde und von neuen Regierungsbauwerken dominiert wird.

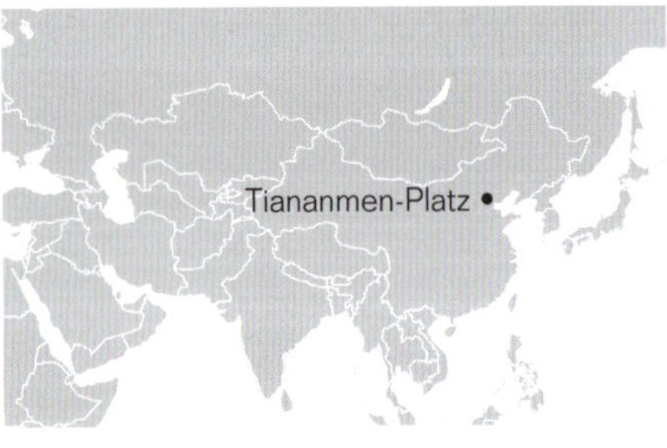

Monumente Der Platz, ein Rechteck von 880 x 500 m, wird von Monumentalbauten eingerahmt, die an Chinas jüngere und ältere Geschichte erinnern. Im Norden bildet das Tiananmen den Eingang zur Verbotenen Stadt, zu der nur die feudale Elite Zutritt hatte. Die Marmorreliefs und kaiserlichgelben Dachziegel verdeutlichen das Können der chinesischen Handwerker im Mittelalter. Im Süden zeigen zwei Bauten des 20. Jahrhunderts ein anderes China. Das Denkmal für die Helden des Volkes, ein fast 40 m hoher Obelisk, wurde 1959 zur Feier einer Dekade kommunistischer Herrschaft errichtet. In einem neoklassizistischen Bau von 1976 steht dahinter der Kristallsarg des Vorsitzenden Mao.

An der Westseite residieren die Staatsinstitutionen. In der Großen Halle des Volkes aus den 1950er-Jahren, mit

ZEITTAFEL

1417
Bau des Tiananmen-Tors zur Verbotenen Stadt

1651
Entwurf und Bau des Tiananmen-Platzes

1860
Britische und französische Truppen lagern während des Zweiten Opiumkriegs auf dem Platz.

1. Oktober 1949
Mao Zedong ruft die Volksrepublik China aus.

1954
Das Tor von China muss der Erweiterung des Platzes Ende der 1950er-Jahre weichen.

1976
Bau des Mao-Mausoleums am ehemaligen Tor von China

1989
Proteste am Tiananmen-Platz; Soldaten schießen auf Demonstranten, 400–800 Tote.

1990er-Jahre
Bau des Großen Nationaltheaters

Gegenüber: Hinter den Dächern der Verbotenen Stadt blickt das Tiananmen-Tor aus dem 15. Jahrhundert auf die Monumente der Revolution des 20. Jahrhunderts.

Rechts: Rote Fahnen vor der Großen Halle des Volkes im Hintergrund. Der Tiananmen-Platz ist das emotionale und geografische Herz Pekings und damit Chinas.

unzähligen Regierungsbüros und einem riesigen, 5000 Personen fassenden Saal, tagt auch der Nationale Volkskongress. Auf der anderen Seite des Platzes präsentiert das 2003 eröffnete Chinesische Nationalmuseum 10000 Jahre chinesischer Geschichte.

Protest von 1989 Heute empfängt der mit seinem Pflaster, dem Granit und Marmorfassaden eher abweisende Platz die Besucher mit Blumenschmuck. Allerdings sind die Ereignisse des Jahres 1989 noch präsent, als sich dort Demonstranten versammelten, die mehr Demokratie von ihrer Regierung forderten. Das Bild des einzelnen Demonstranten, der sich einer Panzerkolonne in den Weg stellte, bleibt ebenso tief im Gedächtnis, wie das imposante Panorama des Platzes.

Rechts: Ein Wachsoldat vor dem Mao-Porträt am Tor des Himmlischen Friedens aus dem 15. Jahrhundert, dem Eingang zur Verbotenen Stadt.

Unten: Beim Kulturfestival anlässlich der Olympischen Spiele 2008 wird ein Löwentanz auf dem Platz des Himmlischen Friedens aufgeführt.

PEKING, CHINA

Nationalstadion Peking

DAS „VOGELNEST" WIRFT VIELE FRAGEN AUF: SKULPTUR ODER ARCHITEKTUR, ORGANISCH ODER ANORGANISCH, ÖSTLICH ODER WESTLICH, KOMMUNISTISCH ODER KAPITALISTISCH, KOLLEKTIV ODER INDIVIDUALISTISCH, FRAGIL ODER STABIL, YIN ODER YANG? SCHWEBT ES ODER KAUERT ES?

„Ein Gebäude sollte man auf verschiedene Weise wahrnehmen", meint Li Xinggang, der Chef der China Architectural Design and Research Group, die mit dem Architekturbüro Herzog & de Meuron am Bau des Stadions arbeitete. Li ist auch mit dem Spitznamen „Vogelnest" einverstanden, denn „in China ist ein Vogelnest eine sehr teure Spezialität, man isst es zu besonderen Gelegenheiten".

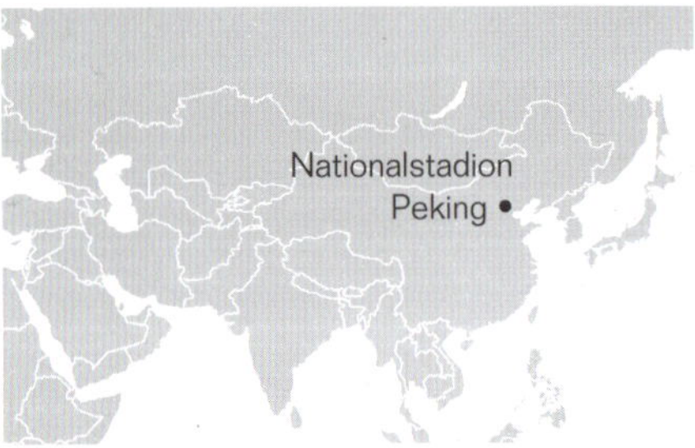

Dieses 325 Millionen Euro teure Vogelnest stand bei den Olympischen Spielen 2008 verschiedentlich im Mittelpunkt. Form und Bauweise der verzweigten Stahlgitterkonstruktion, die heute die Skyline von Peking schmückt, legen den Vergleich mit einem Nest nahe. Die Zwischenräume des Geflechts sind, wie bei einem Nest, zum Schutz vor Wind, Regen und Sonne mit aufblasbaren Kissen verschlossen. Die chinesische Kultur greift die Vorstellung eines Nests gerne in Form einer Schale auf, und tatsächlich spiegeln Linien und Symmetrie des Stadions diese künstlerische Symbolik wider.

Schale im Nest Doch der Entwurf war nicht rein ikonografisch ausgelegt. Das Gitterwerk sollte ursprünglich ein einziehbares Dach tragen, aber man verwarf diese Idee, als im Mai 2004 ein ähnliches Dach am Pariser Flughafen Charles de Gaulle einstürzte. Rund 7000 Arbei-

FAKTEN

Architekten
Herzog & de Meuron, China Architectural Design and Research Group

Hochbauingenieure
Ove Arup & Partners

Kosten
325 Millionen Euro

Form und Material
Das Stahlskelett (42 000 t schwer) umgibt eine separate Betonschale.

Konstruktion
Baubeginn: 8. Dezember 2003; Eröffnung: 28. Juni 2008; das Vogelnest ist für 100 Jahre ausgelegt und soll Erdbeben der Stärke 8 überstehen.

Rasenfläche
7811 m²

Gegenüber: Aus der Ferne wirkt Chinas neues Wahrzeichen so fragil wie ein Vogelnest.

ter erbauten dieses Wunder aus Beton und Stahl. Sie errichteten zwei unabhängige Baukörper: das äußere Stahlskelett mit 24 Stützpfeilern und die innere Betonschale mit 91 000 Sitzplätzen. Im Stadion gibt es ein Hotel, ein Restaurant und ein unterirdisches Einkaufszentrum. Geheizt wird mit geothermischer Energie, Regenwasser wird zur Bewässerung und für sanitäre Einrichtungen genutzt.

Chinesisches Puzzle Das Vogelnest mit seinem multikulturellen Anspruch vermittelt komplexe, ja sogar widersprüchliche Botschaften. Der Schweizer Architekt Jacques Herzog hatte den Auftrag, mit ihm den materiellen Fortschritt der chinesischen Gesellschaft auszudrücken. Seinen Auftraggebern bescheinigt er: „Sie sind so frisch in ihrem Geist. Sie haben die verrücktesten Dinge in ihrer Tradition, die schönsten Fayencen, Jadearbeiten und Gelehrtensteine. Jeder wird dazu ermutigt, extravagantes Design zu schaffen. Sie kennen nicht diese strikte Barriere zwischen gutem Geschmack und schlechtem, zwischen minimalistisch und expressiv. Das Stadion in Peking sagt mir, dass sie nichts schockieren wird."

Rechts: Aus der Nähe erkennt man die gewaltigen Dimensionen der stützenden Stahlkonstruktion.

Unten: Die Abschlussveranstaltung der Olympiade in Peking 2008: Spektakuläre Architektur und feierliche Inszenierung, untermalt vom Jubel disziplinierter Menschenmassen, vermittelten der Welt ein neues Bild Chinas.

LESHAN, CHINA

Großer Buddha von Leshan

IN DER PROVINZ SICHUAN IM SÜDOSTEN CHINAS THRONT DER GROSSE BUDDHA IN EINER TIEF EINGEGRABENEN NISCHE EINES FELSEN AM ZUSAMMENFLUSS DREIER FLÜSSE. DIE STATUE IST EIN SYMBOL DER BESTÄNDIGKEIT: SEIT 1200 JAHREN SITZT DER ALS MAITREYA ODER DAFO BEKANNTE BUDDHA HIER.

Aus der Ferne, vom Fluss aus betrachtet, ist der Maitreya eine ernste, ruhige Gottheit, um den sich Menschenschlangen winden, die über Treppen hinauf- und hinabsteigen. Aus religiöser Sicht ist Maitreya der künftige Buddha, der eines Tages kommen und eine Botschaft für eine erleuchtetere Welt verkünden wird. Inzwischen hastet die Menschheit auf der Suche nach Göttern und anderen Attraktionen umher. Der geheimnisvolle Maitreya hat also Zeit und Geduld genug, um zu warten.

Aus der Nähe Von der Seite der Felsnische betrachtet, wo der Kopf aus den Bäumen hervorschaut, gewinnt Maitreyas Gesicht menschliche Züge. Der Buddha blickt über die weite Ebene auf die gegenüberliegenden Berge. Das Gesicht mit der Andeutung eines Lächelns hat etwas Komisches, das Doppelkinn und die Nackenfalten wirken sehr menschlich.

Der Legende nach hat der Gott die Wassergeister unter Kontrolle gebracht und die Flüsse besänftigt. Die Menschen dort sagen, man müsse nur einen guten Spaß machen, schon würde der Gott seine großen Hände heben und sich vergnügt auf die Schenkel klopfen.

Blick nach oben Von unten betrachtet ist Dafo ein immens großer Kerl. Die Fußnägel haben die Größe mächtiger Sessel, und der Kopf in 71 m Höhe wirkt stark

FAKTEN

Bauzeit
713–803

Höhe
71 m

Schultern
28 m breit

Finger
3,5 m lang

Ohren
7 m lang

Augenbrauen
5,5 m breit

Haar
1021 Haarknoten

Gegenüber: Touristen erklimmen die Treppen in der Felswand, um Maitreya zu bestaunen, der ins Unendliche blickt.

Rechts: Der Buddha von Leshan ist so tief in den Fels hineingehauen, dass seine riesigen Zehen nicht über die Felswand herausragen.

Unten: Die schläfrigen Augen und das angedeutete Lächeln geben Dafo etwas göttlich Komisches.

verzerrt. Hier wird die Dimension der 90-jährigen Mühsal beim Herausmeißeln der Skulptur deutlich. Und auch die Legende gewinnt an Glaubwürdigkeit, dass erst der Felsabraum, der beim Behauen in die reißenden Fluten stürzte, den Fluss schiffbar machte. Drainagerinnen, die an Kopf und Armen, hinter den Ohren und in der Kleidung verborgen sind, sorgen für den Abfluss von Regenwasser und den Schutz der Figur.

Bedrohung Doch der Buddha kennt auch schwierige Zeiten. Das Werk wurde 713 von dem Mönch Hai Tong begonnen, der 20 Jahre Spenden sammelte. Als die Obrigkeit ihm die Gelder wegnehmen wollte, sagte Hai Tong, sie könnten eher seinen Augapfel haben als die Spenden für die Figur. Zur Bestätigung stach er sich selbst ein Auge aus und die Beamten rannten entsetzt davon.

Heute ist die Verwaltung durch die Auswirkungen des Tourismus und der Umweltverschmutzung alarmiert. Beide Aspekte müssen kontrolliert werden, damit der Große Buddha ein weiteres Jahrtausend übersteht.

LHASA, CHINA/TIBET

Potala-Palast

BIS ZUR CHINESISCHEN MACHTÜBERNAHME 1959 WAR DER POTALA-PALAST DAS SÄKULARE UND SPIRITUELLE ZENTRUM TIBETS. SEITHER LEBT DER 14. DALAI-LAMA IM EXIL, SEIN PALAST UND DIE TEMPEL WURDEN OFFIZIELL ZUM MUSEUM ERKLÄRT. FÜR BUDDHISTEN SIND SIE NOCH IMMER EINE PILGERSTÄTTE.

Der Palast passt sich mit seiner Architektur der Gebirgsumgebung in 3700 m Höhe an. Die an der Basis bis zu 5 m dicken, geneigten Stützmauern sind oben mit Fensterreihen bestückt. Der Palast mit 13 Stockwerken erreicht eine maximale Bauhöhe von 120 m. Die 1000 Räume in seinem Inneren beherbergen 10 000 Schreine und 200 000 Statuen.

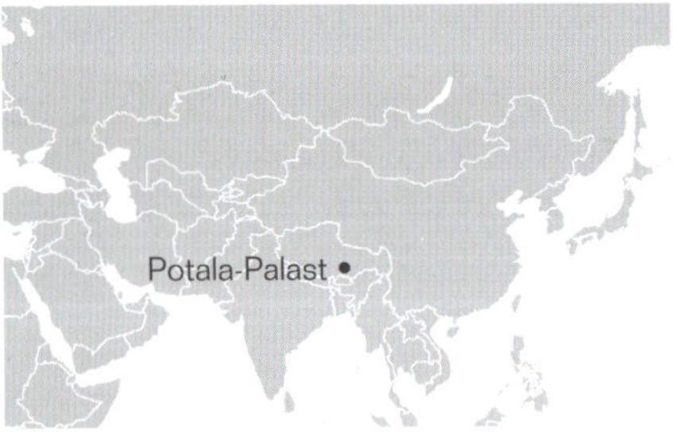

Tatsächlich handelt es um zwei angrenzende Paläste mit Nebengebäuden und einem Labyrinth von Räumen: Weißer und Roter Palast, Westliche und Östliche Große Halle, Nördliche, Südliche, Östliche und Westliche Kapelle, Erste, Zweite und Dritte Galerie, dazu Grabstätten, Höhlen und heilige Stelen. Das Bauwerk hat sich über Jahrhunderte zu seiner Komplexität entwickelt.

Weißer Palast Der tibetanische König Songtsen Gampo erbaute 637 seiner chinesischen Frau, Prinzessin Wen Cheng, einen Bergpalast. Mitte des 17. Jahrhunderts machte ihn der 5. Dalai-Lama zum Weißen Palast. Für die nächsten drei Jahrhunderte war dieses Gebäude das politische Zentrum, und in der Östlichen Großen Halle fanden die Staatsgeschäfte statt. Eine gewundene Straße führt zu einem offenen Platz davor. Im Gebäude lebten die verschiedenen Dalai-Lamas: Ihr Thron stand im Norden, der Wohnbereich war im Obergeschoss. In einem

ZEITTAFEL

637
Gegründet von König Songtsen Gampo

1645
Roter Palast unter dem 5. Dalai-Lama begonnen

1694
Bau des Weißen Palastes begonnen

1922
13. Dalai-Lama renoviert Kapellen und Hallen im Weißen Palast und erhöht den Roten Palast um zwei Stockwerke.

1959
Chinesische Truppen beschießen den Palast. Der 14. Dalai-Lama wird ins Exil gezwungen.

1989–1994, 2002
Renovierung des Palastes

1994
Aufnahme in die Liste des UNESCO-Welterbes

Rechts: Ein tibetanischer Mönch steigt in eines der oberen, abgegrenzten Stockwerke des Potala-Palastes hinauf.

Ganz rechts: Im nahen Lhasa, der höchst gelegenen Hauptstadt der Welt, dreht eine Frau auf der Treppe vor ihrem Haus eine Gebetsmühle. Der Buddhismus bewahrt sich trotz der chinesischen Gegenmaßnahmen seinen Platz in Tibet.

Rechts: Der Palast wurde offiziell zum Museum erklärt, doch die tibetischen Pilger sehen ihn immer noch als spirituelles Zentrum und drehen auch weiterhin unbeirrt die Gebetsmühlen.

Links: Der Potala-Palast erhebt sich stolz und erhaben vor der imposanten Kulisse des Himalaja.

Unten rechts: Die Ruhe der Natur harmoniert mit der erhabenen Größe des Palastes.

gelben Gebäude am Rand des Platzes bewahrt man bestickte Banner auf, die zum Neujahrsfest über die südliche Mauer drapiert werden.

Roter Palast Der Rote Palast im Westen war für Studien und Gebete bestimmt. Er wurde in den 1690er-Jahren erbaut, um die Stupas mit den Gebeinen der Dalai-Lamas aufzunehmen. In dem Labyrinth mit mehreren Stockwerken führen gewundene Gänge zu Hallen, Kapellen, Bibliotheken und Galerien. In den vier Kapellen der Westlichen Großen Halle preisen Wandgemälde Ruhm und Macht des 5. Dalai-Lama, der den extravaganten Bau begann.

Die Nördliche Kapelle der Westlichen Großen Halle ist fast 1400 Jahre alt und stammt aus der Zeit von König Songtsen Gampo. In einer blau-goldenen Inschrift über dem Eingang erklärt ein chinesischer Kaiser aus dem 19. Jahrhundert den Buddhismus zum „gesegneten Feld einer wunderbaren Frucht“. Im Inneren befindet sich als besonderes Heiligtum der Palastanlage die mit Edelsteinen verzierte Statue von Avalokiteshvara, der Verkörperung des universellen Mitgefühls aller Buddhas. Eine düstere Öffnung im Boden führt hinab in die Dharma-Höhle, in der Songsten Gampo einst den Buddhismus studierte und der Gelehrte Sambhota zusammen mit dem tibetanischen König und dessen chinesischer Gattin die tibetanische Schrift entwickelt hat.

AGRA, INDIEN

Taj Mahal

ZU JEDER TAGES- UND JAHRESZEIT SIEHT DER TAJ MAHAL ANDERS AUS, SO SAGT MAN JEDENFALLS. SEIN MARMOR NIMMT DIE WECHSELNDEN FARBTÖNE DES HIMMELS VON UTTAR PRADESH AUF: SCHNEEWEISS UND ROSA, WACHSGELB UND BEI VOLLMOND PASTELLTÖNE VON GELBBRAUN BIS GRAU.

Kurven und Symmetrie des Taj Mahal erinnern mehr an Fleisch als an Stein. Das imposante Mausoleum gilt als größtes Denkmal der Liebe. Der bengalische Dichter Rabindranath Tagore bezeichnete es als „eine Träne auf der Wange der Zeit".

Multikulturell Der Großmogul Shah Jahan ließ den Taj Mahal 1632 als Grabmal für seine geliebte Gemahlin erbauen. Einige sagen, er sei Moslem gewesen, andere Hindu, doch sein ebenso schönes wie eklektizistisches Gebäude überwindet alle kulturellen Differenzen. Die Architektur ist eine Mischung aus persischem, islamischem und indischem Stil. Einige nennen den Türken Ustad Isa als Hauptarchitekten, andere einen Perser namens Ahmad. Ein persischer Kalligraf meißelte arabische Schriftzeichen in den Marmor und unterzeichnete an der Basis der Kuppel: „Geschrieben von dem unscheinbaren Geschöpf Amanat Khan Shirazi."

Viele Quellen Weißer Marmor wurde aus dem 400 km entfernten Makrana herbeigeschafft. Jade und Kristall kamen aus China, Lapislazuli aus Afghanistan, Korallen und Perlmutt vom Indischen Ozean. Auch die Briten leisteten einen Beitrag, sie legten bei der Renovierung Anfang des 20. Jahrhunderts die Rasenflächen an. Ein bedeutsameres Beispiel kultureller Integration ist die Kreuzblume aus vergoldeter Bronze auf der Kuppel. Die

ZEITTAFEL

1632–1653
Bauzeit

1857
Während der indischen Rebellion plündern britische Soldaten Edelsteine.

1908
Abschluss der von Lord Curzon angeordneten Restaurierung

1942
Gerüst zum Schutz vor Luftangriffen errichtet

1965 und 1971
Indisch-pakistanische Kriege: erneut Aufbau von Schutzgerüsten

1983
Aufnahme in die Liste des UNESCO-Welterbes

Gegenüber: Beim Bau des Taj Mahal spielten Kosten keine Rolle, denn er fiel in die Blütezeit des reichen und mächtigen Mogulreichs.

Rechts: Bei Sonnenuntergang wird der Taj Mahal in warmes Rosa getaucht, während sich seine perfekte Symmetrie in dem von Zypressen gesäumten Kanal spiegelt.

Unten: Die prächtigen Pietra-dura-Dekorationen (*parchin kari*) im Inneren enthalten oft bis zu 35 verschiedene Halbedelsteine in einem einzigen Motiv.

Mondsichel mit zum Himmel zeigenden Enden ist ein eindeutig islamisches Motiv, doch hier erinnert sie durch ihre Befestigung an einen Dreizack, ein Symbol von Shiva, der obersten Hindugottheit.

Viererregel Die Kurvenform der Hauptkuppel leitet die Gewichtskräfte direkt nach unten ab. Die vier zwiebelförmigen Kuppeln darum herum sitzen jeweils auf einer Säulenbasis, durch die Licht ins Innere gelangt. Vier Minarette erweitern die Symmetrie nach außen. Diese überall zu findende Viererregel folgt arabischen Vorstellungen, wonach jede Komponente für sich und als Teil des Ganzen zu sehen ist. Der auf einer quadratischen Plattform ruhende Hauptbaukörper wird von vier spiegelnden Teichen umgeben, die weitere Viererunterteilungen haben.

Die in der Architektur und Gartengestaltung enthaltene Botschaft wiederholt sich in den geometrischen Verzierungen der Säulenplatten, Minarette und Mauern. Einige Inschriften enthalten konkrete Botschaften, andere sind eher angedeutete Liebesbekundungen.

AMRITSAR, INDIEN

Goldener Tempel von Amritsar

DER TEMPEL VON AMRITSAR IST DAS ZENTRUM DES SIKHISMUS. ZUNÄCHST BEZEICHNETE DER NAME EINEN SEE, DANN DEN DARIN ERBAUTEN TEMPEL UND SPÄTER DIE DORT ENTSTANDENE STADT. AMRITSAR BEDEUTET „NEKTARSEE" – DER TRANK DER GÖTTER UND FRIEDEN BRINGENDEN BALSAM.

Streit und Angriffe auf das höchste Heiligtum des Sikhismus führten mehrfach zu Namensänderungen des Tempels. Der Tempel, der nach der weitgehenden Zerstörung des ursprünglichen Tempels durch afghanische Moslems in den 1760er-Jahren neu errichtet worden war, wurde als Goldener Tempel bekannt, weil rund 100 kg Blattgold ihm seinen Glanz verleihen. Seinen aktuellen Namen bekam er 2005, zwei Jahrzehnte nachdem die indische Armee die Sikh-Separatisten angegriffen hatte, die im Tempel Zuflucht gesucht hatten. Zur Betonung der Sikh-Identität heißt das Bauwerk nun Harmandir Sahib – „Wohnstätte Gottes". Vielleicht wollte man den Akzent von Gold mehr auf Gott verlagern.

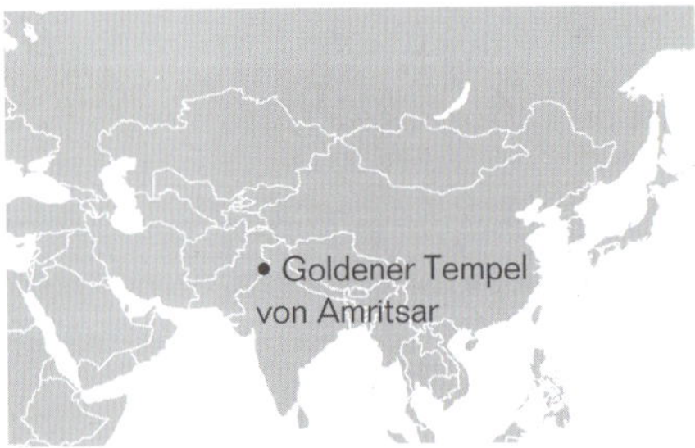

Der Harmandir Sahib war sicher nie als Festung konzipiert. Als Zentrum des Sikhismus, einer im 15. Jahrhundert gegründeten Glaubensbewegung, spiegelt der *gurdwara* (Sikh-Tempel) dessen Grundsätze der Offenheit und Gleichheit aller Menschen wider. Die vier Eingänge symbolisieren, dass alle Reisenden aus den vier Himmelsrichtungen willkommen sind. Die Architektur vermischt Elemente aus Hinduismus und Islamismus.

Reise zum Tempel Dem Zentrum der Anlage sollte man sich im Uhrzeigersinn auf dem Parikrama-Weg rund um den See nähern. Er führt zum Darshani-Deorhi-Tor

Oben: Der Harmandir Sahib, allgemein als Goldener Tempel bekannt, liegt mitten im Amrit Sarovar, dem von einer unterirdischen Quelle gespeisten „Nektarsee".

Rechts: Viele Gläubige wollen Sri Guru Nanak Dev (1469–1539), dem Gründer des Sikhismus, an seinem Geburtstag ihre Reverenz erweisen.

Unten rechts: Priester sitzen bei der Jalau-Zeremonie hinter dem Guru Granth Sahib, dem 1604 in Amritsar erstellten heiligen Buch der Sikh.

ZEITTAFEL

1585–1601
Bau des ersten Tempels

1760er-Jahre
Wiederaufbau nach Plünderung

1984
Mindestens 500 Tote beim Angriff auf Sikh-Separatisten, die sich im Tempel verschanzt hatten. Kurz darauf wird Präsidentin Indira Gandhi von ihren Sikh-Leibwächtern ermordet

1998
Sonia Gandhi, Indiras Schwiegertochter, entschuldigt sich für den Angriff

2005
Tempel in Harmandir Sahib umbenannt

und von da auf einen Marmordamm. Die kleinen Kupferkuppeln entlang des Damms heben die lotusförmige große Goldkuppel hervor. Die Brücke soll die Pilger an die Reise der Seele nach dem Tod erinnern. Die Reise der Lebenden endet im großartigen Tempel Harmandir Sahib.

Im Tempel Besucher des Tempels müssen ihre Schuhe ausziehen, ihre Füße waschen und ihren Kopf bedecken, wofür Kopftücher bereitliegen. Die Dekoration ist innen noch prächtiger als außen: florale Muster im islamischen Stil, mit Edelsteinen besetzte Marmorwände und Baldachine. Jede freie Fläche ist mit Versen aus dem Guru Granth Sahib verziert, dem heiligen Buch der Sikh. Denkmale erinnern an Sikh-Gurus und Märtyrer sowie die in den beiden Weltkriegen gefallenen Sikh-Soldaten.

Meist endet der Besuch im Speisesaal Guru-ka-Langar, wo täglich rund 35 000 Gäste verköstigt werden. Jeder ist eingeladen. Alle sitzen – ungeachtet ihrer Kaste, ihres Rangs, Reichtums oder Glaubens – beieinander auf dem Boden und laben sich gemeinsam am göttlichen Nektar.

DHELI, INDIEN

Rotes Fort

LAL QILA, DAS ROTE FORT, IST EIN MUSS FÜR JEDEN BESUCHER DER INDISCHEN HAUPTSTADT. ES WURDE IM 16. JAHRHUNDERT ALS BEFESTIGTER PALAST FÜR DEN MOGULKAISER SHAH JAHAN ERBAUT UND DIENTE ZUNÄCHST DEN BRITEN VON 1857 BIS 1947, DANACH BIS 2003 DER INDISCHEN ARMEE ALS GARNISON.

Heute ist das Rote Fort eine Attraktion für Touristen. Präsentiert wird die prä- und postkoloniale Geschichte Indiens, etwa in den allabendlichen *son-et-lumière*-Vorführungen, bei denen die reich verzierten Wände während der Erzählung der Mogulgeschichte hell erstrahlen. Jedes Jahr am 15. August hisst der indische Premierminister zur Feier der 1947 erlangten Unabhängigkeit von Großbritannien in einer Zeremonie die Flagge über den Sandsteinwällen des Forts.

Festung Die Nationalflagge weht über einer fast 2,5 km langen, mindestens 18 m hohen Umfassungsmauer mit vorgelagertem Graben. Die halboktogonalen Türme an den beiden Haupteingängen erreichen beeindruckende 33,5 m Höhe. Aber auch diese Höhepunkte einer ausgeklügelten Befestigungsarchitektur sind reich verziert. Sie vermitteln eine Ahnung von der Pracht im Inneren, die sie schützen.

Pracht Noch immer sind Gärten und Paläste sehr üppig, obwohl sie von vielen Besatzern ausgeplündert wurden. Alles orientiert sich am hoch dekorativen und farbenprächtigen Shahjahani-Stil, der sich aus persischen, Timuriden- und Hindu-Traditionen ableitet. Das Lahore-Tor, auf dem am Unabhängigkeitstag die Flagge weht, führt zur von kleinen Geschäften gesäumten Chatta Chowk. Dieser überdachte Basar mündet in einen Bereich

ZEITTAFEL

1546
Bau des Salimgarh Fort im Norden der Anlage

1648
Das vollendete Rote Fort, ursprünglich Qila-i-Mubarak („gesegnetes Fort") genannt, wird Palast der Mogulkaiser.

1783
Sikhs besetzen das Fort

1857
Besetzung durch britische Truppen; Abriss einiger Palastgebäude

1913
Zum Monument von nationaler Bedeutung erklärt

1947
Indische Armee übernimmt das Fort

2000
Terroristen greifen das Fort an, um die indisch-pakistanischen Friedensgespräche zu sabotieren.

2003
Armee übergibt das Fort an die Tourismusbehörde

2007
Stätte zum UNESCO-Welterbe erklärt

Gegenüber: Haupteingang zum Roten Fort ist das Lahore-Tor, ein symbolischer Zugang zu Indien. Hier feiert man am Unabhängigkeitstag das Ende der britischen Herrschaft 1947.

Rechts: Shah Jahan begab sich aus seinen Privatgemächern im Fort zu diesem überdachten *jarokha* (Thronbaldachin), um zu seinen Untertanen zu sprechen.

mit Marmor verkleideter Pavillons, deren Säulen mit floralen Mustern aus Halbedelsteinen verziert sind. In der Diwan-i-Aam (Audienzhalle) steht der reich verzierte Thronbaldachin des Kaisers, der früher durch Gitter aus Gold und Silber geschützt wurde. In der Nähe befindet sich die Perlenmoschee, in deren Gebetshalle die Gebetsteppiche in schwarzem Marmor vorgezeichnet sind.

Dualität Über den Platz verläuft eine breite Straße, die einst die militärischen Bereiche im Westen des Forts vom Palastbereich im Osten trennte. Das Südende dieser Avenue bildet das Delhi-Tor, das zur Stadt zurückführt. Das Rote Fort ist heute ein Ort, der Teilung und Einheit symbolisiert. Es ist gleichermaßen auf Schönheit wie auf Effizienz bei der Verteidigung ausgelegt. Die Botschaft der Architektur lautet: „Ein einladender Anblick, aber wage nicht, mir zu nahe zu kommen."

Unten: Die Besucher können heute durch erstaunliche architektonische Räume schlendern, die mit ihrer Pracht der Glorifizierung der Kaiser im 16. Jahrhundert dienten.

NEW DELHI, INDIEN

India Gate

ALLE STRASSEN NEU-DELHIS FÜHREN ZU EINEM MONUMENTALEN TRIUMPHBOGEN IM EUROPÄISCH-IMPERIALEN STIL. DIESES BAUWERK AUS GRANIT UND ROTEM SANDSTEIN STEHT INMITTEN EINER TRADITIONELLEN ANLAGE MIT RASENFLÄCHEN UND SEEN, DIE DEN MITTELPUNKT DER NEUEN HAUPTSTADT BILDET.

Zu einem der letzten großen Projekte des Britischen Empire gehörte die Verlegung der indischen Hauptstadt von Kalkutta nach Delhi. Mit der Planung der dafür notwendigen neuen Stadt wurde 1912 der für seine Landhäuser berühmte englische Architekt Sir Edwin Lutyens beauftragt. Dieser Triumphbogen war seine Delhi-Version klassischer Architektur und entstand, weil man den Einsatz indischer Soldaten auf Seiten der Briten würdigen wollte.

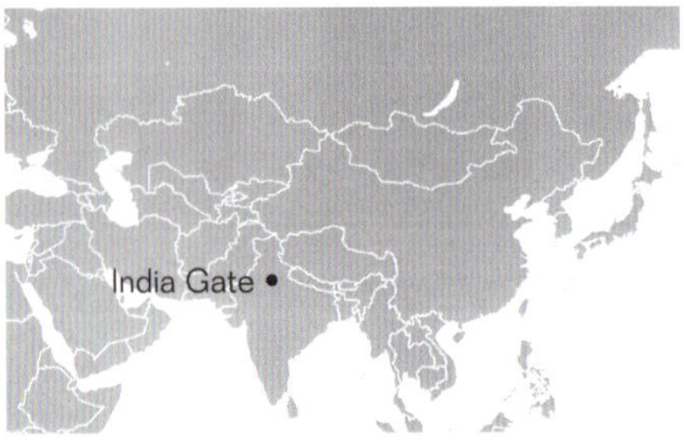

Ehrenmal In den Mauern des Bogens sind die Namen von 90 000 indischen Soldaten eingemeißelt, die für Großbritannien im Ersten Weltkrieg und im Anglo-Afghanischen Krieg 1919 fielen. Direkt unter dem Bogen brennen zur Erinnerung an die Toten in den vier Ecken des Ehrenmals ewige Flammen.

Pavillons und Statuen In diesem Triumphbogen ist mit großen Lettern „INDIA“ eingemeißelt. Der benachbarte Baldachin, ebenfalls von Lutyens entworfen, wirkt authentischer und greift die Form indischer Pavillons aus der Zeit vor der britischen Herrschaft auf. Früher stand eine Statue von George V. darin, die nach der Unabhängigkeit Indiens 1947 entfernt wurde. Pläne, anstelle des englischen Königs eine Statue Gandhis aufzustellen, wurden nie realisiert.

FAKTEN

Architekt
Sir Edwin Lutyens, als Teil seiner Stadtplanung für New Delhi

Konstruktion
Entwurf 1920, Grundsteinlegung 1921, Einweihung 1931

Höhe
Gesamthöhe 42 m; Höhe des Bogens 27 m

Name
Ursprünglich All India War Memorial, seit 1947 India Gate

Gegenüber: Die Prachtstraße Rajpath („Weg des Königs") führt zum India Gate, mit dem das britische Empire die indischen Soldaten ehrte, die im Krieg für Großbritannien starben.

Rechts: Hinter dem Gate steht ein von Lutyens im eher landestypischen, indischen Stil entworfener Baldachin.

Unten: Berittene Soldaten sammeln sich am Tag der Republik am India Gate, um eine Parade anzuführen.

Wandel 1931 weihte der britische Vizekönig Lord Irwin den Bogen als All India War Memorial ein. Nach 1947 wurde er zum indischen Nationalmonument und erhielt die Bezeichnung India Gate. In den 1970er-Jahren entzündete man die Amar Jawan Jyoti („Flamme des unsterblichen Soldaten") in einem neuen Ehrenmal aus schwarzem Marmor unter dem Bogen, um an die in den Indisch-Pakistanischen Kriegen gefallenen Soldaten zu erinnern.

Vielfalt Das India Gate ist heute ein wichtiges Monument der indischen Nation. Jedes Jahr am 26. Januar, dem Tag der Republik, versammeln sich hier die Politiker und hohen Militärs des Landes, um die indischen Toten der vielen Kriege zu ehren. Ansonsten herrscht um das Tor eher eine fröhlich-ausgelassene Atmosphäre mit Straßenhändlern und einer lärmende Menge, die sich die würzigen nordindischen Imbissgerichte (*chaat*), aber auch Chips, Zuckerwatte und Brause schmecken lässt.

SIEM REAP, KAMBODSCHA

Angkor Wat

FAST JEDER, DER FERN DES DSCHUNGELS LEBT, KENNT DAS BILD EINES UNTER WUCHERNDEM GRÜN VERBORGENEN RIESIGEN TEMPELS. ANGKOR WAT IST EINE KAMBODSCHANISCHE TEMPELSTADT AUS DEM 12. JAHRHUNDERT MIT TÜRMEN, UNGLAUBLICHEN DEKORATIONEN UND SCHÖNEN DETAILS.

Der in drei Ebenen strukturierte Tempel wird von fünf Türmen in Form von Lotosknospen überragt. Diese polierten Sandsteinspitzen stellen möglicherweise die fünf Gipfel des Bergs Meru dar, die mystische Heimstatt der Hindu-Götter. Das Gebäude ist nach Westen ausgerichtet, vielleicht weil es als Grabtempel für König Suryavarman II. gedacht oder Vishnu geweiht war, dem Gott des Westens.

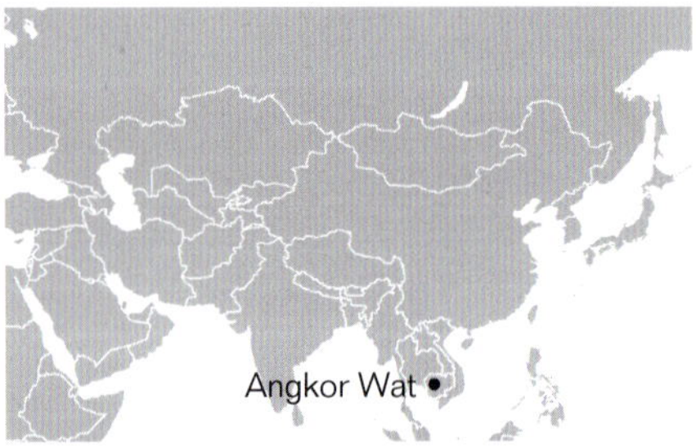

Größter Tempel der Welt Geschätzte fünf Millionen Tonnen Sandstein (so viel wie bei der Chephren-Pyramide) wurden von einem 40 km entfernten Steinbruch den Fluss hinab herbeigeschafft. Der zentrale Turm, einst das nur der Priesterschaft zugängliche Allerheiligste, ist 65 m hoch und bietet heute den Touristen einen Rundblick über die Anlage. Die äußere, 8 m hohe Mauer umschließt ein Rechteck von 1025 x 800 m. Der 190 m breite Wassergraben, der das Ensemble umgibt, war ein wirksamer Schutz vor Angreifern. Angkor Wat ist nur ein Teil einer viel größeren Metropole, die nach der Auflassung im 16. Jahrhundert von der Natur zurückerobert wurde. Nur der Tempel von Angkor überlebte als ein bedeutendes religiöses Zentrum, zunächst für Hindus, dann für Buddhisten.

Geschichten in Stein Die handwerkliche Ausführung ist beeindruckend. Die Steinblöcke sind ohne Zement

ZEITTAFEL

1113–1150
Als Teil einer Hindu-Tempelstadt unter dem Khmer-König Suryavarman II. erbaut

1177
Von den Chams, den Rivalen der Khmer geplündert

1490er-Jahre
Umwidmung des Tempels zum Buddhismus

1580er-Jahre
Erster Bericht eines europäischen Besuchers über den Tempel

1863
Bild von Angkor Wat wird Teil der kambodschanischen Flagge.

1986 und 1992
Restaurierung; danach wird Angkor Wat zum UNESCO-Welterbe erklärt.

Oben rechts: Wohl schon seit 1000 Jahren hüpfen verspielte Kinder in diesen Teich in Angkor Wat.

Rechts: Detailreiche Reliefs, wie diese Darstellung eines Königs, bedecken fast jede verfügbare Fläche.

Oben: Das riesige, rätselhafte Angkor Wat spiegelt sich in dem breiten Wassergraben, der die Anlage vor Überwucherung durch den Regenwald schützte.

Rechts: Im 12. Jahrhundert überragten die Türme von Angkor Watt eine Dschungelmetropole. Nur Hindu-Priester durften den Ausblick vom Zentralturm genießen.

nahtlos durch eingemeißelte Zapfen-Schlitz- oder Schwalbenschwanz-Verbindungen zusammengefügt und anschließend poliert worden. Diese Qualität setzt sich im Inneren fort, mit Flachreliefs auf Wänden, Säulen und Dächern. Ein Fries zeigt den Schöpfungsmythos der Hindu, das Quirlen des Milchozeans mit Vishnu im Zentrum über seinem Schildkröten-Avatar Kurma. Dazu kommen Szenen aus den Epen *Ramayana* und *Mahabharata*. In den überbordenden, steinernen Darstellungen von Schlachten, Einhörnern, Greifen, Drachen, Elefanten, tanzenden Mädchen und fröhlichen Schutzgeistern werden die Skulpturen wesentlicher Bestandteil der Architektur.

Diese Kunst wurde erst Mitte des 19. Jahrhunderts im Westen weithin bekannt, als der Franzose Henri Mouhot Kambodscha besuchte. Er schrieb: „Dieser Tempel – ein Rivale des Tempels Salomons und von einem früheren Michelangelo errichtet – könnte gut neben unseren schönsten Gebäuden bestehen. Er ist prächtiger als alles, was uns Griechen und Römer hinterlassen haben."

JERUSALEM, ISRAEL

Klagemauer

DIESE MAUER IN JERUSALEM GEHÖRT VERMUTLICH ZU DEN UMSTRITTENSTEN ORTEN DER WELT UND TRÄGT JE NACH RELIGION UNTERSCHIEDLICHE NAMEN. DIE CHRISTEN NANNTEN SIE IM 19. JAHRHUNDERT KLAGEMAUER, DIE JUDEN NENNEN SIE KOTEL, DIE MOSLEMS AL-BURAQ – FÜR VIELE AM NEUTRALSTEN IST „WESTLICHE MAUER".

Orthodoxe Juden betrachten die Kotel als die Stelle, an der sie ihrem heiligsten Ort, dem Grundstein am Tempelberg (auch „Edles Heiligtum" genannt) am nächsten sind. Für Muslime schützt die Al-Buraq den heiligen Ort auf dem Tempelberg, von dem der Prophet Mohammed in den Himmel aufstieg. Dieser religiöse Streit ist ein wesentlicher Aspekt des politischen Konflikts zwischen Israel und der arabischen Welt.

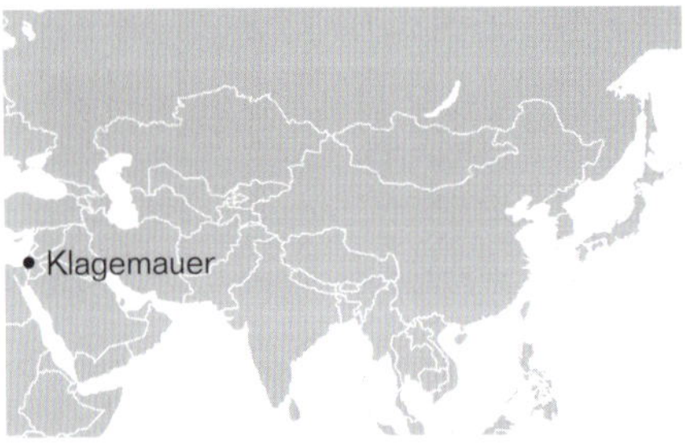

Originalmauer Die Klagemauer ist Teil eines längeren Walls, der kurz vor Christi Geburt als Stützbauwerk für den Tempelberg errichtet wurde. Das gesamte Bauwerk zog sich über 500 m an der Basis des Plateaus entlang. Erhalten und sichtbar sind ein 80 m langer Abschnitt im Süden, 8 m der „Kleinen Klagemauer" im muslimischen Viertel und der 57 m lange Mauerabschnitt im jüdischen Viertel.

Jüngere Geschichte Der Mauerteil im jüdischen Viertel ist die Klagemauer. Hier beten und singen orthodoxe Juden als Ausdruck ihrer tiefen Religiosität. Der Name Klagemauer leitet sich von der traditionellen arabischen Bezeichnung El-Mabka („Ort des Weinens") ab, weil die Juden dort die Zerstörung ihres Tempels beklagten. Die Mauer war bis 1967 nur über eine schmale Gasse zugänglich. Nach dem Sechstagekrieg schufen die Israelis dann durch Abriss von Teilen des alten Viertels

ZEITTAFEL

um 19 v. Chr.
Bau als Stützmauer mit 24 Steinlagen in der Nähe des vom römischen Vasallenkönig Herodes errichteten Tempels

600–1500
Jerusalem unter arabischer Kontrolle; Aufstockung der Mauer im 7. Jahrhundert

1517–1917
Osmanische Herrschaft; Sultan Süleyman der Prächtige erlaubt den Juden, an der Mauer zu beten.

1917–1948
Jerusalem unter britischem Mandat; Aufstockung der Mauer um drei Steinlagen

1948–1967
Unter jordanischer Kontrolle

1967 bis heute
Unter israelischer Kontrolle; Platz vor der Klagemauer wird geschaffen, durch Ausgrabungen werden zwei weitere Steinreihen aus der Zeit von Herodes freigelegt.

Gegenüber: Die Gläubigen beten an der 2000 Jahre alten Klagemauer, während sich andere Besucher auf dem Platz davor sammeln. Dahinter steht der goldene Felsendom auf dem Tempelberg.

Rechts: Juden gedenken am Trauertag Tisha B'Av der Zerstörung des Tempels (oben) und an Sukkoth, dem Laubhüttenfest (unten), der 40 Jahre dauernden Wüstenwanderung nach dem Exodus.

den heutigen Platz vor der Klagemauer, der Tausende Gläubige aufnehmen kann. Durch Ausgrabungen wurden zwei weitere Steinreihen freigelegt.

Mauerbau Die Mauer ist fast 20 m hoch und reicht 10 m tief in den Boden hinab. Die ersten 24 Steinreihen wurden zur Zeit von König Herodes aufgeschichtet. Sieben dieser präzise behauenen und ohne Mörtel zusammengefügten Steinreihen sind heute sichtbar. Die Omaijaden fügten im 7. Jahrhundert vier weitere Reihen hinzu, im 19. Jahrhundert folgten 14 weitere und in der britischen Mandatszeit nochmals drei Steinreihen.

Tiefe Geschichte An der Nordseite des Platzes gibt es eine Tür zum Tempelbergtunnel, in dessen Ganglabyrinth archäologische Relikte aus dem 1. Jahrhundert v. Chr. bis zur osmanischen Zeit zu finden sind. Manche behaupten, noch tiefer im Berg wären die Grundmauern des 587 v. Chr. zerstörten Tempels Salomons zu entdecken.

Unten: Orthodoxe Juden beten vor der Klagemauer, der wichtigsten religiösen Stätte ihres Glaubens.

MEKKA, SAUDI ARABIEN

Kaaba

FÜNFMAL TÄGLICH VERNEIGEN SICH GLÄUBIGE MUSLIME AUF DER GANZEN WELT IM GEBET UND BLICKEN DABEI NACH MEKKA. DIE KAABA DORT IST EIN ALTER STEINKUBUS UND DIE HEILIGSTE STÄTTE DES ISLAM. SIE STEHT VÖLLIG FREI MITTEN IM INNENHOF DER RIESIGEN AL-HARAM-MOSCHEE IN MEKKA.

Die Kaaba ist ein schlichtes Bauwerk mit einer sehr komplexen Mythologie, die weit vor die Anfänge des Islam im 7. Jahrhundert zurückreicht. Der knapp 12 m hohe, annähernd würfelförmige Bau aus Granit, der in der Umgebung gebrochen wurde, steht auf einem flachen Marmorsockel.

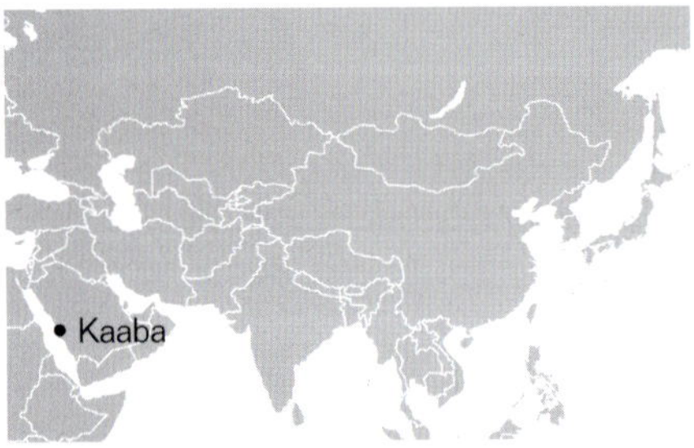

Kiswah Normalerweise wird der Steinbau außen komplett von der Kiswah verhüllt, einem schwarzen Seidenvorhang, der mit Koranversen in Gold bestickt ist. Das Tuch wird jährlich erneuert, die alte Kiswah in Stücke geschnitten und an die Pilger verteilt. Etwa 4 m unterhalb der Oberkante umgibt die Kaaba ein schweres, goldenes Band, das mit der Schahada, dem islamischen Glaubensbekenntnis, bestickt ist.

Der schwarze Stein An der Ostecke sitzt ein schwarzer Stein, genauer eine in massivem Silber gefasste Ansammlung von Steinfragmenten, der von den Küssen der Millionen Pilger blank poliert und ausgehöhlt ist. Das ist der berühmte Schwarze Stein, das heiligste Objekt des Islam, der als einziges verbliebenes Stück der von Ibrahim (Abraham) erbauten Original-Kaaba gilt. Nach islamischer Überlieferung stammt er aus der Zeit Adams und war ursprünglich weiß, wurde durch die Sünden der Menschen aber schwarz gefärbt.

ZEITTAFEL

630 n. Chr.
Prophet Mohammed macht die Kaaba, die nach islamischer Auffassung von Abraham wiederaufgebaut wurde, zum wichtigsten Heiligtum des Islam.

683
Zerstörung der Kaaba während der Belagerung Mekkas; Wiederaufbau wahrscheinlich in der heutigen Form

930–952
Diebstahl des Schwarzen Steins zur Erpressung von Lösegeld; Kaaba wird renoviert.

Gegenüber: Die Kaaba ist ein schlichtes Bauwerk und Zentrum des Islam.

Rechts: Drei Millionen Menschen umkreisen beim Haddsch die Kaaba. Seit 2010 können die Pilger am Mecca Royal Clock Hotel Tower die Zeit ablesen. Diese ist die höchste Uhr der Welt (in 530 m Höhe) und hat das größte Zifferblatt (Durchmesser 43 m).

Unten: Nach jedem Haddsch bekommt die Kaaba eine neue Kiswah, mit eingestickten islamischen Texten.

Im Inneren Der Eingang mit einer Tür aus Gold liegt an der Nordseite 2 m über dem Podest und ist über eine fahrbare Treppe zugänglich. Die Kalksteinwände im Inneren sind mit Marmor verkleidet und mit einem mit Koranversen bestickten Tuch verhängt.

Nur wenigen ist der Zutritt gestattet, denn die schwere Tür öffnet sich nur zweimal im Jahr für die zeremonielle Reinigung: vor dem Ramadan und vor der Pilgerfahrt Haddsch. Die Oberflächen werden mit persischem Rosenwasser gewaschen und mit demselben Duftöl eingerieben wie der Schwarze Stein an der Außenseite.

Haddsch Nur wenige gelangen in die Kaaba, doch viele umkreisen sie. Das Bauwerk ist das Ziel von Pilgerfahrten. Ein Muslim sollte, wenn irgend möglich, einmal in seinem Leben zum Haddsch nach Mekka pilgern. Dort zieht er beim Tawaf genannten Ritual durch die Große Moschee und umrundet die Kaaba siebenmal gegen den Uhrzeigersinn. Beim Höhepunkt des Haddsch versammeln sich rund drei Millionen Menschen um das Bauwerk.

DUBAI, VEREINIGTE ARABISCHE EMIRATE

Burj Al Arab

ANGEBOT AUF DER WEBSITE DES HOTELS: „DIE DELUXE-SUITE MIT ZWEI SCHLAFZIMMERN BIETET EINEN GROSSEN ESSBEREICH, KÜCHE, ZWEI WOHNZIMMER MIT GROSSARTIGEM MEERBLICK, ZWEI BADEZIMMER MIT WHIRLPOOL, ANKLEIDEZIMMER ... IHR PRIVATER BUTLER SORGT FÜR DIE ERFÜLLUNG ALL IHRER WÜNSCHE."

Und der Preis dieses Angebots? Zum Zeitpunkt als dieses Buch geschrieben wurde: 3015,22 Euro pro Nacht, oder laut Hotelwebsite 2,93 Unzen Gold bzw. 2,44 Unzen Platin. Ein Aufenthalt im Burj Al Arab („Turm der Araber") verspricht die Begegnung mit der mondänen Welt. Scheich Mohammad bin Rashid Al Maktoum wollte in den 1990er-Jahren mit dem Bau einen internationalen Anziehungspunkt schaffen und sein Land aus der Rolle des reinen Ölproduzenten herausführen.

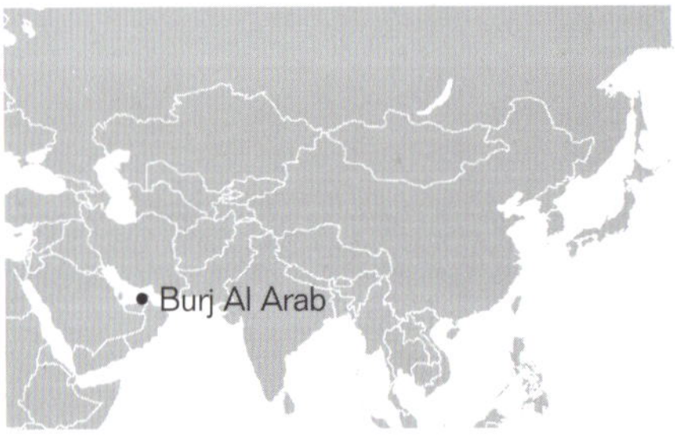

„Bau mir eine Ikone" Das britische Architekturbüro Atkins erhielt den Auftrag. Ein Firmensprecher erklärte dazu: „Die einzige Vorgabe war, eine Ikone zu schaffen. Wir suchten in Dubai nach Bezugspunkten und sahen Daus mit schön geblähten Segeln. Doch der Slogan der Stadt lautete: ‚Wir sind modern, wir gehen voran.' Also dachten wir eher an einen Spinnacker." Entsprechend wurde das Burj Al Arab eher eine wahrhaftig moderne Luxusjacht denn ein traditioneller Segler.

Übernatürlich Auf 230 Betonpfeilern, die 40 m tief in einer künstlich aufgeschütteten Sandinsel verankert sind, ruht ein Gebäude, das an einen riesigen Mast mit einem aufgeblähten Segel erinnert. Die vertikalen Hauptstützen sind über 85 m lange Stahlträger verbunden, die bis in 200 m Höhe gehievt werden mussten. Dieses

ZEITTAFEL

Architekt
Tom Wright, Firma Atkins

Bauunternehmen
Murray & Roberts

Konstruktion
Baubeginn 1994, Eröffnung des Hotels 1999; zur Landgewinnung waren Vorarbeiten von drei Jahren nötig.

Dimensionen
Höhe 321 m; 60 Stockwerke mit einer Gesamtfläche von 111 500 m²

Raumangebot
202 Duplex-Suiten

Gegenüber: Das Hotel, das wie ein Segelschiff aussieht, scheint hinter den eher konventionellen Gebäuden des Jumeirah-Resorts in Dubai vorbeizuschwimmen.

Rechts: Das Gebäude steht mitten im Meer, auf einer künstlichen Insel, 280 m vom Strand entfernt.

Unten: Im Hotel lenken mächtige vergoldete Säulen den Blick vom Atrium hinauf zur Decke in 180 m Höhe.

technische Meisterstück bildet einen V-förmigen Rahmen mit einem Atrium am Boden und einem Restaurant ganz oben. Vom Meer betrachtet, speziell bei nächtlicher Beleuchtung, erinnert das Hotel an ein glitzerndes schwimmendes Schiff und erscheint fast unwirklich.

Superlative Das Hotel hat als einziges der Welt Siebensterne-Niveau. Die Gäste landen auf einer Helikopterplattform im 60. Stock oder werden in Limousinen über eine Privatbrücke chauffiert. Ein Hochgeschwindigkeits-Panoramalift bringt die Genießer zum freitragend aufgehängten Restaurant Al Muntaha („das Höchste") mit Blick über den Golf und die Wüste. Erdverbundene gelangen bei einer simulierten U-Boot-Fahrt ins Al Mahara („Austernschale"), wo man bei erlesenen Fischgerichten auf ein riesiges Aquarium blickt.

Profil Auch die auffällige, kunstvolle Innenausstattung trägt zum Ruf des Gebäudes bei. Doch am Ende ist es nicht der Luxus, der vom Burj Al Arab im Gedächtnis bleibt. Die Menschen erinnern sich an sein einzigartiges Profil – genau dies war die Absicht der Architekten, die für den Scheich eine Ikone bauen wollten.

GHOR, AFGHANISTAN

Minarett von Jam

DAS MINARETT VON JAM IST EINE IMPOSANTE, KEGELFÖRMIGE STEINSÄULE, DIE SICH AN EINER UNBEFESTIGTEN STRASSE MITTEN IN ZENTRALAFGHANISTAN IN DEN HIMMEL RECKT. DIESER SCHÖNE BACKSTEINTURM HAT NEUN JAHRHUNDERTE KRIEG, ERDBEBEN, EROSION, PLÜNDERUNG UND VERNACHLÄSSIGUNG ÜBERSTANDEN.

Das Minarett liegt 200 km östlich von Herat abgeschieden inmitten der Berge. Sein Standort könnte nicht entlegener sein. Obwohl in der Nähe die alte Handelsstraße zwischen Konstantinopel und Indien vorbeiführte, war der Ort so versteckt, dass er Anfang des 13. Jahrhunderts den Raubzügen Dschingis Khans entging.

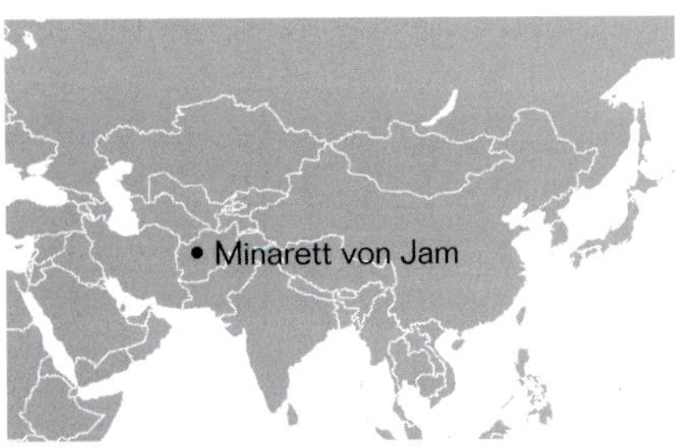

Erinnerung Auch spätere Kolonisten aus dem Westen übersahen das Minarett von Jam. Seine „Wiederentdeckung" wird unter anderem einem englischen Geografen (1886) und einem französischen Archäologen (1957) zugeschrieben. Tatsache ist, dass der Turm seit den 1190er-Jahren in dem Tal stand und in Würde alterte – als einziger Überlebender von rund 60 Minaretten, die früher die Moslems in Zentralasien zum Gebet riefen. Er ist ein Andenken an die kurzlebige Ghuriden-Dynastie, die vor langer Zeit mit ihren Palästen und Moscheen verschwand, die damals möglicherweise den Turm umgaben.

Innen Der einstige Eingang liegt, wie die achteckige Turmbasis, heute 4 m tief unter einer Erdschicht verborgen. Heute kann man den Turm über ein Fenster betreten und über eine der beiden Wendeltreppen bis in 40 m Höhe steigen. Die Treppen sind ein tragendes Element des 65 m hohen Turmes aus Backstein, der aus vier sich verjüngenden Schäften besteht.

ZEITTAFEL

1190er-Jahre
Bau des Minaretts

1215
Ende der Ghuriden-Dynastie

1886
Sir Thomas Holdich entdeckt den Turm bei seiner Arbeit für die Afghan Boundary Commission.

1957
Begutachtung durch die französischen Archäologen André Maricq und Wiet Herberg

1979
Sowjetische Invasion in Afghanistan

1996–2001
Herrschaft der Taliban; hier verlief die Grenzlinie zwischen Truppen der Mudschaheddin und Taliban.

2001 bis heute
Der Krieg in Afghanistan macht den Zugang zum Minarett extrem schwierig.

2002
Jam wird in die Liste des UNESCO-Welterbes aufgenommen; steht bis heute als gefährdet auf der Roten Liste.

Gegenüber: Das elegante Minarett, einst Teil der Sommerhauptstadt des Ghuriden-Reichs, steht heute einsam in einem Hochtal.

Rechts: Zwei langsam zerfallende Wendeltreppen winden sich in einer Doppelhelix bis zu zwei Drittel der Gesamthöhe des Turms empor.

Außen Die gesamte Außenfläche ist mit komplizierten geometrischen Reliefs aus Backsteinen und Stuck bedeckt. Auf dem untersten Schaft zieht sich ein breites Muster aus acht Segmenten bis zur oktogonalen Basis hinab. Jede vertikale Zone trägt als Umrandung ein schmales Band mit Inschriften in zwei Schriftvarianten. Umlaufende Motive erinnern an ein florales Design.

Geografie und Technik Das Minarett von Jam erfreut sich heute einer Art „Splendid Isolation", und ist durch seine Unzugänglichkeit vor Kriegseinwirkungen und Tourismus gleichermaßen geschützt. Eine Kombination aus Geografie und Bautechnik hat diesem Turm das lange Überleben gesichert. Er ist ein faszinierendes Gebilde, das raffinierte Dekoration und nüchternes Mauerwerk, Fragilität und Stärke, Zivilisation und Wildnis miteinander verbindet.

Unten: Im Band am oberen Ende des ersten Segments, das mit auffälligen türkisfarbenen Kacheln verziert ist, verweisen Inschriften im Kufi-Stil auf den „König der Könige" und die Vollendung des Minaretts 1194.

Von heiligen Bergen bis hin zu hochmoderner Architektur bietet Australien eine enorme Bandbreite von Wahrzeichen. Die Aborigines gingen so rücksichtsvoll mit dem Land um, dass dort erst in jüngster Zeit von Menschen geschaffene Monumente entstanden: Die in den letzten Jahrhunderten eingetroffenen Siedler brachten die Gewohnheit mit, der Landschaft ihren Stempel aufzuprägen. Doch die natürlichen Wahrzeichen Australiens sind einzigartig.

AUSTRALIEN

NORTHERN TERRITORY, AUSTRALIEN

Uluru

DIESER SANDSTEINFELS IN DER ZENTRALAUSTRALISCHEN WÜSTE PRÄSENTIERT SICH IN VIELFÄLTIGER FORM: BEI TAG SIND SEINE GELBLICHEN FLANKEN EINE IMPOSANTE LANDMARKE, BEI SONNENUNTERGANG FÄRBT ER SICH DRAMATISCH ROT UND AN REGENTAGEN WIRD ER ZUR ABSCHRECKEND GRAUEN EMINENZ.

Die Bezeichnung des Felsens ist ebenso vielfältig wie seine Farben. Für das lokale Aborigine-Volk der Anangu ist er der Uluru und das schon fast die ganzen 10000 Jahre, seit sich hier erstmals Menschen ansiedelten. Ab 1873 regelten die Fremden den Landbesitz neu und damit auch dessen Bezeichnungen. Aus dem Uluru wurde der Ayers Rock zu Ehren von Sir Henry Ayers, Premier von South Australia.

1993 wurde der Fels in Anerkennung seiner präkolonialen Geschichte in Ayers Rock/Uluru und ab 2002 in Uluru/Ayers Rock umbenannt. Heute sprechen die Australier einfach von „the Rock", um so alle Empfindlichkeiten von Aborigines und Kolonialisten zu umgehen.

Unverrückbar Der 348 m hoch aufragende Uluru mit einem Umfang von 9,4 km hat eine ganz besondere Form. Vor Millionen Jahren wurde die umgebende Landschaft durch Verwitterung zu einer Ebene, nur der harte Sandsteinmonolith blieb stehen. Das vom Uluru abfließende Wasser verwandelt die Umgebung in eine fruchtbare Zone. Diese übte schon früh auf die Ureinwohner, die in der Wüste lebten, eine starke Anziehungskraft aus.

Viele Geschichten Nach den Vorstellungen der Anangu zogen die Ahnenwesen Tjukuritja oder Waparitja durch die konturlose Ödnis und schufen dabei Leben und

ZEITTAFEL

Traumzeit/ vor 500 Millionen Jahren
Uluru bildet sich im Kambrium.

vor 10000 Jahren
Erste Besiedlung

1873
Kartograf William Gosse benennt ihn Ayers Rock.

1985
Australische Regierung überträgt das Eigentum am Uluru an das Anangu-Volk zurück, das es an die National Parks and Wildlife Agency verpachtet.

1987
Aufnahme in die Liste des UNESCO-Welterbes.

Gegenüber: Geologen bezeichnen den Fels als Inselberg, weil er als isolierter Rest eines verwitterten Gebirgszugs stehen blieb.

Rechts: Der Sandstein reagiert auf Lichtveränderungen mit dramatischen Farbwechseln, besonders intensiv bei Sonnenaufund Sonnenuntergang.

Unten: Die traditionellen Beschützer des Uluru bitten die Besucher höflich, nicht auf den Berg zu steigen – tatsächlich klettern immer weniger hoch.

Landschaft. Sie hinterließen in Form von Geologie und Höhlenmalereien lebendige Berichte der Traumzeit, und ihre Geister bewohnen noch immer das Land. Andere Mythen kamen hinzu, über schlafende Eidechsenfrauen, eine Pythonfrau, zwei streitende Jungen oder eine große Schlacht, nach der sich die Erde in Trauer aufwarf und den Uluru bildete.

Auch die Weißen kennen eine mysteriöse Geschichte, die mit dem rätselhaften Fels verbunden ist: Die neun Wochen alte Azaria Chamberlain verschwand dort 1980 bei einem Campingausflug. Man vermutet, dass Dingos das Baby entführt haben. Das Kind tauchte nie mehr auf.

Wechselnde Identitäten Der Uluru ist das mystische Herz einer weiten Landschaft. Er wird verehrt als Zentrum einer neu geschaffenen Welt, eines neu entdeckten Kontinents oder eines neuen Staats.

Auf einem Schild finden sich sorgfältig formulierte Hinweise zur Sicherheit und Kultur am Uluru: „Wir bitten Sie, unser Gesetz zu respektieren und den Uluru nicht zu besteigen. Was die Besucher als ‚the climb' bezeichnen, ist der traditionelle Weg, den die Ahnen bei ihrer Ankunft am Uluru in der Schöpfungszeit beschritten. Er hat große spirituelle Bedeutung. Der ‚climb' ist gefährlich und zu viele Menschen sind schon beim Aufstieg umgekommen. Es macht uns sehr traurig, wenn eine Person auf unserem Land stirbt oder verletzt wird."

SYDNEY, AUSTRALIEN

Sydney Opera House

DAS SYDNEY OPERA HOUSE GEHÖRT ZU DEN AM MEISTEN GEFEIERTEN GEBÄUDEN DER WELT UND WURDE ZU EINEM SYMBOL FÜR DIE MODERNE NATION AUSTRALIEN UND FÜR DIE DYNAMIK SEINER GRÖSSTEN STADT. DAS OPERNHAUS WIRD AN DREI SEITEN VOM WASSER DES HAFENS UMSCHLOSSEN.

Als die First Fleet 1788 in der Sydney Cove einlief, brauchten die neuen Siedler Hilfe, um sich mit den Ureinwohnern zu verständigen. Von den zu diesem Zweck gekidnappten Aborigines entwickelte der Eingeborene Bennelong ein gutes Verhältnis zu dem britischen Gouverneur Arthur Phillip. Bennelong lernte Englisch und Phillip ließ ihm auf einer kleinen Insel in Sydneys Naturhafen eine Hütte bauen. Zwei Jahrhunderte nach seinem Tod ist sein Name weltweit bekannt, denn 1955 wählte man den Bennelong Point als Standort für das neue Kunstzentrum der Stadt aus.

Eugène Goossens Sydney besaß zuvor schon eine Oper, doch dieses bessere Varietétheater bestand nur rund 20 Jahre, bevor es aufgelassen wurde. Die Zahl der Theater in der Stadt nahm Anfang des 20. Jahrhunderts stark ab. Als der englische Komponist Eugène Goossens 1947 neuer Leiter des Sydney Symphony Orchestra wurde, gab es nur das Rathaus als geeignete Konzertstätte. Goossens machte sich für ein angemessenes Musikzentrum stark und erkannte das Potenzial des Bennelong Point als Standort. Im 19. Jahrhundert befand sich dort das Fort Macquarie, das 1901 einem Straßenbahndepot weichen musste. 1955 konnte sich Goossens durchsetzen und eine Ausschreibung wurde gestartet.

Links: Die eleganten Kurven des Opera House verbinden sich mit der Sydney Harbour Bridge zu einem harmonischen Gesamtbild.

Rechts: Der Bennelong Point ragt nordöstlich von den Hochhäusern in Sydneys Geschäftsviertel in den Hafen hinein.

Unten: Weil das Gebäude als Skulptur konzipiert war, standen die Ingenieure bei der Konstruktion der gebogenen Dächer vor ganz neuen Herausforderungen. Die Kosten, die ursprünglich auf 7,5 Millionen australische Dollar geschätzt wurden, lagen schließlich bei mehr als 100 Millionen.

Berühmte Orange Der dänische Architekt Jørn Utzon gewann den internationalen Wettbewerb für den Bau der Oper mit seinen skizzenhaften Entwürfen. Sein originelles und fantasievolles Design, das mit den segelartigen Dächern sehr unkonventionell wirkt, fand sofort Anklang als potenzielle Architekturikone. Auf einem riesigen Podium sollten sich die Dächer als Serie zarter Muscheln entfalten. Utzon hatte die Muscheln mit unterschiedlichen Krümmungsradien geplant: Die Segmente hätten individuell gegossen werden müssen, was extrem teuer gewesen wäre. Man brauchte fünf Jahre und verschiedene Ansätze, um eine gangbare Lösung zu finden. Bei den statischen Berechnungen setzten Ove Arup und Partner eines der ersten CAD-Programme ein.

In der endgültigen Version war jede Muschel ein Segment einer Kugel mit einem Radius von 75 m. Die Idee dafür entstand angeblich beim Schälen einer Orange. Jedenfalls konnten so die 2200 Betonrippen, obwohl in der Länge unterschiedlich, vorfabriziert werden. Später

Links: Die 1 056 006 in Schweden gefertigten Kacheln der Dächer erinnern mit ihrem dezenten Glanz an japanische Keramik. Utzon stellte sich die Dächer als Segel vor.

behaupteten sowohl Utzon als auch Arup, auf diese geniale Lösung gekommen zu sein.

Auch die Dachelemente wurden am Boden vorgefertigt. Sie sind in einem Fischgrätmuster mit glänzend weißen und matten grauen Kacheln verkleidet, die von ferne einheitlich weiß erscheinen.

Im Inneren Die Anordnung der Muscheln spiegelt sich im Inneren wider: Über den Eingängen ist die Decke niedrig, wird über den Zuschauerrängen höher und erreicht ihre Maximalhöhe im Bühnenbereich. Durch die Glaswände fällt Licht in die Foyers.

Die Bezeichnung Opernhaus ist irreführend, denn es handelt sich um ein multifunktionales Kulturzentrum. Es ist das Stammhaus der Opera Australia, des Australian Ballet, der Sydney Theatre Company und des Sydney Symphony Orchestra. Das Opera Theatre belegt die östlichen Teile, die Concert Hall befindet sich im Westen. Kleinere Bühnen, wie Drama Theatre, Playhouse und Studio, sind unter der Concert Hall im Podium untergebracht. Auch der Vorplatz wird als Bühne genutzt. In den kleineren Muscheln findet man Restaurants.

ZEITTAFEL

1821
Fort Macquarie am Bennelong Point erbaut

1901
Abriss des Forts; Bau des Straßenbahndepots

1955
Bennelong Point wird zum Standort des neuen Opernhauses bestimmt.

1957
Jørn Utzon gewinnt den Architekturwettbewerb.

1966
Utzon wird gekündigt.

1973
Erste Aufführung am 28. September: Prokofjews *Krieg und Frieden*; 20. Oktober: Königin Elizabeth II. eröffnet das Opera House.

1986
Vorplatz fertiggestellt

2003
Utzon gewinnt den Pritzker-Preis.

2007
Opera House in die Welterbe-Liste der UNESCO aufgenommen

Rechts: Über dem Sydney Symphony Orchestra angebrachte „acoustic clouds" verbessern den Klang in der Concert Hall.

Unten rechts: Jørn Utzons Vision sah vor, dass die tragenden Dachrippen im Inneren des Opernhauses frei sichtbar waren.

Architekt gegen Klient Die Baugeschichte ging gut aus, verlief aber nicht immer glücklich. 1965 stieß Utzon mit seiner wiederholten Forderung nach Geldern für den nächsten Bauabschnitt auf taube Ohren. Als die Regierung von New South Wales wechselte, verschlechterten sich die Beziehungen. Der neue Bauminister verlangte Einsparungen, die das Design beeinträchtigt hätten. Resigniert zog sich Utzon nach Dänemark zurück. Zur Eröffnung des Opera House 1973 wurde er nicht eingeladen und auch nicht namentlich erwähnt.

Utzons innovative Pläne für die Innenräume kamen nicht zur Umsetzung. 1999 erstellte er eine Reihe von Designgrundregeln für eine künftige Entwicklung und gestaltete einen 2004 fertiggestellten Bereich, der heute als Utzon Room bekannt ist. Jørn Utzon starb 2008, mit 90 Jahren, ohne jemals wieder sein berühmtestes Bauwerk besucht zu haben, dessen visionäres Design half, Sydney zu einer Weltstadt zu machen.

Unten: Durch die Glaswände der Muscheln können die Besucher von den Foyers aus auf den Hafen blicken.

SYDNEY, AUSTRALIEN

Sydney Harbour Bridge

EIN EHERNES GESETZ DER ARCHITEKTURÄSTHETIK SAGT, DASS GUTE BRÜCKEN AUCH GUT AUSSEHEN, UND EINE DER SCHÖNSTEN BRÜCKEN DER WELT IST DIE SYDNEY HARBOUR BRIDGE. GROSS, SELBSTBEWUSST UND NÜTZLICH – HIER FOLGT DIE FORM DER FUNKTION. DIESE BRÜCKE IST EINFACH SCHÖN.

Die vorrangige Aufgabe der Sydney Harbour Bridge ist es, den Norden Sydneys direkt mit dem Geschäftsviertel im Zentrum zu verbinden und einen 20 km langen Umweg zu ersparen. Die Brücke trägt seit ihrer Eröffnung 1932 als optischer Bezugspunkt nachhaltig zum Image der Stadt und des Landes bei. Sie ist ein Symbol des Optimismus, denn sie bot 1400 Menschen Arbeit, als in der Weltwirtschaftskrise ein Drittel der Australier arbeitslos war. Die stolze, neue Brücke hauchte der Stadt und ihrer Umgebung neues Leben ein, weshalb sie auch „Eiserne Lunge" genannt wurde.

Groß Heute kümmert sich ein kleines Team um die Erhaltung der eleganten Brücke. Einige Zahlen enthüllen die Substanz, die hinter diesem Bauwerk steht. Das Gesamtgewicht des verbauten Stahls beträgt 52 800 t, wobei allein der Bogen 39 000 t wiegt. Die Maler müssen 485 000 m² Stahlfläche anstreichen und verbrauchen dabei rund 30 000 l Farbe. Dies ist die breiteste Brücke mit langer Spannweite und die höchste Stahlbogenbrücke der Welt.

Selbstbewusst Vier Türme, zwei an jedem Ende, scheinen dieses Riesending irgendwie zu verankern. Doch das täuscht: Zwar tragen Fundamente unter den Türmen das Gewicht der Brücke, die Türme selbst haben aber

Oben: Der Bogenkonstruktion verdankt die Brücke auch ihren Spitznamen „Coat Hanger" (Kleiderbügel). Die extra breite Brücke besitzt Fahrspuren für Eisenbahn und Autos sowie Wege für Fußgänger.

Rechts: Im Oktober 2008 feierte man den zehnten Jahrestag des populären „BridgeClimb" (oben), doch den meisten Touristen genügt es, die Brücke vom festen Boden aus zu bewundern (unten).

FAKTEN

Anzahl der Nieten
6000000

Länge
1149 m inklusive Zufahrtsrampen

Länge des Brückenbogens
503 m

Höhe des Bogens
134 m

Höhe der Türme
89 m über NN

Stahl
52800 t

Beton
95000 m³

Granit
17000 m³

Farbe
272000 l für die ersten drei Anstriche

keine statische Funktion. Sie dienen nur der Optik und waren im ersten Entwurf nicht vorgesehen. Aber die Bewohner Sydneys forderten ein ansprechendes Erscheinungsbild und setzten sogar eine Granitverkleidung der Türme durch. Der Granit wurde aus einem Steinbruch südlich der Stadt mit drei Spezialschiffen herbeigeschafft.

Nützlich Inzwischen haben die Türme auch eine Funktion gefunden. Der Südostturm beherbergt ein Museum, im Südwestturm ist die Technik zur Verkehrsregulierung untergebracht, die beiden Nordtürme dienen zur Lagerung der Wartungsgeräte und als Abzugskamine für den Sydney Harbour Tunnel. Der Tunnel wurde 1992 eröffnet, nachdem die achtspurige Brücke wegen der intensiven Nutzung häufig überlastet war.

In der Anfangszeit besaß die Brücke einen gesonderten Weg, reserviert für Kühe und Schafe. Der Viehtrieb war aber nur nachts und nach Ankündigung gestattet. Die Funktion änderte sich, doch die Brücke ist bis heute eine australische Ikone.

NEW SOUTH WALES, AUSTRALIEN

Bondi Beach

BONDI BEACH, DER STRAND SCHLECHTHIN, IST BEQUEM MIT DEM BUS VOM ZENTRUM SYDNEYS ZU ERREICHEN. ER IST EIN NATIONALES SYMBOL FÜR EIN WEITGEHEND TROCKENES LAND, IN DEM DER GROSSTEIL DER SICH BETONT GUT GELAUNT UND RELAXT GEBENDEN AUSTRALIER AN DER KÜSTE LEBT.

Am Bondi Beach entspannt man sich nach einem Arbeitstag in der größten Stadt Australiens. Nach zehn Minuten Fahrt erreicht man diesen 1 km langen Strand mit hellem Sand und blauem Wasser. Dahinter gibt es eine breite Promenade, weitläufige Parklandschaften und zahlreiche Cafés und Restaurants. Für ein Bier muss man nicht weit laufen, doch die eigentlichen Attraktionen sind das Meer und das Surfen.

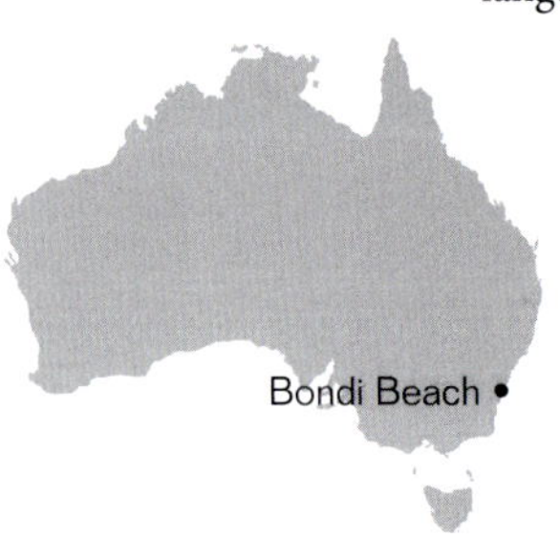

Surfen *Bondi* ist ein Aborigine-Begriff und beschreibt das Geräusch von sich an Felsen brechenden Wellen. Am gesamten Bondi Beach brechen sich die starken Wellen mit Getöse. Doch es gibt hier für jeden einen geeigneten Platz. Auf einer bis 10 reichenden Gefahrenskala ist das Nordende des Strands mit 4 eher als moderat, der Südteil mit einer Brandungsrückströmung aber als 7 klassifiziert. Die Rettungsschwimmer nennen diese Strömung „Backpacker's Express", weil sie nahe an der Bushaltestelle liegt, wo die aus der Stadt ankommenden Rucksacktouristen direkt ins Wasser hüpfen.

Gefahr Im Inneren Australiens drohen in der Natur immer Bisse, Stiche oder andere unangenehme Dinge. Der Küstenstreifen ist weniger abweisend, doch das Surfen kann für Unerfahrene riskant sein. Die Einheimischen achten immer auf „Bluebottles", so nennt man hier die

ZEITTAFEL

1851
Francis O'Brien kauft 80 ha des Bondi Estate, nennt sie O'Brien Estate und macht den Strand zu einem Feriengebiet.

1882
Bondi Beach wird ein öffentlicher Strand.

1907
Gründung des Bondi Surf Bathers' Life Saving Club (erster weltweit); Rettungshaspel zum Zurückziehen von Schwimmern erfunden

6. Februar 1938
Black Sunday: Fünf Menschen ertrinken, 300 werden gerettet, nachdem drei Monsterwellen sie ins Meer gezogen haben.

1996
Keine Verklappung unbehandelter Abwässer mehr in Strandnähe; Entsorgung im Tiefwasser vor der Küste

2007
1010 Bikiniträgerinnen schaffen es mit dem größten Badeanzugbild ins Guiness Buch der Rekorde.

Gegenüber: Der legendäre Strandabschnitt am Rand der größten australischen Stadt hat mit dazu beigetragen, das Bild der Welt von den Australiern als sonnenhungrige, relaxte Strandburschen zu prägen.

Rechts: Die Art-déco-Rettungsstation überblickt den Strand (oben): Weihnachten ist die turbulenteste Zeit am Bondi Beach, wenn die Rettungsschwimmer mindestens 30 000 Besucher erwarten (unten).

Portugiesische Galeere. Und nur Verrückte schwimmen jenseits der Hainetze.

Strandleben Im 19. Jahrhunderts wurde Australien zu einem Vorreiter der heute globalen Strandkultur. Am Strand macht man sich gerne von Konventionen frei, weshalb zwischen 1935 und 1961 besondere Regeln erlassen wurden. Mit Maßbändern bewaffnete Behördenvertreter patrouillierten damals am Strand und überprüften die Schicklichkeit der Badebekleidung. Mit dem Aufkommen des Bikinis schaffte man die Regeln ab, und seit den 1980er-Jahren ist am Bondi Beach Oben-ohne möglich. Der Südteil ist dafür reserviert.

Paradies Das naturnahe Leben am Strand ist einfach schön: Sonne, Sand, Meer, Surfen und nicht so viel Kleidung wie sonst. Der Bondi Beach kommt der Vorstellung vieler vom Paradies sehr nahe.

Unten: Bondi Beach ist einer der Top-Surfreviere. Überall gibt es Surfschulen und Live-Webcams. Die saisonal variierenden Wellen eignen sich für Anfänger wie Könner.

QUEENSLAND, AUSTRALIEN

Great Barrier Reef

DIE ERDE IST EIN VON WASSER DOMINIERTER PLANET, UND DIESES BUCH ENDET MIT EINER DER BEEINDRUCKENDSTEN MEERESREGIONEN. DAS GREAT BARRIER REEF IST DIE GRÖSSTE VON LEBENDEN ORGANISMEN GESCHAFFENE STRUKTUR DER WELT UND IN DER VIELFALT SEINER LEBENSFORMEN EINZIGARTIG.

Unser Planet ist sehr fragil und das Riff im Korallenmeer vor der Nordostküste Australiens ist durch menschliche Aktivitäten gefährdet. Die Great Barrier Reef Marine Park Authority sieht im Klimawandel die größte Gefahr. Die Erwärmung des Ozeans führt zum Ausbleichen der Korallen und zwingt die Fische, sich ein neues Habitat zu suchen; die Nahrungskette von Seevögeln, Meeresschildkröten und Seekühen wird unterbrochen. Auch Fischerei, Tourismus und die Abwässer der Landwirtschaft stören dieses fragile Gleichgewicht. Doch die Natur passt sich an: Die überdüngten und überfischten Gewässer gefallen dem Dornenkronenseestern, der von Korallenpolypen lebt. Bei einem epidemieartigen Auftreten 2000 zerstörten die Seesterne 66 Prozent der lebenden Korallenschicht eines Riffs.

Mikrokosmos Korallen sind Meeresorganismen, die durch Absonderung von Calciumcarbonat harte Skelette bilden. Das Great Barrier Reef ist rund 8000 Jahre alt und das Resultat einer langfristigen Umweltveränderung. Das heutige Riff baut auf einer vor etwa 20000 Jahren entstandenen Plattform auf. Im Zeitraum bis vor rund 6000 Jahren stieg der Meeresspiegel um 120 m an, ehemalige Hügel wurden zu Inseln. Die Korallen überwucherten die Inseln und formten die aktuellen Riffe.

Oben: Das Riff bildete sich über einem überfluteten Küstenbereich, dessen Hügel zu Inseln wie denen der Whitsunday-Gruppe wurden.

Oben rechts: Das aus dem Weltall sichtbare Riff zieht sich über 2600 km hin und besteht aus rund 3400 einzelnen Riffen sowie 900 Inseln.

Rechts: Die Grüne Meeresschildkröte, eine bedrohte Spezies im Riffbereich, schwebt von einem Fischschwarm umgeben über die Korallen.

FAKTEN

4500 Weichtierarten
2195 Pflanzenarten
1500 Fischarten
500 Meeresalgen- und Seetangarten
400 Korallenarten
330 Seescheidenarten
242 Vogelarten
125 Hai-, Rochen-, Stechrochen- und Seedrachenarten
30 Wal-, Delfin- und Tümmlerarten
17 Seeschlangenarten
15 Seegrasarten
9 Seepferdchenarten
6 Seeschildkrötenarten
1 Spezies Homo sapiens

Makrokosmos Das 344 400 km² große Gebilde besteht aus drei unterschiedlichen Riffformen: Plattformriffe entstehen durch radiales und Barriereriffe oft im Bereich starker Strömungen durch Längswachstum, während sich Saumriffe in der Gezeitenzone von Felsküsten bilden. Die winzigen Korallen bieten Tausenden von Arten eine erstaunlich vielfältige Lebenswelt.

Neue Sichtweise Dass wir Menschen Geschöpfe mit Vorstellungskraft und Fantasie sind, hat dieses Buch verdeutlicht. Ideen und Technik haben es uns ermöglicht, unsere angestammte Umgebung zu verlassen und das Meer und die Lüfte zu erobern. Von dort erschließt sich uns die Schönheit des Great Barrier Reef. Doch gerade die technische Entwicklung, die es möglich machte, dieses Naturwunder zu bestaunen, bringt dieses Wunder wieder in Gefahr.

Rechts: Die Artenvielfalt des Riffs lockt die Taucher an. Der Tourismus ist mit etwa zwei Millionen Besuchern pro Jahr der wichtigste Wirtschaftszweig in der Region.

ABBILDUNGSNACHWEIS

Die Herausgeber danken den unten genannten Personen und Institutionen für die freundliche Abdruckgenehmigung ihrer Bilder. Legende: l = links, r = rechts, m = Mitte, o = oben, u = unten.

© Bret Arnett, 87l
© Corbis/Frank Lukasseck, 205l; /Ocean, 111r; /Reuters/Michael Kooren, 99ul; /Jane Sweeney/JAI, 224, 225u; /Adam Woolfitt, 111l
© dese/Ingvar, 121o
© Alessandro Frenza, 107mr
© Getty Images/Peter Adams, 58–9, 142–3, 213u; /AFP, 29o, 135m, 164m, 207m; AFP/Mladen Antonov, 124o; /AFP/Torsten Blackwood, 228; /AFP/Cris Bouroncle, 177l; /AFP/Frederic J. Brown, 201o; /AFP/Timothy A. Clary, 25l; / AFP/Tiziana Fabi, 156; /AFP/Goh Chai Hin, 200; /AFP/Louisa Gouliamaki, 164o; /AFP/Alexander Joe, 189m; /AFP/Menahem Kahana, 219m; /AFP/ Wolfgang Kumm, 102m; /AFP/Liu Jin, 204; /AFP/Marco Longari, 219o; /AFP/ Juan Mabromata, 40–41u, 48, 49m, 49u; /AFP/Miguel Medina, 59um, 87r; / AFP/Filippo Monteforte, 58–9u, 157o; /AFP/Narinder Nanu, 211m, 211u; / AFP/Johan Nilsson, 119l, 119r; /AFP/Mustafa Ozer, 220, 221l, 221r; /AFP/ Aizar Raldes, 50o, 51u; /AFP/Manpreet Romana, 215l; /AFP/Christophe Simon, 138l; /AFP/Toru Yamanaka, 195o; /Jerry Alexander, 217o; /Max Alexander, 181ml; /Steve Allen, 53m; /Theo Allofs, 226–7, 232–3u; /Altrendo, 16, 108, 127u, 128–9, 129o; /Noriyuki Araki/Sebun Photo, 195u; /Doug Armand, 110; /Samuel Aranda, 136; /AussieDingo – Lyndon M, 133o; /Scott Barbour, 65u, 191um, 212, 223r/Graham Barclay, 163l; /David Barnes, 86u; / Emily Barnes, 19u; /Remi Benali, 185m; /Daryl Benson, 176; /Daniel Berehulak, 64o, 64m; /Souvik Bhattacharya, 190–91u, 216; /Walter Bibikow, 18r; /Bloomberg/Jock Fistick, 95o; /Christophe Boisvieux/hemis.fr, 170; /Mark Bolton, 150; /Shaun Botterill, 189o, 203u; /Charles Bowman, 117o, 149ol; / Fernando Bueno, 45r; /Shelouise Campbell, 118; /Martin Child, 137l, 153ul, 155r; /China Photos, 203o, 205r, 207ol; /Manuel Cohen, 166, 167o, 167m, 167u; /Ed Collacott, 232l; /Martial Colomb, 60–61o, 89u; /Wendy Connett, 17or; /David Constantine, 155l; /Alan Copson, 139u; /Joe Cornish, 81ur, 83u; /Adam Crowley, 38; /Ian Cumming, 93r, 177r; /Damian Davies, 39ul; /De Agostini Picture Library, 80, 175um, 180, 181mr; /De Agostini/C. Sappa, 88; / De Agostini/G. Sioen, 229l; /De Agostini/S. Vannini, 181u; /Michael DeFreitas, 44, 55ul; /Danita Delimont, 39ur, 61m, 215r, 217m; /Fred Derwal, 89m; /Werner Dieterich, 101o; /Marco Di Lauro, 161m; /Massimo Di Nonno, 149u; /Doruk Photography, 172–3; /Travis Drever, 233m; /Teun van den Dries, 101u; /Michael Dunning, 57ur, 231l; /Antony Edwards, 78; /Eightfish, 62, 67ul, 197u; /Gerry Ellis, 187m; /James Emmerson, 79r; /Epics/RDImages, 76; / EyesWideOpen, 95u; /Grant Faint, 13l, 145r, 159o, 163r; /Axel Fassio, 149or; / Feng Li, 117u, 207or; /Chantal Ferraro, 238–9; /Ed Freeman, 191ur, 209r; / Jason Friend, 82; /Bertrand Gardel, 93l; /Robert Giroux, 11l, 11ro; /Glow Images, 39o; /David Goddard, 61u; /Godong, 190bl, 207u; /John K. Goodman, 237o; /Tim Graham, 201m; /Jorg Greuel, 27o, 127o, 148; /Scott Gries, 50m; /Christopher Groenhout, 190um, 194; /Guang Niu, 202; / Deborah Lynn Guber, 152; /Darrell Gulin, 154; /Robert Harding, 122; /Roger de la Harpe, 189u; /Jason Hawkes, 73ur, 79l; /Tim Hawley, 8um, 36; /Gavin Hellier, 41ur, 55ur, 56, 94, 99ur, 105o; /Andrew Holt, 71l; /Andrew Hounslea, 199r; /Jim Howarth, 98; /John Humble, 33u; /Jeff Hunter, 239c, 239u; /Image Source, 214; /Imagno, 129m, 129u; /Fernand Ivaldi, 85; /Jumper, 141u, 144; / Keren Su, 217u, 219u; /Michael Kitromilides, 161u; /Christian Kober, 37o; / Isao Kuroda, 192; /Patrick Landmann, 139o; /Klaus Lang, 13r; /LatinContent/ Keiny Andrade, 47r; /LatinContent/FotoArena, 42, 43o, 43m; /LatinContent/ Pedro Kirilos, 41um, 43u; /LatinContent/Alexandre Schneider, 45l; / Latitudestock, 116; /Siegfried Layda, 102u, 105u, 159m; /Le-Dung Ly, 113u; / Frans Lemmens, 59ur, 96, 123r, 147u, 174–5, 174–5b, 186, 188; /Yoray Liberman, 173u; /David Livingston, 37u; /Harvey Lloyd, 226um, 231r; /Jon Love, 237m; /Frank Lukasseck, 199l; /LWA, 226–7b, 229r; /John McCabe, 175ur, 182, 183r; /Paul McConnell, 233o; /David Madison, 53u, 133u, 171r; / Ludovic Maisant, 71r; /Jacques Marais, 124m; /Maremagnum, 91ur, 103; / Richard Maschmeyer, 54; /Ethan Miller, 32; /David Min, 8ul, 12; /Justin Minns, 181o; /Camille Moirenc, 91o; /Hiroyuki Nagaoka, 206; /Eric Nathan, 187o; /National Geographic/Thomas J. Abercrombie, 225o; /National Geographic/Martin Gray, 179o; /Donald Nausbaum, 185o; /Marvin E. Newman, 137r; /Richard Nowitz, 34–5, 174ul, 178l, 218; /Franco Origlia, 157m; /Richard Osbourne, 65o; /Sylvia Otte, 171l; Tracy Packer Photography, 55o; /Panoramic Images, 69m, 84–5, 124–5u, 140–41, 174um, 184, 210–11; / Chris Parker, 153r; /Amit Pasricha, 209l; /Douglas Pearson, 90; /Carlos Sanchez Pereyra, 126; /Nicholas Pitt, 226ul, 236; /Leonid Plotkin, 185u; /Ingolf Pompe, 132; /Adrian Pope, 6–7, 26–7, 164–5u; /Chris Pritchard, 227um, 234–5; /Ed Pritchard, 64u; /Geoff Renner, 69or; /Andreas Rentz, 113o; /Anne Rippy, 138r; /Martin H. Rose, 222; /Martin Ruegner, 106; /Kalim Saliba, 66; /David Sanger, 35u; /Joel Sartore, 125o; /Science & Society Picture Library, 28r; /Neil Setchfield, 69ol; /Marco Simoni, 169o; /Sites and Photos/Samuel Magal, 143m, 165o; /Ulf Sjostedt, 143u; /Slow Images, 151r; /Jonathan Smith, 123l; /Joseph Sohm/Visions of America, 15ul, 40um, 46–7; /Chip Somodevilla, 21m; / Cameron Spencer, 235m, 237u; /Stocktrek Images, 147m; /Oliver Strewe, 235u; /Stephen Studd, 178–9u; /David Sutherland, 143o; /Jane Sweeney, 183l; /Adam Tail, 190–91, 198; /Murat Taner, 161o; /Jami Tarris, 40ul, 50; /Taxi, 8–9u, 35m; /Mark R. Thomas, 67o, 67ur; /Ron and Patty Thomas, 15ur; /Paul Thompson, 77u; /Time & Life Pictures/Buyenlarge, 29u; /Time & Life Pictures/Katsushika Hokusai/Buyenlarge, 193l; /Time & Life Pictures/Chris Niedenthal, 105m; /David C. Tomlinson, 58um, 63; /Tomonari Tsuji/A. collection, 193r; /Travel Ink, 28l, 147o, 208; /Travelpix Ltd, 19o, 92, 160; / Uyen Le, 4, 9um, 20; /Guy Vandereist, 58ul, 100, 112, 149m, 158, 162; /Luis Veiga, 104; /Marc Volk, p86m; /The Washington Post, 17m, 18l; /Ken Welsh, 146; /Wide Group, 40–41o, 52; /Andrew Wong, 201u
© Gregorius Mundus, 109m
© Guggenheim Bilbao, 134, 135o, 135u
© Hobby-Photograph, 107o, 107ml, 107u
© iStockphoto/John Archer, 25r; /Frank van den Bergh, 97o, 168; /bigworld, 11ru; /Lya Cattel, 15o; /drbueller, 14; /Jeremy Edwards, 9r, 24; /Grafissimo, 57o; /ginevre, 10; /Cheryl Graham, 73ul; /Joanne Green, 89o; /Ian Hamilton, 77m; /Juneisy Hawkins, 72; /Peter Ingvorsen, 81o; /jfc215, 33o; /Steven Jones, 17ol; /Mableen, 21o; /Joe McDaniel, 23o; /Andrew Morris, 77o; /S. Greg Panosian, 21u; /Gareth Patrick, 86o; /Ogen Perry, 81ul; /rest, 73o; /Jan Rihak, 57ul; /RiverNorthPhotography, 22, 23u; /Lucie Rouche, 17u; /Silent Wolf, 130; /Alexander Wishkoski, 83o; /Ziutograf, 127m
© Gary Jacobson, 114, 115o, 115ul, 115ur
© Beverley Jollands, 75m, 75u, 97ml, 97mr
© Moi of Ra, 121ur
© NASA, 30–31 (alle), 227ur, 239o
© Netherlands Board of Tourism & Conventions, 97u
© Nienke's Travels, 145l
© Jaime Pérez, 196
© Pirate Alice, 151l
© George Reader, 153o, 153m
© Sailornappo, 109o
© Schimonski, 102o
© sfPhotocraft (Jim Schnobrich), 157u
© Shutterstock/Paolo Gianti, 197o; /godrick, 74–5o; /Jane A Hagelstein, 33m; /Aija Lehtonen, 95m; /newphotoservice, 169u; /Morozova Oxana, 223l; /Bill Perry, 213o; /Jose Alberto Tejo, 49o; /Vacclav, 27u
© sipazigaltumu (Klaus Wagensonner), 159u
© Statue of Liberty/P. Banks, 24o
© Sydney Opera House, 5, 230
© Table Mountain Aerial Cableway © 2011, 187u
© visitlondonimages/britainonview, 68, 69b, 70
© Richard Walker, 91ul
© Astrid Westvang, 12ul
© David Wilmot, 120
© Wiener Riesenrad, 131m; Wiener Riesenrad/Kernmayer Photography 131o, 131u